Sammlung Luchterhand 827

Über dieses Buch: »Griechische Trilogie« – das sind drei Erzählungen von Vassilis Vassilikos, entstanden vor dem weltberühmt gewordenen Roman »Z«, in einer Zeit des Aufbruchs, des Umbruchs in Griechenland, die mit dem Putsch der Obristen (1967) gewaltsam beendet wurde. Erzählt werden die Erlebnisse von drei jungen Männern. Sie suchen das Land ihrer Väter, suchen deren Träume und Hoffnungen: doch ängstigt die Natur in ihrer wuchernden Kraft, Geschichte und alte Traditionen bieten keine Heimat mehr und der Himmel gleicht einem Ausbildungslager – dort fliegen zu lernen kann kein Trost sein.

Vassilikos malt diese Verunsicherungen mit Ironie und mit einer leichten, in überraschenden Anspielungen wendigen Erzählweise, die im Spiel ihrer Motive hinausträgt über die grimmig notierten Verluste.

Die »Griechische Trilogie« gilt in Griechenland als das bedeutendste Buch des einstigen Wortführers einer revoltierenden Jugend.

Über den Autor: Vassilis Vassilikos wurde am 18. November 1933 in Kavalla/Griechenland geboren. Er studierte Jura in Thessaloniki, Fernsehregie in New York und arbeitete als Theater- und Fernsehregisseur. Seit 1967 lebt Vassilikos im Pariser Exil.

Vassilis Vassilikos

Griechische Trilogie

Erzählungen

Aus dem Griechischen von
Elisabeth Dryander

Luchterhand
Literaturverlag

Titel der griechischen Originalausgabe:
Τὸ φύλλο, Τὸ πηγάδι, Τ'ἀγγέλιασμα

Sammlung Luchterhand, März 1989
Luchterhand Literaturverlag GmbH, Frankfurt am Main 1989.
Lizenzausgabe mit freundlicher Genehmigung der Arche Verlag AG, Raabe + Vitali, Zürich. Umschlagentwurf: Max Bartholl. Druck: Wagner, Nördlingen. Printed in Germany.
ISBN 3-630-61827-8

Für Mimi

INHALT

1. TEIL

DAS BLATT

I

Im Anfang war das Chaos. Nebel, Regen, Schnee, Hagel und Reif. Leerer Raum, Dunkelheit über der Tiefe. Winde und Wasser tobten über dem Abgrund. Und Vögel flogen umher: Raben und Schwalben. Bis eines Tages ein Mann erschien, ernsthaft, mit Sonnenbrille, die Aktentasche unter dem Arm. Er holte Pläne aus seiner Tasche und unterteilte den Raum mit dem Maßstab. Und der Herr sagte: Als erstes erscheine der Bagger. Und es erschien ein stählernes Ungeheuer mit dem Maul eines wilden Tieres. Mit doppelten Zahnreihen riß es die Erde auf. Tollwütig fraß es die Erde, viele Tage lang, und erbrach sie auf Lastwagen. Und der Herr sagte: Genug. Der Bagger verschwinde. Arbeiter her für die Fundamente. Und es erschien ein Heer von Arbeitern: Maurer bereiteten den Zement mit Wasser auf, Eisenleger bogen die Armierung zurecht. Schreiner machten mit Klammern und Nägeln die Verschalungen fertig. Daneben mahlte ein Betonmischer. Von einem Generator gespeist, vermengte er Sand und Kiesel mit Zement. Und der Herr sah, daß die Fundamente standen und die Grundsteine darüber gelegt waren, und sagte: Die erste Bauplatte soll gegossen werden. Und die Maurer gossen die erste Platte. Als sie angezogen hatte und fest war, kletterten sie auf die Platte und machten die Verschalung für die zweite. Sie arbeiteten acht Stunden mit kurzer Mittagspause, aßen in einer kleinen Taverne in der Nähe. Sie arbeiteten hart, und je höher sie das Gerüst setzten, um so gefährlicher wurde ihre Arbeit. Der Herr sah, wie der Bau wuchs, und war zufrieden. Er sah, wie die Bauplatten gegossen wurden, eine nach der anderen, und sagte: Mauern sollen wachsen. Und über den Vierecken entstanden Wände aus Ziegeln. Und das Haus, ein nacktes Skelett bisher, setzte Fleisch an und entwuchs dem Chaos. Nur dort, wo Fenster und Türen eingebaut werden sollten, blieben rechtwinklige Öffnungen und hielten die Verbindung mit der Finsternis in der Tiefe. Und der Herr sah, daß der Betonmischer stillstand und daß die Loren aufhörten hin und her zu rollen, daß alle Verschalungsbretter verschwanden und daß fast alle Maurer fortgingen. Da sagte er: Schreiner her, Maler, Installateure und Elektriker. Und durch den Haupteingang strömten Menschenmengen in das leere Haus. Mit den verschiedensten Werkzeugen begannen sie, Nerven einzusetzen, Blut einzupumpen, und das seelenlose Antlitz des Hauses wurde geschminkt. Die Schreiner fügten Türen und Fensterrahmen ein, paßten Einbauschränke und Regale an und belegten die Fußböden im Fischgrätenmuster mit Holzplatten aus Kastanie. Die Anstreicher tünchten die Wände mit Ölfarbe, die Decken und die Leisten mit Leimfarbe. Die Spengler legten die Leitungen ins Haus, setzten Regenrinnen und Abflußrohre ein und installierten Bäder, Toiletten und Küchen. Die Elektriker bauten das Aufzugsgetriebe ein und durchsetzten das ganze Haus mit Drähten und Kabeln, montierten schließlich Steckdosen, Schalter und Sicherungskästen. Andere schliffen mit Dreischeibenschleifern die Marmorstufen des Treppenhauses ab. Und als der Herr sah, daß im Mietshaus alles bereit war – fünf Monate waren vergangen, seit er den Baubefehl erteilt hatte –, sprach er: Und nun sollen die Menschen kommen.

Bevor er hineinging, blieb er im Eingang stehen und las ihre Namen, die in zwei Reihen neben den Klingelknöpfen übereinander standen:

TOULA UND MARY
Schneiderinnen

GERASSIMOS ANAGNOSTARAS
Nervenarzt und Psychiater

EMMANUEL LADOPOULOS
Textilkaufmann

KONSTANTINOS A. PLYTAS
Staatsangestellter

KEVORK POPOLIAN
Holzhändler

KLUB DER EISENBAHNER

SIMEON EXADAKTYLOS
Oberst a. D.

Auf der nebenstehenden Kolonne las er von oben nach unten:

JEAN JAQUES LEBELLE

KLUB DER EISENBAHNER

PERIKLES D. KARMIRIADIS
Gymnasialdirektor

ANTONIOS ANTONAKAKIS
Abgeordneter

MALWINA PERIWOLARI
Hebamme

IOANNIS SOUSSAMIDIS
Vertretungen

CHARALAMBOS I. KALFOGLOU
Viehhändler

HAUSMEISTER

Die Namen der Leute tanzten ihm vor den Augen, schwammen in einer zähen Flüssigkeit, traten aus ihren engen Umrandungen. Er konnte nichts mehr unterscheiden, wie im Filmstudio mit dem endlosen Geflute von Komparsen, wie auf dem Friedhof mit den zu eng gepflanzten, steil aufgerichteten Kreuzen. Er rieb sich die Augen, um den Schwindel loszuwerden. Und ging hinein.

Mit seiner Familie zog er in die Wohnung auf der rechten Seite des sechsten Stockwerks im neuen Mietshaus. Sein Zimmer lag etwas abseits von den anderen, die eine Wand grenzte an die Wohnung des pensionierten Obersten. Geschwister hatte er nicht. Seine Eltern zogen in das erste Zimmer vom Eingang links. Dahinter waren Eßzimmer und Salon mit Verbindungstür. Es gab noch ein Zimmer, das fürs erste leer blieb. Toilette, Bad und Küche lagen im hinteren Teil der Wohnung. Es gab viele Türen und wenig Fenster.

Sie zogen im Winter ein. Nordwind wehte. Schon am ersten Abend, als ihm noch alles fremd war, stand er auf, um die Fensterläden einzuhaken, die im Wind schlugen. Aber der Haken brach sofort aus der Mauer. So mußte er die Läden schließen, sonst hätte er bei dem Lärm nicht schlafen können.

Von dieser Geschichte sagte er niemandem etwas. Er war so froh, endlich ein eigenes Zimmer zu haben, daß er sich nicht beschweren wollte. Aber in den nächsten Tagen gab es ähnliche Zwischenfälle. Türklinken lösten sich. Ihre Einfassungen aus Plastik platzten durch die Ofenhitze ab. Die Lichtschalter waren nicht richtig angeschraubt. Der Abfluß in der Küche war ständig verstopft. Und als es im Februar lange regnete, erschienen Wasserflecken an den Außenwänden. Da fiel ihm der Haken vom Fensterladen wieder ein, der bereits am ersten Abend herausgefallen war, und er erwähnte ihn beim Essen.

«Eine saumäßige Wohnung», sagte sein Vater verärgert, während er vorsichtig die heiße Suppe schluckte. «Sie haben das schlechteste Material verwendet, das sie auftreiben konnten. Oberflächliche Arbeit. Was wollt ihr, nicht einmal die Hälfte der Miete ist sie wert. Machen kann man dagegen nichts. Der Herr hat uns reingelegt.» Alle Mieter, sagte er, seien sich hierüber einig. Vorgestern, während der Mieterversammlung, auf der Gymnasialdirektor Karmiriadis zum Vorsitzenden gewählt worden war, hatten sich alle beschwert. Das Material miserabel, der Aufzug schon nicht mehr in Ordnung, manchmal funktionierte er überhaupt nicht. «Und wer weiß, ob uns bei einem Erdbeben nicht der ganze Kasten über dem Kopf zusammenstürzt?» Dabei konnte niemand ausziehen, denn alle waren durch Verträge gebunden. Der Herr Papadopoulos hatte sie hereingelegt. Das sagten alle. Umsonst.

«Warum umsonst?» fragte seine Mutter. «Warum zeigen sie ihn nicht an? Er ist ein Betrüger.»
«Wie sollen sie den Herrn anzeigen, wo er vom Angesicht der Erde verschwunden ist?» sagte ihr Mann, der mit seiner Suppe fertig war und jetzt den gekochten Fisch von den Gräten löste. Sonst aß er immer beides zusammen, aber heute hatte die Unterhaltung ihn in Anspruch genommen, und er hatte vergessen, diese Gleichzeitigkeit einzuhalten. «Wenn man es mit Betrügern zu tun bekommt, ist es aus ...»
Sie sagten noch vieles. Wunderten und ärgerten sich über den Neubau. Der Gymnasialdirektor hatte Schritte eingeleitet, um die beiden Huren, Toula und Mary, aus dem Hause zu bekommen, die die Unverschämtheit gehabt hatten, ihre Namen zwischen die anderen am Eingang zu setzen. Sie wohnten im Erdgeschoß und weichten die Fundamente des Hauses auf. Er hörte nicht zu. Er sah, wie der Fisch auf dem flachen Teller seines Vaters hinschwand, und war im Innersten froh, daß er ein eigenes Zimmer hatte.
Mochte es eng und niedrig sein, miserabel gebaut und erdrückend mit all den Möbeln, die es verstellten. Ein Tisch, ein kleiner Bücherschrank, ein Bett, zwei Stühle, ein Sofa und das Büfett mit den Silberbestecken seiner Mutter – wahrscheinlich glich es den meisten anderen Zimmern in der Welt. Eins hatte ihm vom ersten Augenblick an gefallen: Er wohnte in einem jungfräulichen Zimmer. Es war noch unberührt, unbeschmutzt, unbefleckt. Niemand hatte vor ihm darin gewohnt. In den Winkeln verkroch sich keine fremde Erinnerung. Es roch nach Farbe, und die Wände waren nicht von fremden Nägeln zerlöchert. Keinerlei Vergleiche drängten sich

auf. Das Zimmer ergab sich ihm wie ein Mädchen; an ihm lag es, es zu beschmutzen oder zu verschönern, es mit einer Geschichte anzufüllen, der ersten, die es erlebte. Deshalb liebte er das Zimmer und setzte seine Hoffnungen darauf; außerdem hatte er von seiner Balkontür eine Aussicht, die er um keine Panoramenbreitwand der Welt eintauschen würde.

«Von dieser Balkontür aus», schrieb er an seinen Freund Kostas, der in München Filmregie studierte, «sehe ich die ganze Oberstadt, in Länge und Breite, die Festungsmauern, die Yedí-Koulé – erinnerst Du Dich an das Lied? –, die Rotunde und das Minarett, das Vlatadon-Kloster, das so nah ist, daß ich meine, ich brauche nur die Hand auszustrecken, um die Pfauen in seinem Garten zu greifen. Du machst Dir keine Vorstellung davon, welche Freude meine Augen, die über den Seiten der Landwirtschaftslehre austrocknen, und meine taube, eingemauerte Seele an diesem Blick über das unruhige Meer der Ziegeldächer haben, an diesen Kirchenkuppeln, die wie Walfischrücken daraus hervorschauen. In Wellen schlägt diese Brandung den siebentürmigen Mauern entgegen, die zuoberst auf der Höhe mit ihren zahnlosen Mündern in den Himmel beißen. Und die Türkenhäuschen mit ihren Höfen, die Fenster, die bei Sonnenuntergang rot werden, die hölzernen Altane, die gewundenen Treppen, alles das, Kostas – nur wenn es neblig ist und ich nichts sehe, falle ich ins Leere und gebe auf. Nachmittags gehe ich hinunter und irre in den Gassen umher und spure alles, was ich aus meiner Klause von oben sehe, aus der Nähe auf, taste danach, erlebe alles in seinen kleinsten Einzelheiten.

Nur eins ist sonderbar, ich lebe auf des Messers Schneide,

auf der Grenzlinie zwischen zwei Welten. Von unserem neuen Haus aus, diesseits der Egnatia-Straße, gegenüber dem Galerius-Bogen, sehe ich auf der anderen Seite die niedrigen Häuser mit ihren gequälten, zerstückelten Gesichtern, und habe das Gefühl, daß ich auf der Scheidelinie zwischen der neuen Stadt mit ihren quadratischen Monstren und der alten mit ihren armseligen, hingestreuten Häusern existiere. Hier bei uns gibt es Annehmlichkeiten, aber keine Freude. Gegenüber herrschen Armut, Elend, Kummer, und trotzdem breiten sich mit der Nacht dort Freude und Heiterkeit aus. Die Leute singen dort lauter und schwungvoller. Sie atmen freier, weil die Steinmassen nicht so erdrückend sind, und in den Höfen gibt es noch Blumen und Bäume. Die Tramschienen sind die Grenzmarkierung, die Zeitungsstände die Grenzposten. Deshalb sage ich Dir, daß es schwierig ist, auf der Grenze zu leben. Ab und zu fühlst Du, Du solltest fliehen, solltest hinlaufen und eine Weile unter den Menschen leben, zu denen Du nicht gehörst, die Leute zurücklassen, zu denen Du gehörst, ohne daß Du lebst. Das einzige, was Du am Ende davon hast: Du weißt nicht mehr, wo Du bist, und verlierst die Sicherheit – was für eine Sicherheit das auch immer sein mag –, die Dir irgendwelche Grenzen geben würde.

So ungefähr fühle ich mich also in unserer neuen Wohnung. Es ist noch zu früh, um irgend etwas Endgültiges vorauszusehen. Nur eins weiß ich sicher für die Zukunft. Ich will mir in meinem eigenen Zimmer meine eigene Welt einrichten. Entschuldige bitte mein Gefasel. Ich warte sehr auf einen Brief von Dir mit allen Deinen Erlebnissen.

Lazos

P. S. Warte. Ich muß Dir noch beschreiben, mit zwei Zeilen wenigstens, was ich soeben sah, als ich den Kopf hob. Die Sonne sinkt hinter Vermion, und ihre Strahlen setzen die Fensterscheiben und die Blechdächer der Oberstadt in Brand. Es ist sehr milde draußen, und die Geräusche werden gedämpft durch die violetten Töne der Dämmerung. Die Fenster der kleinen Häuser wurden rot wie Augen beim Abschiednehmen. In den Scheiben zersplitterte die Sonne in tausend Stücke. Und wie schnell nun, mein Gott, nach diesem Feuerwerk die Nacht kommt . . .»

II

Es war also kein Zufall, daß er sie eines Nachmittags in den engen Gassen des oberen Viertels traf. Er war nun reif, sie in Empfang zu nehmen; denn es scheint, daß er sie auf seinen einsamen Spaziergängen gesucht hat. Das Wetter war milder geworden. Es war April, und er ging aus, um den Nachmittag in der Oberstadt zu verbummeln, sich vom Lernen auszulüften.

Er sah sie aus der Querstraße von Agios-Demetrios kommen. Unerwartet war sie da. Und schon bog sie um die Ecke, ohne daß er dazu kam, ihr Gesicht zu sehen. Er hatte sie vorher nie erblickt, ihre Gestalt erinnerte ihn an nichts. Unwillkürlich ging er ihr nach. Um sie nicht zu überholen, machte er kurze Schritte. Zuerst fielen ihm ihre dünnen weißen Beine mit den roten Socken auf. Ihre Waden schienen aus gleicher Gußform wie Blütenstengel entstanden. Sie trug keine Absätze, und das machte ihren Gang noch leichter. Dann sah er ihren kaffeebraunen Regenmantel mit dem breiten Gürtel. Aber vor allem verfing sich sein Blick in ihrem blonden Pferdeschwanz. Der war hoch am Kopf mit einer Spange gehalten. Trotzdem fiel er weit über den Rücken hinunter, tanzte, schwang, hüpfte frei wie eine Pferdemähne, lautlos wie ein ferner Wasserfall, dessen Getose unser Ohr nicht erreicht. Die Nachmittagsstunde war still und gesammelt, der Himmel erfüllt von Vespergeläut. Die Sonne schon tief im Westen, vergoldete die Ähren ihres Haares, vertiefte die Erdfarbe ihres Mantels.

Sie ging und war so licht zwischen den Häusern, die schon im Schatten lagen, so reich inmitten all der Armut ringsum, so zukünftig in der Vergangenheit, die um sie lastete. «Wer könnte ihr *nicht* folgen?» dachte er. «Ich tue nichts Böses», war sein nächster Gedanke. «Der Rhythmus ihres Ganges geht auf mich über wie der Rhythmus von Versen.»

Sie ging und schien genau zu wissen, wohin sie wollte; denn sie zögerte keinen Augenblick im Gewirr der Gassen. Jetzt stieg sie die Joulianou hinauf. In der Kassandrou bog sie nach rechts ein. Und dann noch einmal nach links, immer weiter aufwärts. Sie lief wie ein Rebhuhn, ihre Strümpfe rot wie die Krallen des Rebhuhns, das den Jäger hinter sich spürt und flieht. Er merkte, daß ihre Füße nicht, wie seine eigenen, über die Steine stolperten, und daß sie immer die gangbarsten Stellen herausfand. «Also wohnt sie hierherum. Jeden Augenblick kann ich sie aus dem Blick verlieren.» Von da ab beherrschte ihn die Neugier nach ihrem Gesicht. Er hatte keine Sorge, die Gasse könne versickern, ein Rinnsal,

Rest eines Traums. Ihr Gesicht mußte ebenso lebendig sein wie der Pferdeschwanz, ebenso goldenleuchtend wie ihr Haar. Aber was konnte er tun, um es zu sehen? Ginge er an ihr vorüber, würde sie merken, daß er ihr gefolgt war, und noch schneller laufen. «Irgendwo werden wir uns begegnen, in einer Kurve, an einer Wegkreuzung», wiederholte er sich immerzu.

Er stellte fest, daß ihre Hände nicht frei waren. Sie trug etwas. «Was? Ein Kleid? Einen Stern? Ein Brot vom Bäcker? Was hält sie in ihren Händen, wo sie doch müde ist?»

Über diesen Gedanken hatte er seinen Schritt beschleunigt, und plötzlich sah er sie nicht mehr. Er rannte bis zur Wegbiegung. Vor ihm ein kleiner Platz, eine alte Platane in der Mitte, darunter eine Quelle. Drei Straßen gingen von dort ab. «Auf welcher von den dreien ist sie verschwunden?» Er sah zwei alte Frauen auf ihren Hausschwellen sitzen, sie stickten. Die würden ihm keinen Bescheid geben können. Kinder spielten mit einem Ball aus Lumpen. Er lief hin, um sie zu fragen. Da kam stocksteif ein Priester daher, und die Kinder rannten zu ihm hin, um ihm die Hand zu küssen.

Er hatte keine Zeit zu verlieren. Jeder Augenblick rückte sie ferner. Und bald würde es dunkel sein. Auf gut Glück wählte er die mittlere Gasse, rannte jetzt, suchte verzweifelt den schwingenden blonden Pferdeschwanz. Die Vesperglocken hatten ausgeläutet. Über den Himmel breitete sich Stille aus.

Die Gassen und Winkel verwirrten sich immer mehr. Je schneller er rannte, um so hoffnungsloser verflochten sie sich ineinander. «Labyrinth.» Wenn das letzte Sonnenlicht schwände, das ihm Sicherheit gab, würde er hier

keinen Ausgang mehr finden. Denn in diesem Teil der Oberstadt war er noch nie gewesen. Zum erstenmal hatte es ihn so weit ostwärts verschlagen. «Labyrinth, wahrhaftig.» Und er taufte das fremde Mädchen, das ihn hier hineingelockt hatte, Ariadne. «Ariadne . . . Ariadne.»
Jede Tür kam jetzt in Frage. In jeden Hof sah er hinein. Überall konnte sie untergeschlüpft sein. Er rempelte einen Joghurtverkäufer an. Hätte der Mann sich mit seiner hölzernen Trage auf den Schultern nicht rasch umgedreht, so hätte er ihm alle seine Joghurtschälchen heruntergeworfen.
«Wo ist sie? Wie kann sie so verschwinden? Hört plötzlich auf wie ein Lied. Erlischt wie die Farben des Meeres in der Dämmerung. Und wenn sie eine von den anderen Gassen genommen hat? Wo renne ich denn hin, sinnlos? Wohin will ich? Was will ich eigentlich? Ich will . . . Ariadnes Gesicht will ich.» Ein Hund rannte hinter ihm her.
Hundegebell, das Schimpfen des Joghurtmannes, das Starren der Weiber hinter sich, dachte er an Silberfische, Silberfische, die für eine Weile an der Oberfläche schwimmen, die Wellen mit ihren Flossen peitschen und Schaumflocken und Silberkugeln um sich werfen, und die das Meer dann wieder verschluckt, die tauchen und tauchen, zurück in die Abgründe, in die kein Schwimmer gelangt und die nicht einmal die Sonnenfinger erreichen.
Er war auf einer breiten, ungepflasterten Straße angelangt. Nur auf einer Seite standen noch Häuser. Er erkannte sie sofort. Hier in der Nähe war das Serum-Institut. Als er im ersten Semester Landwirtschaft studierte, hatte er hier Einspritzungen bekommen, weil ihn eine tollwütige Katze gebissen hatte. Er hatte sie vor einer

Meute wilder Hunde retten wollen. Ja. Das war's. Jetzt, abends, war das Institut verlassen. Nur eine Lampe brannte über dem Eingang. Daneben war ein Stück venezianischer Mauer, grasüberwachsen. Dort lehnte er sich an. Weiter unten die Judengräber und der große Friedhof des Evangelismós, hoch ummauert. Er sah auf ein Stück Erde hinab, mit Kreuzen besteckt, Gräber, Totenlager dicht nebeneinander, mit brennenden Öllampen. Die Spitzen der Zypressen reglos. Den breiten Landweg, der an der Kirchhofmauer entlangführte, kam ein Liebespaar herauf, sehr langsam. Die beiden Körper konnte er nicht unterscheiden, so eng waren sie umschlungen. Und weiter unten stach in die Abendluft, unbewegt, wie entlaufen aus der Reihe der Zypressen, das Minarett.

Da stand er, an die venezianische Mauer gelehnt, starrte auf den Weg – ‚vielleicht erscheint das Mädchen, zufällig, vielleicht kommt sie irgendwoher zum Vorschein' –, als sein Blick auf die Brandmauern fiel. Jenseits der Egnatia versperrten die neuen Mietskasernen den Blick aufs Meer, dort, wo die Sonne verschwunden war. Schrecken packte ihn, als er diese geometrischen Kästen, diese lichtlosen Festungen sah. Noch mehr erschrak er bei dem Gedanken, daß er selbst dort lebte, daß ein Teil dieser Verliese sein Zuhause war, eine der Schießscharten sein Fenster. Er sah genauer hin, maß mit den Augen ab, suchte das grüne Plakat, gerade unter seinem Balkon, und fand es: KLUB DER EISENBAHNER. Sein Fenster blickte ihn an, nächtlich, ein schwarzes Auge voller Mißbilligung. Was machte er hier oben? Was hatte er auf diesen Äckern der Armut zu ernten? Er gehörte nicht hierher. Er nicht. Gehörte in die Betonfestung. Zurück, marsch-marsch also, sagte sein Fenster, schnell gefälligst, ein schlechter Grenzler bist du, hast deine Stellung verlassen, zurück, Verräter, in die Hürde zurück, du verlorenes Schaf. ‚Noch nicht, ein bißchen laß mich noch hier', bat er stumm. ‚Gleich komme ich. Gleich bin ich da.' Angeekelt wandte er sich ab, und da sah er sie. Sie kam den Weg herunter, einen Blumentopf in den Armen. Und ging genau auf ihn zu.

Zuerst war er verwirrt. Glaubte seinen eigenen Augen nicht. Wieso kam sie jetzt herunter, nachdem sie vorher die ganze Zeit bergan gestiegen war? Offenbar war er sehr weit abwärts gelangt, ohne es zu merken. Aus dem Blumentopf wuchs, eine zitternde grüne Flamme, ein Blatt. Ihr Gesicht war aus der Entfernung nicht zu erkennen. Nur etwas Bleiches unterschied er, wie den Mond am Abendhimmel. Es saß auf einem langen Hals wie das Blatt auf dem Stengel. Unter ihrem offenen Mantel, jetzt mitternachtsblau, sah er die Bluse vom gleichen Ziegelton wie der Blumentopf, den sie fest an sich preßte.

Seine Hand glitt über die verfallene Mauer. Er wollte nur eins, selbst Mauer werden und sie aufhalten.

Es wehte. Von weitem waren Kinder zu hören. Der Joghurtverkäufer schrie seinen Schafsjoghurt aus, ein Hund bellte Schatten an. Und das Mädchen kam näher. Sie kam näher, und es geschah das Gegenteil von dem, was er erhoffte. Langsam strich das Blatt im Blumentopf über ihr Gesicht, saugte sich fest mit seiner grünen Flamme. Von ihren Augen, ihrer Stirn, ihren Lippen sah er nichts. Nur an ganz unebenen Wegstellen, wenn ihr einer Fuß viel tiefer einsank als der andere, schnellte das Blatt zurück. Aber das ging so schnell, daß er nichts sehen konnte, wie eine Tür, die sich öffnet und gleich wieder schließt. Sofort wurde der Weg wieder eben, ihr Schritt sicher, und das Blatt legte sich über ihr Gesicht wie ein Schatten, der sich mit seinem Leibe vermischt. Dieses Spiel ging ihm auf die Nerven. Noch schlimmer wurde es, als er sah, wie nicht nur ihr Hals eins war mit dem Stengel der Pflanze. Auch die gewölbte Bluse verschmolz mit dem Blumentopf zu einer untrennbaren Einheit, während sie näher kam. So verwandelt, ging sie an ihm vorüber. Er stand da, unfähig, das Wunder zu begreifen. Das einzige, was er sah, war die Spitze des Blattes, die sich leicht zu ihm hinneigte, als sie vorüberging. Er kam erst zu sich, als der entscheidende Augenblick, der Augenblick, in dem er ihr hätte ins Gesicht sehen können, vorbei war. Unschlüssig ging er ihr nach. Wieder sah er den goldenen Pferdeschwanz, gedämpftes Leuchten im Abend. Wieder schimmerten ihre Beine in der beginnenden Nacht. Sie spürte ihn hinter sich und lief schneller. Und nun war es zu spät. Er wußte: zu spät. So spät, daß auch die Straßenlaternen ausgingen.

Er sah, wie eine Frau, weit aus dem Fenster gelehnt, ihr guten Abend sagte. Und er wagte nicht mehr, ihr weiter zu folgen. Hier war ihre Welt, ihre Nachbarn waren hier. Ihre Freundinnen. Ganz langsam ging er ihr nach. Dann blieb er stehen. Er sah noch, wie sie ein eisernes Tor öffnete und dahinter verschwand. Später ging er an dem Gitter vorüber. Dem Duft ihrer Schritte ging er nach. Und hinter dem Gitter sah er einen Hof, hinten im Hof ein zweistöckiges Häuschen mit orangefarbenen Fensterläden. Nummer siebzehn. Auf dem verbleichten Straßenschild las er Jerissós.

Und er ging weiter. Die Apostel-Paulus-Straße hinunter. Und fühlte plötzlich den Nagel, der sich schon lange in seinen Fuß bohrte. Er landete in einer kleinen Taverne und goß drei Schnäpse unverdünnt herunter. Alles drehte sich um ihn, aber er wurde ruhiger. Er taumelte zum Galerius-Bogen. Gegenüber, jenseits der Grenze, wuchsen die erleuchteten Festungen auf. Er stolperte über die Tramschienen, die Grenze. Wieder eingefangen, dachte er, als er im steinernen Körper der Mietskaserne aufwärts stieg.

Schlaflos hörte er das Pfeifen der Züge im Alten Bahnhof. Zum erstenmal, seit er in dieses Haus eingezogen war, verriet ihn sein Zimmer. Er fühlte sich schutzlos. Und das Chaos, wie es an diesem Ort geherrscht hatte, bevor der Mietsbau entstand, drang in sein Zimmer ein: ein leerer Raum und Dunkelheit über der Tiefe. Nebel, Regen, Schnee, Hagel und Reif. Winde. Flutende Wasser. Und die Raben flogen tief und fahndeten in der Nacht nacheinander.

III

Mittwoch, elfter April, Tag des heiligen Gelasios, Märtyrer. Um zehn vor zehn hielt ganz unerwartet das erste Geräusch Einzug in sein Zimmer.

Jemand warf die Fahrstuhltür zu. Der Laut explodierte in seinem Zimmer und verwirrte ihn. Aus war es mit dem Lernen. Da haben sie mich. Er war außer sich. Zuerst wollte er ins Treppenhaus hinausstürzen und die Dienstmädchen anschreien, die kreischten, als wolle einer sie erwürgen. Er nahm sich zusammen: Wozu? Wenn er

Krach machte, würden sie um so lauter mit den Türen knallen, um so hysterischer schrillen. Mit Vergnügen würden sie das tun, wenn sie wüßten, daß sie ihn störten. Nein, nicht gleich sich bloßstellen. Er malte sich ihren Triumph aus und kochte vor Wut. Tanzen würden die vor Vergnügen. Gut, der Kampf hat begonnen. Ich stelle mich tot.
Dabei hatte er sie schon immer gehört, jeden Morgen. Wenn der Hausmeister rief, trugen die Mädchen die Mülleimer hinunter. Und jeden Morgen hatte er dieselben Stimmen gehört. Die von oben riefen denen von unten zu, sie sollten die Fahrstuhltür schließen. Mit den Fäusten trommelten sie an die Tür, kreischten und lachten, und die von unten kreischten zurück: Hört auf mit dem Gezeter. Jeden Morgen. Aber heute – Märtyrer Gelasios stand im Kalender – platzten diese Laute wie Handgranaten in seinem Zimmer, stürzten alles um, was aufrecht stand, zerstörten alles, zerstückelten ihn selbst. Auftakt, dachte er, von jetzt ab werden sie mich langsam umbringen.
Kurze Pause. Ein paar Minuten lang blieb es still. Er atmete auf, Zeit, um Kräfte zu sammeln. Freude des Geschöpfs: Ich lebe. Bin außer Gefahr. Da peitschte eine Maschinengewehrsalve durch sein Zimmer, schlug überall zugleich ein, in die Dielen, in den Tisch, in die Wände, tack-tack-tack, wie Stiche einer Nähmaschine. Die Müllabfuhr schellte unten zum Appell. Er vergaß, daß er sich unsichtbar machen wollte. So, wie er war, in Unterhosen, stürzte er auf den Balkon hinaus. Er beugte sich über das Eisengeländer und sah unten auf der Straße den städtischen Abfallwagen. Mit behandschuhten Pranken ergriffen sie die Eimer, einen nach dem anderen, und leerten

sie in das Wageninnere aus. In sicherem Abstand gackerten die Dienstmädchen im Chor. Er wollte hinunterspringen, malte sich genau aus, wie und an welchem Punkt er landen würde, berechnete alles, denn schließlich wollte er sich nicht die Beine brechen. Dem Fahrer würde er die verdammte Schelle entreißen. Würde sie allen umschichtig über den Schädel schlagen. Nur waren zwischen ihm und den Müllmännern die Leitungsdrähte, in denen er vermutlich hängen bleiben würde. Er ging zurück ins Zimmer. Stille, unheilvoll. Kaum fuhr der Müllwagen ab, da preschte die nächste Salve durchs Zimmer. Diesmal fing er sie mit dem eigenen Körper auf.

Auf dem Stuhl brach er zusammen. Atemlos. Warf sich über den Schreibtisch und versteckte sein Gesicht in den Händen. So. Nun haben sie mich erwischt. Von jetzt ab gibt es keine Ruhe mehr. Von jetzt ab kommen die immer wieder. Sein Kopf dröhnte, seine Stirn war fiebrig. Immer wieder.

Er warf sich über den Tisch und überlegte, wie stark sie waren. Riß eine Schublade auf. Waffen hatte er nicht. Wütend langte er nach dem Brieföffner und bohrte ihn in den Tisch. Ich werde mich verteidigen. Schützengräben anlegen. Die Flanken abschirmen. Aber wo anfangen, wie? Von allen Seiten konnte der Feind eindringen, unsichtbar, vernichtend. Die Wände seines Zimmers? Aus Papier. Beim ersten Ansturm werden sie auseinanderfallen wie Spielkarten. Zunächst einmal haben sie mich nicht gefunden. Trotzdem: aussichtslos. Ungleicher Kampf, keine Hilfe, meine Niederlage ist jetzt schon sicher.

Ein Ausweg blieb: Flucht aus dem Zimmer in die Stadtbibliothek. Ein Kommilitone hatte ihm gesagt, dort sei

der letzte Platz besetzt. Also auch diese Hoffnung verloren.
Hoffnungslosigkeit überfiel ihn. Wo er auch hinfliehen würde, bis in den äußersten Winkel der Welt, überall würden sie ihn erreichen, denn er trug den Magneten auf sich, der sie anzog. Wie ein Wolfsrudel würde Lärm über ihn herfallen, überall und immer. Tag und Nacht.
Er riß sich zusammen: So leicht lasse ich mich nicht kriegen. Sie werden es erleben, mein Fleisch widersteht.
Hinter seinem Tisch verschanzt, wartete er. Das Lehrbuch über Baumzucht, hektographiert, lag seit langem aufgeschlagen da, Kapitel Schößlinge. Ruhe. Unmöglich. Sie kann nicht dauern. Jetzt, im nächsten Augenblick schon, würden Geräuschsalven ihn durchbohren. Mit ausgestreckten Fühlern tastete er, ein Insekt, bewegungslos unter der drohenden Gefahr.
Draußen schien die Sonne, milde Aprilsonne wärmte die Welt. Ihm schien das viele Licht im Zimmer gefährlich, verräterisch. Er schloß die Läden.
Er schwitzte vor Angst. Das Warten fraß an seinen Nerven. Schießt doch. Er wußte nicht, wohin mit seinen Händen, bohrte in der Nase und klebte den Schleim unter den Tisch. Jedesmal, wenn er hinunterlangte, fühlte er den festgetrockneten Dreck, den er früher dort appliziert hatte: ein Schiffsbauch, mit Muscheln überkrustet. Worauf warten die? Los, schießt doch. Seine Nase gab nichts mehr her, und er begann mit einer neuen Beschäftigung. Eins nach dem anderen riß er sich Schamhaare aus, zündete sie mit einem Streichholz an, zerrieb die Asche zwischen den Fingern und schnüffelte mit Vergnügen daran. Sie rochen nach Kastanien, nach verbranntem Kastanienholz.

Dabei mußte er eingeschlafen sein, denn er fuhr erschrocken auf. Ein eigenartiges Geplätscher riß ihn hoch wie einen Wachtposten, der beim Schlafen erwischt wird. Halt! Wer da? Keine Antwort. Er schrie seine Nummer: Elf. Dann die Losung: Heiliger Gelasios. Keine Antwort. Dann hellte es sich auf in seinem Gehirn, und er begriff: Das Geplätscher war nichts anderes als Schritte nebenan im Eßzimmer. Sie sind da, dachte er. Aber außer den bekannten Schritten seiner Eltern hörte er noch andere, fremde. Leute zum Essen, sagte er laut. Auch das noch. Er hatte nicht die geringste Lust, irgend jemanden zu sehen oder zu sprechen.

Sein Fußboden knarrte. Die unteren Dielen ächzten unter dem Druck der oberen.

Holz ist ein guter Geräuschleiter, dachte er. Stein, Eisen, Zement dagegen sind schlechte. Nebenan lärmten ihre Füße pausenlos. Er teilte sie, je nach Fußbekleidung, in drei Gruppen ein: Gummisohlen, Ledersohlen, Metallabsätze. Schließlich hörten die Schritte auf, und es folgten die Stimmen. Hemmungslos durchlöcherten sie die Wand. Ihm gellten sie in den Ohren, als spräche man unmittelbar neben ihm. Er stopfte sich die Finger in die Ohren. Umsonst. Der Feind war zum Nervenkrieg übergegangen. Die wollen mich zur Übergabe zwingen. Aus freien Stücken soll ich hinausgehen und mich stellen.

«Es ist angerichtet, nehmen Sie doch Platz.»

«Dieser Blick von hier – hinreißend.»

«Und Lazaros?»

«Er lernt für die Prüfung.»

«Tüchtig, tüchtig . . .»

«Das Essen wird kalt. Nehmen Sie doch Platz, bitte . . .»

«Richtig, er ist aus dem Vorstand ausgetreten . . .»

«Sieh dir das an, wie das Vlatadon-Kloster von hier zu sehen ist, unwahrscheinlich. Und die FIX-Reklame.»
«Wollen Sie sich denn nicht setzen?»
«Und Lazaros?»
«Ich hole ihn.»
Die Schritte kamen auf seine Tür zu. Er verschanzte sich eilig.
«Um Gottes willen, Kind, diese Dunkelheit. Warum sind denn die Läden zu? Du wirst dir die Augen verderben.»
Er ergab sich und ging hinaus.
Am Tisch saßen zwei hagere alte Damen, Freundinnen seiner Mutter von der Blindenfürsorge. Sie hatte sie unterwegs getroffen und nach Hause mitgenommen, weil sie gerade ein neues Rezept ausprobiert hatte. Die eine war Witwe, die andere unverheiratet. Sein Vater, der sie offensichtlich langweilig fand, konzentrierte sich auf sein Essen und hatte damit zu tun, wie üblich die Zeitspannen zwischen den einzelnen Bissen abzuzählen. Da sagte er, ohne jeden Zusammenhang, daß alle Dienstmädchen im Hause erprobte Huren seien. Sein Vater starrte ihn an. Seine Mutter saß reglos, die Gabel in der Luft. Der alten Jungfer stak der Bissen im Halse, der Witwe im Mund. Keine konnte schlucken. Er schrie das Wort Hure wütend heraus. Und wo war Felisol, die Patentisolierung, die der Bauherr zugesagt hatte? Das Haus hatte die Akustik eines antiken Theaters. Hier konnte er nicht mehr leben. Er schrie alles heraus, alles, fühlte sich erleichtert und stürzte in sein Zimmer, um sich dort zu verstecken.
Und wartete wieder, hinter seinem Tisch verschanzt. Er konnte sich nicht erinnern, wie viele Tage, wie viele Wochen. War Ostern vorbei? Er sah auf seinen Kalender.

Der zeigte den elften April, Tag des heiligen Gelasios, den Tag, an dem das erste Geräusch in seinem Zimmer explodiert war wie eine Handgranate. Er strengte sich an, rechnete nach. Ja, Ostern war vorüber, erloschen wie die Kerze, die er stumpfsinnig in seiner Hand gehalten hatte. Das war in der Auferstehungsnacht gewesen, im Hofe der Archiropíitos-Kirche. Er gab sich Mühe, und die Geräusche der Osternacht waren wieder da: Feuerwerk, Glockenläuten, Pistolenschüsse, Priesterstimmen, die Stimmen der Psalmisten, die «Christus ist auferstanden» sangen. Geräusche, noch mehr Geräusche, neue Geräusche ... an anderes konnte er sich nicht mehr erinnern.

Hinter seinem Tisch verschanzt, sah er zu, wie die Tage länger wurden, und wie sich hinter der Scheibe seiner Balkontür die Hügel mit Grün überzogen. Draußen ertranken die Schwalben im Licht. Drinnen brannte dieses Licht wie Feuer in der Wunde seines Zimmers. Frühling. Und er?

Mit der Zeit hatten sich die Geräusche von allen Seiten zu erkennen gegeben. Die Kinder von Frau Lebelle, Jacques, Marilene und Pepo, stachelten alle anderen Kinder des Hauses zum Toben an. Sie rannten. Sie fielen. Sie schrien und stritten. Sie spielten Cowboy und Eisenbahn, ließen ihre Murmeln donnernd über den Fußboden rollen. Er nannte sie Stalaktiten, denn sie schwebten über ihm. Kaum hörten sie auf zu lärmen, entsprangen neue Geräusche von unten, wuchsen wie Dornen herauf: Der Beifall der Eisenbahner, die einem dickbäuchigen Gewerkschaftsführer zugehört hatten und nun mit den Stühlen scharrten. Er nannte sie Stalagmiten, weil sie von unten heraufdrangen. Von nebenan, aus der Wohnung des pensionierten Obersten, wurde mit blankem Bajonett angegriffen. Jeden Abend, wenn sie vom Unterricht nach Hause kam, ließ die Tochter Exadaktylos ihren Pick-up auf Höchststärke laufen, Elvis Presley, Belafonte, Bill Haley, Pat Boone trafen ihn wie mit Fausthieben in den Magen. Der Fahrstuhl ging aufwärts, abwärts, aufwärts, abwärts. Türen wurden geöffnet und zugeschlagen. Der Kater jaulte, das Telefon schrillte, die Klingel auch. Das Radio war immer angestellt. Das waren nur die inneren Geräusche. An den äußeren litt er nicht weniger. Jedesmal, wenn ein Lastwagen vorbeidonnerte, bebte das Haus, als wäre es ein Baum, dessen Wurzeln unter der Straße lagen. Dann die Begräbnisse; öffentliche Leichenzüge mit Fanfarenbegleitung bewegten sich zur Evangelistria. Mittwochs und sonntags brüllten die Leute auf dem Fußballplatz. Bekanntmachungen wurden ausgeschrien. Und der ewige Spengler gegenüber. Und die Kirchenglocken jeden Nachmittag.

So ein Zimmer wandelt sich. Zu Anfang war es der Raum gewesen, der ihn beherbergte, jetzt war es längst ein Durchzugsschacht für Geräusche, Kontrollpunkt, an dem sich Geräusche sammelten. Er begann, Buch zu führen, trug jedes eingehende Geräusch ein, fortlaufend numeriert.

Dann setzte er sich hin und schrieb an seinen einzigen Freund, an Kostas in München. Er sagte ihm, er habe sich keine Welt aufbauen können, denn bevor sie noch geboren wurde, sei sie in den Krallen von Geräuschen zur Beute geworden. «Was soll ich machen», schrieb er, «hilf mir.» Und Kostas antwortete: «Nur in den Bäumen ist Ruhe. Nur in den Bäumen ist die Ruhe, nach der wir uns alle sehnen.»

Dagegen sträubte er sich. «In den Bäumen? Von welchen Bäumen redest Du? Hast Du schon Vögel gefragt, die in Baumkronen nisten, ob sie jemals des Nachts ruhig sind? Hast Du Dich bei den Vögeln erkundigt, was für Geräusche *sie* hören? Nicht nur Raubvögel kreisen über ihrer Beute und kämpfen untereinander um den Horst am höchsten Gipfel. Und die Wildtauben sind unruhig, wenn sie sich im Blattwerk lieben. Bunte Perlhühner bringen Bewegung ins Geäst, wenn sie sich verstecken wollen. Und erst die Vogeljungen, die schrillen und schreien ständig. Außerdem ist da der Wind, der an den Zweigen zerrt. Manchmal will er den ganzen Baum ausreißen. Dann wieder fallen raschelnd die Blätter. Und auch die Säfte hört man, wenn sie im Stamm aufsteigen. Selbst dann, wenn die Nacht ganz still wird und du glaubst, daß nun alles zur Ruhe gekommen ist, steigt dieser Schrei aus der Erde auf, die nach Tod verlangt, um neu zu gebären, nach faulenden Blättern, Früchten und Vögeln. Wer will also behaupten, daß Bäume je ruhig waren – vor allem in den Aprilnächten?»
Den Brief unterschrieb er: «Der Vogel im steinernen Baum.»
Dann, eines Tages, als er glaubte, daß alles besiegelt und daß sein Urteil von Gott, dem Schöpfer aller sichtbaren und unsichtbaren Geräusche, unterschrieben sei, erinnerte er sich an den goldenen Pferdeschwanz und an die roten Strümpfe, an den erdbraunen Regenmantel und besonders an die Bluse, ziegelrot, von der gleichen Farbe wie der Blumentopf, den sie im Arm hielt, an das Gesicht, frisch und kühl unter dem Blatt, das Gesicht, von einem grünen Blatt ausgeformt.

IV

Abend, stiller Maiabend. Er hatte die Grenze überschritten und ging rasch die Apostel-Paulus-Straße hinab. Im Hof der Rotunde blühte Geißblatt. Er sog den Duft ein. Einen Augenblick blieb er stehen und atmete gierig, tief, wollte die ganze Frische des Abends, die ganze Süße des Frühlings einsaugen. Wochenlang hatte er mit dem Ersticken gekämpft. Jetzt spürte er zum erstenmal seine Sinne, kräftig, lebendig. Er schaute auf und sah das Minarett, auf dessen Spitze ein Stern tanzte.
Um diese Zeit erwachte das obere Quartier. Die Mädchen schlenderten in langen Reihen Arm in Arm und sangen. Die Jungen gingen hinterher und schauten, wo sie sie anrempeln konnten. Im Kaffeehaus drängten sich die Männer. Die Kinder sausten umher, rotteten sich zu Banden zusammen, sprangen über Mauern, stahlen Pflaumen und Aprikosen von den Bäumen. In der Schusterwerkstatt und in den kleinen Geschäften setzten sich die Leute zu einem Gläschen zusammen.
Bei der Kreuzung der Apostel-Paulus- mit der Agios-Demetrios-Straße bog er nach rechts ab. Er ging geradenwegs zu ihrem Hause: Jerissós 17. Ein Bus fuhr vorbei und beweihräucherte ihn mit Benzinduft. Er hielt sich dicht an die Häuserwände. Von den Fenstersimsen griffen die Blattpflanzen nach ihm. In einer neuen Gasse ging es wieder bergauf. Nun war es dunkel, nur selten noch eine Laterne, und es war nicht leicht, ihr Haus zu

finden. Straßenschilder gab es hier oben nicht. Wieder fühlte er sich im Labyrinth, doppelt verloren dieses zweitemal. Ariadne. Der Name, den er ihr damals gegeben hatte, kam ihm wieder in den Sinn. Er war falsch gegangen. Das merkte er, als er vor dem türkischen Konsulat anlangte und die Wachen ihn mißtrauisch anstarrten. Schnell ging er wieder die Agios-Demetrios-Straße hinunter, die die Altstadt in zwei Teile schneidet. Ein paar Schaufenster und zwei Kinos gibt es in der Agios-Demetrios-Straße. Vor dem einen Kino blieb er stehen, um zu überlegen, wie er weitergehen sollte. Auf die Bilder warf er nur einen kurzen Blick. Wie immer gegen Ende der Saison liefen zwei Filme. In ein paar Tagen, stand angeschrieben, würde das Freiluftkino auf der Dachterrasse eröffnet werden. Der Sommer kommt. Und der Frühling ist vorbei, ohne daß ich ihn überhaupt bemerkt habe, dachte er bitter.
Der kurze Aufenthalt vor dem kleinen Vorstadtkino war seine letzte Erinnerung an Licht. Denn gleich danach tauchte er in die Nebengassen ein, taumelte nach rechts, nach links, schnüffelte herum wie ein verlorener Hund, verirrte sich mehrmals, glaubte schließlich, ihr Haus gefunden zu haben. Und merkte, die Nacht betrog ihn nur. Er witterte, spürte, suchte umher wie ein Fischer, der die Höhle im Fels wiederfinden will, in die ihm einmal ein guter Fisch entkommen ist.
Und dann, so plötzlich, wie er damals sie selbst gesehen hatte, sah er das schwere Eisentor ihres Hofes. Er suchte nach der Nummer: 17. Nur wer einen riesigen Fisch an der Angel hat, spürt solches Herzklopfen.
Er war nicht aus Neugier gekommen. Auch nicht aus Sehnsucht. Mit einer ganz bestimmten Absicht war er

hier. Er hatte einen tollen Plan, wartete nur, bis es vollends Nacht wurde. Von der Dunkelheit geschützt, wollte er in ihren Garten eindringen und den Topf mit dem Blatt stehlen.
Er blickte die Straße entlang. Ein letztes Haus riegelte sie ab, an dem niemand vorbei konnte. Die Straße lag verlassen. Er schlich sich näher ans Gitter. Dahinter sah er ihr Haus mit dem orangefarbenen Licht im Fenster. Hinter dem Vorhang ging ein Schatten vorüber, und er glaubte, daß es ihr Schatten sei. Dann, im letzten Augenblick, zögerte er. Wenn nun jemand herauskommen oder durch den Garten ins Haus gehen wollte, während er gerade im Hof wäre? Ihr Bruder zum Beispiel? Oder ihr Vater? Sie würden ihn beleidigen, würden ihn Hühnerdieb und Landstreicher nennen. Dann würde sie herauskommen, ihn erkennen und sagen, er sei derjenige, der damals hinter ihr hergelaufen war. Trotzdem muß es sein, sagte er, muß. Er versuchte, sich zusammenzureißen. Gemein, was ich da machen will. Aber es muß sein. Schritte waren auf der Straße zu hören. Sie entfernten sich schnell. Je länger er wartete, um so schlimmer wurde es: die Nachbarschaft hatte viele Augen.
Mit einer Hand griff er zwischen den Gitterstäben hindurch und öffnete das Tor von innen. Die schwere Eisenpforte gab nach, ohne zu kreischen. Im Dunkeln sprangen zwei Katzen erschrocken auf und verschwanden über die Mauer. Vorher sahen sie ihn aus runden Glasperlenaugen an.
Gebückt, auf Zehenspitzen schlich er über den Hof, in dem einiges wuchs. Zwei Bäume waren auch da, ein Brunnen, in einem Winkel lag aufgestapelt altes Eisen, ein Gummischlauch war am Boden zusammengerollt. Er

ging weiter, ging fast bis zum Fenster mit dem orangefarbenen Licht. Drinnen hörte er sie reden. Dann fing er an, die Blumentöpfe abzutasten. Viele Töpfe, eine ganze Sammlung. Der reinste Blumenstand. Schließlich fand er in einer Ecke, ganz für sich allein, das Blatt, das er suchte. Es schien ihm jetzt viel größer. Damals, das wußte er genau, war es eiförmig gewesen. Jetzt war es rund wie der Vollmond. Vorsichtig, lautlos hob er den Blumentopf auf und hielt ihn in den Armen. Er war schwer und feucht. Mit seinen Lippen kam er an die bleiche Haut des Blattes, und die kurze Berührung erfüllte ihn mit Glückseligkeit. Plötzlich war er nicht mehr ausgehöhlt. Das Gewicht der Pflanze auf seiner Brust tat ihm wohl. Sein Herz schlug ruhiger.

Auf Zehenspitzen schlich er sich aus dem Hof. Niemand hatte ihn bemerkt. Ein letztes Mal wandte er sich um und sah dankbar auf das orangene Licht. Die Katzen hockten auf dem Mäuerchen und sahen ihn gläsern an. Das Eisentor ließ er offen.

Er ging nicht gleich nach Hause. Wenn seine Eltern ihn mit dem Blumentopf sähen, würden sie erstaunt sein. Besser, sie vor vollendete Tatsachen zu stellen, dann würden sie nichts weiter sagen. Darum wollte er bis Mitternacht warten, bis sie schliefen, und dann erst seine Beute ins Haus bringen.

Er versteckte das Blatt in einem dunklen Winkel unten bei der kleinen Kirche, die, halb in den Boden gesunken, neben dem Mietshaus stand. Dort würde niemand es entdecken. Dort war es sicher, so sicher wie unter der Erde. Befreit aufatmend, triumphierend stürzte er sich ins Menschengewühl des Zentrums.

Schwebend, als trage er Flügel, ging er die Egnatia hinunter. Nur in zwei Tavernen und in der Apotheke, die Nachtdienst hatte, brannte noch Licht. In den Kiosken waren die Verkäufer dabei, ihre Ware wegzuräumen und zu schließen. Zwei Lichtreklamen fielen ihn an wie kreiselnde Messer. Frisch geweißt und angestrahlt lauerte ein Bestattungsunternehmen in der Nacht. Er ging über den Sophien-Platz. Das Schaufenster von ACHILLEUS versuchte ihn mit seinen Leckerbissen. Nein, er wollte keinen fremden Atem im Gesicht spüren. Nur so, allein, konnte er sich seiner Freude ganz überlassen. Seine Gedanken waren in dem dunklen Winkel, wo er die Pflanze zurückgelassen hatte. Er spürte eine Wärme in sich, als strecke er seine Hände über ein Herdfeuer. Zwischen dem FLOCA und dem ASTORIA steuerte er hindurch wie zwischen Scylla und Charybdis, bog links in die Metropolis ein, schwenkte dann wieder nach rechts und war am Kai.

Dort war keine Seele mehr, gottlob. Vor ihm breitete sich ohne Antlitz, stumm, erstickt in Dunkelheit, das Meer aus. Die Wurzeln der Nacht, tief ins Wasser getaucht, tranken lautlos. Langsam ging er den Kai entlang. Zeit mußte vergehen, es mußte Mitternacht werden. Ohne darauf zu achten, kam er zum Weißen Turm. Er ging am Theater vorbei, am Kraftwerk, gelangte zu den Zementblöcken der Mole. Lichter und Geräusche der Stadt waren zurückgeblieben. Er war allein zwischen den beiden Abgründen des Meeres und der Dunkelheit. Hier, wo er sicher war, daß niemand ihn hören würde, streckte er sich auf einem Felsen aus und flüsterte sein Geheimnis ins lauschende Ohr der See. Er sagte ihr, wie glücklich er war, weil er aus Ariadnes Hof den Blumentopf gestohlen hatte, den sie damals in ihren Armen hielt. Die Welle,

zu der er gesprochen hatte, ebbte zurück und verschwand in der Unendlichkeit.
Da fing er an zu pfeifen, vergnügt, weil er die See und die Nacht zu Mitschuldigen gemacht hatte. Gerade ging er am Makedonischen Institut vorbei, als er auf zwei Kommilitonen prallte. Verfluchter Zufall. Er sagte, er habe es eilig. Ob er fürs Examen arbeite, fragten sie. Schon, sagte er, nicht gerade viel. Ob er sich bereits zum Prüfungstermin angemeldet habe? Nein, das noch nicht. Lebst du auf dem Mond? Morgen ist letzter Tag. Sie hatten sich den ganzen Abend gegenseitig abgehört. Nur über die Flachwurzler waren sie sich nicht einig. Was er denn dazu meine? Er habe keine Zeit, sagte er und ging. Die Begegnung hatte ihn bedrückt. Menschen erschrekken mich, dachte er, das ist wohl das einzige, was ich von ihnen habe. Er sah auf die Uhr. Viertel vor zwölf. Er wollte nach Hause.
Im dunklen Winkel bei der Kapelle erwartete ihn sein Blatt. Er sah es von ferne leuchten wie ein Glühwürmchen.
Sogar die Haustür sträubte sich. Offenbar wollte sie nicht, daß etwas Fremdes, Unpassendes, vielleicht sogar Feindliches durch sie ins Haus eindrang. Er brachte es nicht fertig, sie aufzuschließen. Seine Hände zitterten. Was würde geschehen, wenn ein anderer Mieter nach Hause käme und ihn so sähe? Er würde ins Gerede kommen. Siehst du, sagte er zu seiner Pflanze, die ruhig auf seinem Knie thronte, siehst du, was ich nicht alles tue, um dich bei mir zu haben. Endlich gelang es ihm, den Schlüssel mit der Verzahnung des Schlosses in Einklang zu bringen, und die Tür öffnete sich. Vorsichtig ging er hinein, seinen Schatz in den Armen. Mit dem Fahrstuhl wollte

er lieber nicht hinauffahren. Der Lärm könnte ihn verraten. Ohne das Licht anzuknipsen, begann er die Treppen hinaufzusteigen. Die Stufen kannte er auch im Dunkeln gut.

Aus Kalfoglous Wohnung im Erdgeschoß war Schnarchen zu hören. Viehhändler steht am Eingang, erklärte er flüsternd dem Blatt, aber in Wirklichkeit ist er Metzger. Er hat drei heiratsfähige Töchter. Darum muß er mehr aus sich machen, verstehst du ... Er war auf dem Absatz vor dem ersten Stock, als er im Keller eine Tür gehen hörte, dann Männerschritte zum Ausgang. Ein Kunde, flüsterte er dem Blatt zu. Toula und Mary arbeiten nachts und kriegen dafür fünfzig Drachmen pro Besuch. Herr Anagnostaras, der tagsüber arbeitet, nimmt für den Besuch zweihundertfünfzig. Er ist Psychiater, gutgehendes Geschäft heute. Nun waren sie im ersten Stock. Dunkel, Stille, blinde Türen. Im schwachen Lichtschein von draußen erkannte er vor Ladopoulos' Tür zwei leere Milchflaschen. Auch der schläft, sagte er zu seinem Blatt. Stoffhändler. Neureich. Seine Frau erwartet das zweite Kind. Dunkel und Schweigen auch im zweiten Stock. Hier wohnt Kyra Malwina, Hebamme. Gegenüber die Soussamidis. Er ist Freimaurer, Logenvorsitzender. Aus der Asche wird er immer wieder neu geboren. Im dritten Stock war Licht hinter der Tür des Abgeordneten Antonakakis. Sie spielen Karten, Kum-Kan oder Kanasta. Bis zu den nächsten Wahlen betreiben sie ein Spielkasino in ihrer Wohnung, sind gerade auf Halbzeit. Hier schnarcht Herr Plytas, höherer Beamter. Er trägt eine schwarze Binde am Rockärmel. Seine Frau ist bei ihrer dreizehnten Abtreibung gestorben. Auf seinem Balkon hält er einen Hund, denn er ist leidenschaftlicher Jäger.

So sprach er mit seinem Blatt, das er mit den verschiedenen Mietern des Hauses bekannt machen wollte, in dem es nun auch leben würde. Je weiter er hinaufstieg, um so schwerer wurde der Topf. Er war todmüde, konnte nicht mehr. Ihm fiel ein Theaterstück ein, das er als kleiner Junge gesehen hatte, während der Besatzungszeit. Es hieß DER EISERNE SCHATZ oder so ähnlich. Jedenfalls wurde der Schatz, ein kostbarer Stein, den der Held gestohlen hatte, immer größer und schwerer, als er ihn wegtragen wollte. Der, der ihn trug, wurde immer kleiner und schwächer. Schließlich sank er zu Boden, und der Stein fiel auf ihn und wurde zu seinem Grabstein in der Wüste. Hab Mut, sagte er zu seinem Blatt, wir sind fast oben. Zwei Drittel haben wir hinter uns. Im vierten Stock war das Dunkel undurchdringlich. Er stellte den Blumentopf auf eine Stufe, um Atem zu schöpfen. Hier wohnen die Popolian, Armenier, erklärte er. Sie sind hier die einzigen, die ein gläsernes Guckauge in ihre Tür eingesetzt haben. Sie haben vieles ausgestanden, weißt du, und nun scheint ihnen alles und jedes verdächtig. Trotzdem sind sie goldige Menschen. Unglaublich freundlich. Die einzigen in diesem ganzen Bau, die ich gern habe. Vielleicht weil sie auch Vertriebene sind – wie ich. Neben ihnen, in Nummer zwölf, wohnt Karmiriadis. Er ist Theologe und Gymnasialdirektor, kümmert sich um fromme Vereine, ein Zerberus im Gymnasium. Er ist der Präsident des Mieterverbandes.
Während er noch dasaß und sich ausruhte, hörte er den Fahrstuhl gehen. Er erschrak. Jetzt werde ich geschnappt. Vielleicht kommt der Rektor selbst. Angstvoll lauschte er, wie der Aufzug höher und höher heraufkam. Sein Herz raste. Aber auch diesmal hatte er Glück. Der

Fahrstuhl hielt nicht im vierten Stock, warf nur einen Lichtschein durch sein vergittertes Fenster und zog weiter nach oben. Er hörte einen Schlüssel in einem Schlüsselloch, eine Tür wurde geöffnet und geschlossen. Und dann wurde es wieder still im Schlund des steinernen Ungetüms. Er hob seinen Blumentopf auf, die Beine zitterten ihm ein bißchen. Im fünften Stock war der Klub der Eisenbahner natürlich leer zu so später Stunde. Wir sind da, flüsterte er seinem Blatt zu. Unser Nachbar ist Oberst außer Diensten. Simeon Exadaktylos. Jetzt hat er eine Stellung im Messe-Komitee, von der er ganz gut lebt. Er geht nie spät zu Bett. Dafür steht er um so früher auf und turnt auf dem Balkon.

Unter seiner eigenen Tür sah er kein Licht. Sie schlafen, dachte er erleichtert. Leise schloß er auf und trat ein wie ein Dieb. Als er durch das Eßzimmer schlich, stolperte er über einen Stuhl. Aber niemand wachte auf. Nur die Katze Daïs, die auf dem Stuhl geschlafen hatte, gähnte und rollte sich wieder zusammen.

V

«Und wo soll ich jetzt mit dem Büfett bleiben?» jammerte seine Mutter zwei Tage später bei Tisch. «Nirgends ist Platz dafür. Alle anderen Zimmer sind voll. Wohin also damit? Vielleicht in die Küche oder in den Eingang? Schau, wenn du diesen Blumentopf auf den Balkon hinausstelltest . . .»

«Ich mache doch einen Versuch. Ich muß beobachten, wie sich die Pflanze im geschlossenen Raum verhält», sagte er und aß weiter Spinat mit Reis. «Wie soll ich also den Blumentopf auf den Balkon stellen?»

Sein Vater glaubte ihm. Schlicht und gutgläubig, wie er war, ließ er sich noch einmal davon überzeugen, daß seinen Sohn der Eifer für die Wissenschaft gepackt habe, wie er zu sagen pflegte. Deshalb war er auch jetzt auf seiner Seite. Die Mutter war weniger überzeugt.

Das hatte er ihrem Blick entnommen, sofort, als sie das Blatt in seinem Zimmer entdeckt hatte. Das war gestern morgen gewesen, Dienstag. Am Montag abend hatte er es bei Ariadne gestohlen, um Mitternacht hatte er es ins Haus geschmuggelt. Als sie am nächsten Morgen in sein Zimmer kam, um ihn zu wecken, blieb sie erstaunt an der Tür stehen. «Wer hat denn das hier hereingebracht?» fragte sie, und ihre Stimme klang unangenehm. «Ich», hatte er geantwortet und so getan, als ob er gähnte. Aber er sah sofort an ihrem Blick, daß sie nicht nur erstaunt war. Tief in ihren Pupillen saß bereits so etwas wie Haß, wie Feindschaft, ganz so, als ob vor ihr nicht nur ein Blatt stünde, sondern eine andere Frau, die ihr Sohn von der Straße ins Haus gebracht hatte. Darum fragte sie auch gar nicht, warum er den Blumentopf gebracht oder wo er ihn gefunden habe. Immer heftigere Eifersucht im Blick, sagte sie nur: «Und für wie lange?»

«Das wird von dem Versuch abhängen, den ich machen muß», hatte er erklärt. Da war er ihr zum erstenmal mit diesem Märchen von dem Experiment gekommen. Er sah ihr nach, wie sie die Achseln zuckte und die Tür hinter sich zuwarf. Heute dagegen, am Mittwoch, beim Essen, sagte sie in Gegenwart ihres Mannes nichts über das Blatt. Sie jammerte nur über das verbannte Büfett und über die Scherereien, die er ihr damit machte.

«Stell es doch in den Verschlag auf dem Boden», sagte schließlich ihr Mann. «Verbrenn es. Verkauf es. Sollen wir ewig über dieses Vorkriegsbüfett reden?»
«Es geht nicht um das Möbel», antwortete sie, «sondern um die Sachen, die ich darin unterbringe. Das Silber. Das Porzellan. Wohin soll ich denn damit? Schließlich muß ich den Haushalt führen.»
«Wir essen nie mit dem Silberbesteck. Auch das Porzellan kommt nie auf den Tisch», sagte ihr Mann verärgert. «Steck die Sachen in die Truhe. Wenn Besuch kommt, kannst du sie dort ebensogut herausholen. Deshalb geht die Welt nicht unter. Es geht um unseren Jungen, der ernsthaft arbeiten will. Sollen wir ihm dabei Schwierigkeiten machen?»
Folgendes war geschehen: Nachdem seine Mutter gestern morgens die Tür hinter sich zugeschlagen hatte, begann er sich mit der Frage zu beschäftigen, wo er einen endgültigen Platz für seine Pflanze finden sollte. Denn dort, wo sie stand, so, wie er sie in der Nacht abgestellt hatte, konnte sie nicht für immer bleiben. Nicht nur, weil sie dort zum Verkehrshindernis wurde. Um das Zimmer zu verlassen, war er gezwungen, unter dem Tisch durchzukriechen. Außerdem hatte er bei seinen Studien immerhin so viel gelernt, daß er wußte, so ein Blatt brauchte Licht und Luft, um zu gedeihen und natürlich zu wachsen. Dort, wo es jetzt stand, war es dunkel und stickig. Andererseits wollte er es keinesfalls auf den Balkon hinausstellen. Er fürchtete den bösen Blick der Nachbarn, selbst dann, wenn er seinem Blatt eine blaue Perle umhängte. Er wollte mit dem Blatt zusammenleben, dieselbe Luft atmen. Jeden Augenblick wollte er seine Hand ausstrecken können, um das Blatt zu berühren.

Trennung kam nicht in Frage. Nicht einmal Fensterglas sollte zwischen ihnen sein. So blieb als einziger Aufenthaltsraum für den neuen Bewohner sein Zimmer. Er mußte Platz darin finden. Unter allen Umständen mußte er seine Pflanze richtig einnisten. Aber wo? Wäre das Zimmer groß und geräumig, so hätte es gar kein Problem gegeben. Klein und vollgestopft, wie es war, wurde die Sache schwierig. Seit dem frühen Morgen beschäftigte er sich mit der Frage und konnte keine Lösung finden. Er schob die Möbel hin und her, zeichnete Pläne auf. Ergebnis: Die Möbel vertrugen sich nicht miteinander. Jedes einzelne beharrte auf seinem Platz und lehnte es ab, einem anderen Raum zu geben. Sie stießen und pufften sich gegenseitig, sie ächzten und stöhnten. Er war verzweifelt. Alle nur möglichen Kombinationen hatte er versucht, ohne eine Lösung zu finden, bis er schließlich am Nachmittag darauf kam, daß der Grund allen Übels, der Kern aller Feindschaft zwischen den Dingen dieses schmalbrüstige, hochgetürmte Büfett mit den Tellern und Bestecken seiner Mutter war. Ohne überhaupt zu fragen, verstieß er es, schob es sofort aus dem Zimmer. Und atmete zusammen mit seinem Zimmer auf. Endlich gab es Raum. Die anderen Möbel wirkten klein und leicht. Kaum war dieser unerträgliche Kasten, dieser Vorkriegsschrank, der dagestanden hatte wie ein gedörrter Stockfisch, verschwunden, da fand alles seinen richtigen Platz. Alles hatte er großartig eingerichtet und sogar eine Strohmatte auf den Boden gelegt, damit er beim Gießen nicht naß würde. Und dann stellte er den Blumentopf mit dem Blatt dorthin, wo er ihn von Anfang an gern gehabt hätte: nahe ans Fenster und neben sein Bett.

«Also gut, ich werde es in den Verschlag stellen», sagte seine Mutter schließlich besiegt. «Aber etwas anderes macht mir Sorgen. Dieses Monstrum von Blatt wird ihm die ganze Atemluft wegnehmen. Wir stellen ja sogar einfache Blumen nachts hinaus, nicht zu reden von so einem . . .»

Sie hatte zu seinem Vater gesprochen, aber Lazaros antwortete ihr: «Ich werde abends die Balkontür aufmachen.»

«Damit du dir wieder eine Lungenentzündung holst.»

«Es ist schon Mai. Wie soll er sich da eine Lungenentzündung holen?» sagte ihr Mann und stocherte nach den besten Kirschen in der Obstschale.

«Also tut, was ihr wollt.» Seine Mutter stand nervös vom Tisch auf. «Vater und Sohn machen wieder gemeinsame Front gegen mich. Mich trifft keine Verantwortung, was auch passiert.»

Dabei hatte seine Mutter recht gehabt, als sie sagte, das Blatt würde ihm alle Atemluft nehmen. Als er gestern in der Nacht, die auf den Dienstag folgte, müde von den Freuden und Aufregungen des ersten Tages mit seiner Pflanze, schlafen ging, konnte er lange kein Auge schließen. Er lag wach im Bett und verfolgte den langsamen Weg des Mondlichtes über das Blatt, das nun kupfergrün leuchtete. Je weiter das Mondlicht wegglitt, um so inniger verschmolz das Blatt mit der Finsternis, bis es fast ganz verschwand und nur noch als Schatten, als leise Spur im Dunkeln erschien. Beruhigt, weil sein Blatt nun eingeschlafen war, drehte er sich auf die andere Seite. Um drei Uhr wachte er auf. Er hatte geträumt. Seine Mutter war heimlich in sein Zimmer geschlichen und hatte mit ihren roten Nägeln das Fleisch seines Blattes zerfetzt. Die Pflanze war stumm geblieben und hatte geduldig ihren Tod erlitten. Er fuhr auf. Fand seine Pflanze nicht gleich. Tastete blind im Dunkeln nach ihr, bis er über den Topf stolperte. Da beruhigte er sich. Sie war da, gottlob, sie schlief friedlich mit ausgebreitetem Flügel. Er streichelte sie, und seine Finger sogen Ruhe ein wie zarten Tau. Sie war also da, unbeschädigt, unberührt. Und dann heute morgen, Mittwoch, sah er sie, wie sie sich mit aller Kraft gegen die Balkontür preßte. Er erschrak. Das Sonnenlicht flutete unbehindert durch ihr feuchtes Fleisch und drang grünlich ins Zimmer, tanzte silbrig auf den zarten Härchen, zitterte in ihren Adern und legte einen Rand aus Kristall um die Herzform. Sorgsam, um ihr nicht weh zu tun, löste er sie von der Glasscheibe, auf der Schweißtropfen standen. Da begriff er, was in der Nacht geschehen war, und machte schnell die Balkontür auf. Und schon drängte das Blatt ungeduldig nach draußen. Es schrie nach Luft. Gierig atmete es die Morgenkühle. Es hätte den Erstickungstod erleiden können, dachte er, ja, das hätte mir passieren können. Seine Mutter hatte also doch recht, als sie meinte, es würde den ganzen Luftvorrat im Zimmer verbrauchen. Und er nahm sich vor, jeden Abend die Balkontür zu öffnen, nicht, damit ihm nichts geschah, sondern damit sein Blatt unversehrt blieb.

«Und wie heißt es, wissenschaftlich natürlich?» fragte ihn sein Vater, als er vom Tisch aufstand und zum Sofa hinüberging, um dort seine Zigarette anzuzünden.

«Ich weiß noch nicht recht, wo ich es einreihen soll», antwortete er so kaltblütig wie möglich. «In einigen Tagen wird das herauszufinden sein. Die Pflanze wird sich zu erkennen geben, wie wir das wissenschaftlich nennen.»

Der Vater schien mit seiner Antwort zufrieden zu sein. Es

genügte ihm, zu wissen, daß sein Sohn den Drang zur Wissenschaft hatte. Er schlug die Zeitung auf.
Er selbst aber war unruhig. Von dem Augenblick an, wo er dem Blatt einen endgültigen Platz im Zimmer eingerichtet hatte, begann ihn eine andere Frage zu quälen: Was aus dem Blatt werden würde. Zwei Wege der Entwicklung waren möglich – eine Art Philodendron oder eine Monstera deliciosa konnte daraus werden. Die Frage seines Vaters nach dem Namen der Pflanze machte ihn erst recht unsicher. Für den Augenblick sprachen alle Anzeichen dafür, daß sie eine Monstera deliciosa ergeben würde. Trotzdem war keineswegs ausgeschlossen, daß sie sich später doch zu einem Philodendron entfalten würde. Dabei würde sie nicht nur gegen die spärliche Luft anzuwachsen haben. Mit wenig Luft und Licht mußte sie groß werden. Zudem stellte er bereits fest, daß die Möbel ihr feindlich gesinnt waren. Von allen Seiten kreisten sie sie ein und kehrten ihr ihre Ecken und Kanten zu wie Lanzenspitzen. Leider konnte er sie nicht alle hinauswerfen wie das Büfett. Dabei hatte doch das lebendige und warme Blatt ihn gelehrt, sie so zu sehen, wie sie waren: leer wie ein Mausoleum, muffig wie ein lackierter Sarg und so überflüssig wie Formalitäten. Er wunderte sich jetzt darüber, daß sie ihn bisher nicht gestört hatten. Erst wenn du etwas Lebendiges besitzt, das dir ganz gehört, beginnst du zu begreifen, was alles nicht zu dir paßt, dachte er. Auch aus diesem Grunde beunruhigte ihn die Entwicklung seines Blattes. Wenn es tatsächlich eine Art Monstera deliciosa war, würde es eine feine und durchscheinende Haut behalten, würde zart, mit winzigen Härchen besetzt und den Einwirkungen von Licht und Luft gegenüber äußerst empfindsam bleiben. Es

würde aus der Seite neue Blätter hervorbringen und mit schwachen Wurzelarmen nach Halt tasten. In diesem Falle zweifellos weiblich, würde die Pflanze gebären wollen. Dabei würde sie dem Angriff der Möbel weiterhin schutzlos ausgeliefert sein, schön wie ein Mädchen, dessen Schönheit den Tod herausfordert. Wenn es sich dagegen zu einem Philodendron auswuchs, würde seine Haut ledern werden, seine Nerven kräftig; seinem Fleisch, zäh wie Kaktusfleisch, wäre zuzutrauen, daß es unter Zwang auch Dornen triebe. Es wäre männlich. Es würde ihm nicht schwerfallen, sich gegenüber dem Kleiderschrank zu behaupten, gegen Tisch und Stühle anzuwachsen. Er wußte selbst nicht recht, was er sich wünschen sollte. Einerseits wollte er gern eine Monstera deliciosa haben, damit ihrer beider Empfindsamkeiten einander entgegenwüchsen. Aber vieles sprach auch für ein Philodendron, das den Kampf aufnehmen und bestehen würde. Vorerst, solange das Blatt kindlich und unentschieden blieb, war alles möglich. Daher seine tiefe Unsicherheit. Und während er zusah, wie sein Vater die Zigarette im Aschbecher ausdrückte, dachte er: Die Zeit wird es weisen. Tage, Wochen können vergehen, ehe das Geschlecht meines Blattes sich zeigt.

Am Mittwoch darauf – zufällig gab es wieder Reisauflauf mit Spinat – fragte ihn sein Vater: «Wie steht's mit dem Versuch?»

«Gut», antwortete er gleichgültig.

«Siehst du, endlich hast du die Nase in die Bücher gesteckt. Wie weit bist du mit deiner Arbeit?»

«Leider noch ziemlich am Anfang», sagte er.

Tatsächlich hatte er sich, wie sein Vater es ausdrückte, kopfüber ins Studium gestürzt. Er ging nie mehr aus. Er

las. Las über alles, was mit Monstera deliciosa und Philodendron zu tun hatte. Alles mögliche wollte er über die beiden Gattungen herausfinden. Es nützte nichts. Denn Tag für Tag widersprach das Blatt seiner Weisheit. Jeden Morgen sah es anders aus als am Abend vorher. Wie Früchte reifen, so wuchs es in Dunkelheit und Stille. Und morgens rieb er sich die Augen, um es wiederzuerkennen. Ihn freute es, daß es so unbekümmert wuchs und die Wissenschaft lächerlich machte. In dieser ersten Woche wurde aus dem dünnen Stengel ein Stiel, der reinste Stamm, ein Fahnenmast geradezu; die Spalte, aus der dieser Stamm wuchs, wurde stark wie der Gurt, den sich die Fahnenträger umschnallen. Auch das Blatt wuchs sich aus. Aus der flachen Tellerscheibe, die er nach Hause gebracht hatte, war eine weit ausschwingende Schale geworden. Und nun sah es aus wie ein strammes, ellipsenförmiges Walkbrett. Auf der Unterseite hatte es einen Bauch entwickelt und war fein behaart wie Olivenblätter. Die Oberseite glänzte in der Sonne wie das Meer in der Mittagsstunde. Seine Mittelrippe glich einer Wirbelsäule, endete in einer winzigen Schiffsschraube. Er wußte, daß die indische Flagellaria derartiges entwickelt. Jedenfalls wuchs es zusehends, und er machte seine Bücher zu, denn es war klar, daß sein Blatt bereits über alle hinausgewachsen war. Dabei war es immer noch namenlos wie das Mädchen, dem es gehört hatte, und änderte täglich sein Gesicht, so daß es gar nicht dazu kam, ein verbindliches Aussehen zu entwickeln.
«Weißt du jetzt, wie es heißt, wissenschaftlich, meine ich?» fragte sein Vater und zog an seiner Zigarette.
«Es heißt Philomonstera.»
Das Wortspiel kam ihm gelegen, es enthielt seine beiden

Hypothesen. Trotzdem raffte er sich noch zu weiteren Erklärungen auf: «Der Gattung nach ist es ein Sumpfblütler, zwei Krüge Wasser am Tag genügen ihm kaum. Die engere Familie nennen wir Hochstengler. Es wächst und wächst in die Höhe. Typisch ist auch, daß es sich in einer Rechtswendung hochschraubt, trotzdem hat es sich seit vorgestern notgedrungen nach links gedreht, weil der Kleiderschrank ihm im Wege steht. Notgedrungen. Darum wird es nun wohl zu einem Linkswendler werden.»

Täglich veränderte das Blatt auch das Aussehen des Zimmers. Die Möbel schrumpften. Es drehte und wand sich hierhin und dorthin; dann reckte es sich wieder in die Höhe, hielt sich waagrecht zur Decke, oder es drängte zur Balkontür und wollte hinaus. Das erlaubte er nicht, aus Furcht vor fremden Blicken von Nachbarbalkonen, und das Blatt legte sich flach an die Scheibe und blieb da als grüner Vorhang kleben. Der Stengel schien ihm jetzt gar nicht mehr so kräftig. Er fürchtete, mit zunehmendem Gewicht würde das Blatt ihn knicken; darum nahm er eine hellblaue Schleife, wie kleine Mädchen sie im Haar tragen, und band es an seine erste künstliche Stütze.

Ein Magen schien es, der aus Kunstdünger Blattgrün machte, eine Lunge, die mit allen Zellen atmete und das Zimmer mit ihren Ausdünstungen erfüllte. Waren die Dünste verflogen, so sah er das Blattgerippe wie einen menschlichen Brustkorb im Röntgenbild: Zu beiden Seiten wuchsen Rippen symmetrisch aus einer Wirbelsäule hervor. Nirgends ein Schatten, der ihm Sorge gemacht hätte. Von der Sonne durchleuchtet, strotzte sein Blatt von Gesundheit und Leben. Das tat ihm gut. Er fühlte sich selbst gestärkt. Er suchte im Zimmer den Standort, von dem aus er es am besten beobachten konnte, den äußersten Winkel, möglichst weit entfernt und so, daß er es gleichzeitig auch im Schrankspiegel sah, vor dem es sich wohlgefällig, breitstirnig, stramm in Positur setzte, kräftig wie ein Philodendron und doch auch geschmeidig und zart wie eine Monstera deliciosa. Er hatte sich einen Wedel aus Eiderdaunen an einem langen Stiel besorgt. Damit stieg er auf einen Stuhl und putzte sein Blatt. Abends erschreckte es ihn noch häufig. Denn bei künstlichem Licht wurde es unwirklich wie Meeresgewächse, die in der Tiefe mit der Strömung fluten.

Nach der zweiten Woche schrieb er seinem Freund Kostas in München, die Geräusche hätten aufgehört. Vielmehr sauge sein Blatt sie auf und vernichte sie. Ob seine Hände, solche unerfahrenen, unbeholfenen Hände, denn hinreichten, um es zu streicheln? Ihm mit Zärtlichkeit zu begegnen und zu danken? Und wo sollte er Worte hernehmen, die noch nicht vom Alltagsgebrauch verschlissen waren? «Es birgt mich in seinem großen Schatten. Es ist makellos, sogar unter den Röntgenstrahlen der Sonne. Und es beschützt mich in seiner grünen Stille. Und lebensgierig ist es, säuft zwei Krüge Wasser am Tag. In meine Blindheit hat es ein dunkelgrünes Tal gepflügt, Freude fließt mitten hindurch, ein heiterer Strom, zu beiden Seiten Wiesen, in deren jungem Gras die Geräusche ersticken . . .»

Der Brief war sicher noch gar nicht angekommen, als er eines Morgens aufwachte und sah, daß sein Blatt sich gespalten hatte. Es hatte sich in kleinere Blätter zerteilt. Auch die waren gespalten, manche krümmten sich, manche standen steil wie ausgestreckte Finger. Plötzlich war sein Zimmer angefüllt mit Händen. Gebündelte Hände am einzigen Arm eines Ungeheuers griffen krampfhaft nach jedem Halt, der sich ihnen bot. Offene und geschlossene Hände, runzlig gekerbt, angelten, suchten wie Hände von Schiffbrüchigen; gespreizte Finger, tastende Handflächen überall . . .

VI

«Was ist denn das für ein Baum?» fragte der Elektriker. Er hatte das Klopfen an der Tür nicht gehört. Auch nicht das «Entschuldigen Sie die Störung». Erst die Frage nach seinem Blatt traf ihn messerscharf, und er fuhr auf wie unter einem elektrischen Schlag. Er betrachtete den Jungen in Blue-Jeans und kariertem Hemd, der in seiner Tür stand, und versuchte zu begreifen, was der dort wollte. Warum der stur, mit hochgezogenen Brauen, auf sein Blatt starrte, wie die Kerle in der Oberstadt, wenn sie Mädchen anpeilten, und dabei einen Schraubenzieher zwischen den Fingern drehte.
«Sieht aus wie eine Palme», sagte der Junge und glotzte weiter.
«Es ist eine Monstera deliciosa», sagte er nervös und sah nur den bösartigen kleinen Schraubenzieher zwischen den fremden Fingern.
Er müsse die Leitungen und Steckdosen prüfen, sagte der Junge, in den nächsten Tagen trete die neue Stromversorgung in Kraft. «In den neuen Häusern sehen wir alle

Anschlüsse nach, weil sie miserabel montiert sind. Schalten Sie nie mit nassen Händen, wenn Sie nicht auf Holz stehen.»

Er saß hinter seinem Tisch und hörte sich das an. Die fremde Stimme, die nicht ins Zimmer gehörte, quälte ihn. Mißtrauisch verfolgte er jede Bewegung des Jungen. Der Elektriker holte aus seiner hinteren Hosentasche eine Zange hervor und öffnete den Schalter links hinter der Tür. Mit seinem kleinen Schraubenzieher zog er eine Schraube nach, das Licht ging an und wieder aus. Dann stieg er auf einen Stuhl und prüfte die Leitung, die über die Wand hinauflief. Dann bückte er sich unter den Tisch, an dem Lazaros saß, tastete nach der zweiten Steckdose und nahm schließlich die Stehlampe, drehte sie um und erklärte ihm, er müsse sie dieser Tage zur Reparatur bringen. Einer der Drähte sei angeschmort.

«Wo stecken Sie die ein?» fragte er dann.

Sie standen sich wie im Nahkampf gegenüber.

«Da.» Er zeigte auf die Steckdose in der Ecke hinter dem Blumentopf. «Aber da kommen Sie schlecht hin.»

«Macht nichts. Ich stoße schon nirgends an. Kontrollieren muß ich die auch. Manche Steckdosen müssen nämlich ausgewechselt werden.»

«Aber passen Sie auf, wenn Sie zwischen den Stecken durchgreifen», sagte er und stellte sich sicherheitshalber davor.

Als das Blatt angefangen hatte, sich zu teilen, hingen seine neuen Hände schwer hinunter, und er war zum Schreiner gelaufen, um ein halbes Dutzend Stützen zu bestellen, mit denen er dann die jungen Triebe seines Blattes abgestützt hatte, bis sie eines Tages die Kraft haben würden, sich aufrecht zu halten. Zwischen diesen

Stäben schlängelte sich nun der Junge mit den Blue-Jeans und dem karierten Hemd hindurch wie eine Wildkatze, und er folgte ihm mit dem Blick, angstvoll, als sähe er einer Herzoperation zu. Er sah, wie der Elektriker sich bückte, auf einem Knie balancierte, herumtastete, sich wieder auf seine zwei Füße stellte und wie durch eine Schonung zwischen den dünnen Stecken hindurchglitt.

«Alles in Ordnung», sagte der Junge, schon an der Tür, und steckte den Schraubenzieher in die hintere Hosentasche. «Aber vergessen Sie nicht, die Stehlampe reparieren zu lassen. Wiedersehn.»

Er warf einen letzten Blick auf das Blatt, grinste und ging.

«Wiedersehn», sagte er ebenfalls und sah erleichtert, wie die Tür sich schloß. Er atmete auf. Ein Fremder im Zimmer, dieser Schraubenzieher, die hochgezogenen Brauen, diese ganze umständliche Kontrolle seiner Welt hatten ihn aufgeregt. Nur langsam beruhigte er sich. Dies Grinsen ging ihm nach. Eifersucht? Bewunderung? Was hatte dieser Unbekannte mit seiner Pflanze zu tun?

Draußen brannte die Sonne. Sommer. Die Tage dehnten sich in der Hitze, der Himmel glühte. Er ging überhaupt nicht mehr aus. Seit er die Zwischenprüfung im letzten Fach hinter sich hatte, gab es für ihn keine Verbindung mehr zur Außenwelt.

Die Prüfung hatte er bestanden. Reiner Zufall, aber die Eltern waren entzückt. Das hatte er hinter sich gebracht. Nun konnte er leben, wie er wollte.

Und er lebte, in sein Zimmer eingemauert. Wenn er hinaus mußte, schloß er hinter sich ab. Damit die Katze Daïs nicht im Blumentopf scharrte, erklärte er. Die Putzfrau Katina ließ er nicht hinein. Und seiner Mutter hatte er beigebracht, jedem, der nach ihm fragte, zu sagen, er sei verreist.

Lange nachdem der Elektriker gegangen war, lange nachdem er sein Gleichgewicht wiedergefunden hatte und mit seinem Blatt allein geblieben war, ging ihm die Frage des Jungen von der Türschwelle her nach: «Was ist denn das für ein Baum?»

Über diese Frage dachte er nach, unabhängig vom Gesicht des Fremden und vom Klang seiner Stimme. Er stellte sie sich immer wieder: Was war das nur für ein Baum?

Er betrachtete ihn von unten, ein grünes Dach, schützend über ihn gebreitet, und langsam drang die Wahrheit in ihn ein: Sein Blatt war längst nicht mehr das Blättchen, das er an einem Maiabend aus dem armseligen Hof des Mädchens gestohlen hatte. Es war etwas anderes daraus geworden, etwas Bedeutsameres, schwer an Erfahrung, an Säften und Kraft, ein wahrhaftiger Baum. Es wunderte ihn nicht, daß erst ein Dritter, Unbeteiligter hatte kommen müssen, um seinen benommenen Blick für dies Neue aufzuschließen. Ist es mit Menschen, die uns nahe stehn, anders? Gerade weil sie uns nahe sind, gehören wir zu den letzten, die merken, wie sie sich ändern.

Als ich dich von ihr wegholte, warst du ein Säugling. Nun, sieh an, was aus dir geworden ist. Ob du in ihrem Hof ebenso schnell gewachsen wärest? Oder haben dich die Widerstände, die du hier angetroffen hast, vor der Zeit groß gemacht? Bist du ein Frühreifes? Weise genug, dich vorzeitig zu teilen, um viele Stirnen zu haben, nach jeder Seite deine Stirn zu bieten?

Stolz war er auf sein Blatt wie auf einen eigenen Sohn. Die Lage hatte sich geändert. Das Blatt brauchte seinen

Schutz nicht mehr. Es beschützte ihn. Er lachte und wußte: Das ist Glück.

Kein Zweifel mehr, daß er es jetzt mit einem Baum zu tun hatte. Alle Möbel überragte die Pflanze. Sollten sie sich nur erschrocken in die Winkel drücken. Mit Behagen breitete sich der Baum im Zimmer aus, herrschte. Wild, großartig, unnahbar lebte er, ein Elefant im Zwinger, zukunftsträchtig.

Er spürte die Prophetenkraft in seinem Baum, ohne sie zu begreifen. Und noch immer wußte er keinen Namen. Am ehesten hätte er die Pflanze nun ein Philodendron genannt. Sie hatte dessen typische Merkmale: festes Fleisch, einen Stamm wie ein Schiffsmast, Stiele so dick wie Zweige, und die Mittelrippe der Blätter war die Wirbelsäule eines Wals, die in einem Propellerschwanz endet. Ja, er hätte sie ohne Zögern als Philodendron bezeichnet, wären nur nicht aus der Wurzel zwei weitere Stiele gesproßt, die kleine Blätter trugen, genau wie das allererste zu der Zeit seines Diebstahls. Daß dies ein charakteristisches Merkmal der Monstera deliciosa war, glaubte er genau zu wissen. Die Unsicherheit wurde immer quälender, denn schließlich war das Blatt der Pubertät entwachsen, der Zeit, da man noch keine ausgesprochenen Geschlechtsmerkmale verlangen konnte, in der mit Recht alles offen blieb. Er sah ja, wie der Stamm sich festigte und reifte.

Also was? Philodendron oder Monstera deliciosa oder vielleicht doch eine Palmenart? Oder etwas ganz anderes aus einer unbekannten Welt, das in der bekannten nicht seinesgleichen hatte? Letzten Endes ist das unwichtig, dachte er. Wichtig ist nur, daß sie stark und gesund bleibt, biegsam, strahlend und schön.

Er reckte sich und maß sich an seiner Pflanze. Sie war größer als er selbst. Jedes einzelne ihrer Blattgerippe war breiter als sein eigener Brustkorb. Zusammen erblickten sie sich im Spiegel, dicht beieinander. Da sah er zum erstenmal, daß seine Augen nicht mehr braun waren. Sie waren grün geworden, olivgrün, zwei kleine Blättchen.
Was für ein Baum ist das, fragte er sich wieder, als er eines Morgens den großen roten Blumentopf in Scherben am Boden fand. Die Erde war, schwarz und brockig, über die Strohmatte und den hölzernen Fußboden verstreut. Nach allen Seiten ragten Wurzeln wie Antennen, wie erfrorene Schlangen im Winter. An ihren Enden saßen Haare. Ihm graute. Zuerst glaubte er an einen Albtraum. Die Pflanze, halb zusammengesunken, schrie nach Hilfe. Sie hing in ihren hölzernen Staketen, die sich unter der Last bogen. Er dachte, Menschen wären eingedrungen und hätten den Topf zertrümmert. Aber woher sollten sie gekommen sein? Die Tür war verschlossen, und die offene Balkontür wurde von seinem Bett verstellt.
Die Scherben lagen überall verstreut, orangefarbene Tonstücke. Er hob sie auf, versuchte, sie zusammenzusetzen, betrachtete ihr Ziegelrot und dachte an die ziegelrote Bluse.
Das letzte, was mich an sie erinnert – Scherben.
Das Zimmer war muffig. Draußen glühte der Sommer.

Danach machte er sich lange Vorwürfe. Warum hatte er nicht rechtzeitig daran gedacht? Hätte er nicht längst einen größeren Topf besorgen können? Er war stolz gewesen, weil seine Pflanze wuchs, und hatte vergessen, daß ihre Wurzeln im Gefängnis litten, vielleicht am Er-

sticken waren. Sein eigener Körper hatte ein ganzes Zimmer, um darin zu wachsen. Ein Zimmer, vier mal vier Meter. Wie würden sich seine Füße quälen, wenn sie in Kinderschuhe gezwängt wären. Er sah es nun deutlich: Die Wurzeln waren verkrüppelt, sie hatten sich um sich selbst gewunden, Knoten gebildet, sich ineinander verkrampft. Bis sie es nicht mehr ausgehalten hatten. Da hatten sie ihr irdenes Gefängnis gesprengt. Nun atmeten sie frei. Sie streckten sich und blieben nach dieser Anstrengung wie gelähmt liegen. Die Blätter bewegten sich, drohten zu fallen, hatten ihn seit langem um Hilfe angeschrien. Und er?
Er zog sich an und stürzte auf die Straße hinaus. Sofort mußte er einen größeren Topf ausfindig machen. Er rannte in alle Blumengeschäfte, zu allen Tonwarenhändlern, fragte, suchte und fand nirgends, was er brauchte.
«In der Größe? Das müssen Sie bestellen. Wird extra angefertigt.»
«Bis wann?»
«In zwei, drei Tagen.»
«Zwei, drei Tage? Zwei Stunden wären schon zuviel.»
«Dann nehmen Sie doch ein Faß.»
Das leuchtete ihm ein. Sofort lief er hin und kaufte ein kleines Faß mit Eisenreifen, schlug den Deckel ab, besorgte auch ziegelrote Farbe, um es anzustreichen, und füllte es bis zum Rand mit guter Erde.
Schweißverklebt kam er mit seinem Faß zu Hause an. Vor der Tür waren Mechaniker dabei, Kabel abzuladen und hineinzuschleppen. Sie hingen ihnen wie Därme über den Leib. Ihm fielen die Wurzeln ein, die morgens ähnlich verworren sein Zimmer erfüllt hatten. Er riß sich zusammen, wollte sich noch mehr beeilen, um schnell

hinaufzukommen. Da grüßte ihn jemand. Das Gesicht kam ihm bekannt vor, aber er konnte sich nicht gleich besinnen, wo er den Jungen mit den Blue-Jeans und dem karierten Hemd schon gesehen hatte.
«Wie geht's der Monstera deliciosa?» erkundigte sich der Junge lautstark.
«Gut», antwortete er und fragte dann gleich, während er auf den Fahrstuhl wartete, mehr, um seine Nervosität nicht zu zeigen: «Wann kommt denn die neue Stromversorgung?»
«Bald», sagte ein anderer Elektriker von der Leiter herunter.
«Sehr bald sogar», meinte ein dritter, «damit auch hier die Leute wie die Fliegen tot umfallen.»
«Und das Faß haben Sie wohl für sie gekauft?» fragte der Junge mit dem Schraubenzieher.
«Nein», sagte er. Er lehnte es ab, in der Öffentlichkeit über seine Pflanze zu sprechen. «Morgen bringe ich die Stehlampe zur Reparatur.»
Inzwischen stand auch Fräulein Exadaktylos da, einen Plattenspieler im Arm. Endlich kam der Lift, und sie gingen hinein, zuerst sie mit dem Plattenspieler, dann er mit dem Faß.
«Ein neuer?» fragte er im Aufzug, um irgend etwas zu sagen.
«Ja, neu. Wir mußten ihn wegen des neuen Stromes kaufen», sagte sie wichtig.
Während sie aufwärts fuhren, überlegte er, ob jemand im Hause die Frage nach seiner Pflanze gehört hätte. Vielleicht der Hausmeister, aber das schadete nichts. Auch um die Handwerker ging es nicht. Sie gehörten nicht ins Haus und würden morgen verschwunden sein. Aber vor

den Mietern hatte er Angst. Wenn zum Beispiel die Metzgersfrau im Bilde wäre? Und dieses Mädchen hier, das die Ahnungslose spielte, konnte leicht etwas aufgeschnappt haben und zu Hause darüber sprechen. Wie lange hatte sie eigentlich schon neben ihm gestanden? Plötzlich wollte er wieder nach unten, wollte mit dem Jungen reden, der ihn beinahe verraten hätte. Vielleicht wäre es das beste, ihn auf die Seite zu nehmen und zu fragen: Wieviel willst du, um von jetzt ab den Mund zu halten? Auf diese Art würde er sich seine Ruhe erkaufen und seinem Blatt das Inkognito. Er würde ihm zahlen, was er verlangte, wenn er dafür nur . . .
«Warum haben Sie auf HALT gedrückt? Wollen Sie nicht auch in den sechsten?» fragte die Tochter des Obersten.
Warum hatte er auf den Halte-Knopf gedrückt? Was würde es schließlich nützen, wenn er wieder hinunterfuhr? Man würde ihn nur noch verdächtiger finden.
«Aus Versehen», sagte er und wurde rot.
Im sechsten Stock stiegen sie aus.
Niemand weiß, was eine Monstera deliciosa ist, tröstete er sich. Auch, wenn jemand das Wort gehört hat, wird er nicht wissen, was es bedeutet.
«Guten Appetit.»
«Gleichfalls.»
Jeder drückte auf seine Wohnungsklingel.

Nach Kühle und Ruhe dürstend, stürzte er in sein Zimmer, atemlos von der Begegnung mit der Außenwelt, die er vergessen wollte und die sich heute plötzlich in sein Gesichtsfeld gedrängt hatte. Als Kind hatte er sich so mit Wollust ins Meer gestürzt, hatte es austrinken wollen, war untergetaucht, um den Rufen, dem Geschrei, den Bitten seiner Mutter zu entgehen, die angstvoll am Ufer stand.

Für seine Mutter bedeutete das Faß hellen Wahnsinn. Sie hatte jetzt ernsthafte Zweifel, ob ihr Sohn bei Verstand sei, und beschloß, ohne ihren Mann zu fragen, heimlich den Neurologen im ersten Stock um Rat zu bitten. Im letzten Augenblick schob sie den Entschluß dann hinaus, weil sie hoffte, daß er mit der Zeit auch diesen Tick von allein überwinden würde.

Jeden Tag von neuem war sie verzweifelt über den Schmutz, der aus seinem Zimmer kam. Eine Staubschicht legte sich von dort aus über die ganze Wohnung. Sie sagte, ihm mache das ja vielleicht nichts aus, er finde den Dreck wahrscheinlich etwas Natürliches, trotzdem gebe es auch noch die anderen, die so etwas nicht gewohnt seien. Er dürfe kein solch abgründiger Egoist sein. Es sei sein Recht, sich abzuschließen, wenn ihm das gefalle, aber er schließe auch sie von der Welt ab. Nicht einmal eine Freundin wage sie mehr einzuladen, und wenn es nur auf eine Eislimonade wäre. Das Haus stinke. Sie wolle sich nicht gesellschaftlich unmöglich machen. Durch seine Schuld.

Heute nun brachte das Faß sie zu einer regelrechten Krise. Sie sah, wie er damit ankam, wie er es über den Boden rollte, es in sein Zimmer schob, dachte daran, wie er klein war und seinen Reifen antrieb und dann atemlos in ihre Arme fiel, und jetzt rollte er ein ganzes Faß mit vier Reifen, und alles wegen dieser verfluchten Pflanze. Nur noch an dieses Ding dachte der Rabensohn. An sie dachte er überhaupt nicht mehr.

Sie rief, er solle ihr ein Glas Eiswasser bringen, sie fühle sich nicht gut. Sie saß im Eßzimmer, hatte den Morgenrock an und schrieb aus einem Frauenblatt ein Strickmuster ab. Die Zeitschrift bekam sie immer von Madame Lebelle im Dachgeschoß. Er antwortete, er habe keine Zeit. Gleich danach sah sie, wie er einen Krug, aus dem das Wasser überschwappte, zu seiner Pflanze trug. Für die – alles. Für sie nichts.

Lange genug hatte sie ihren Kummer verborgen. Jetzt kamen ihr die Tränen. Sie weinte vor sich hin, ohne zu schluchzen, und sagte ihm, wie verlassen sie sich fühle, wie nutzlos. Und nun könne sie sich nicht länger verstellen. Ja, sie sei eifersüchtig auf diese Pflanze, die ihn ihr in ihrem eigenen Hause für immer weggenommen hätte. In ihren eigenen vier Wänden, ja. Andere Kinder hatte sie nicht, die ihn ihr ersetzen könnten, auf die sie sich stützen könnte. Einen Sohn hatte sie, einen einzigen, ihr ein und alles. Was sie durchgemacht, bis sie ihn großgezogen hatte, sagte sie. Während der Besatzung, als alles so knapp war, hatte sie es durchgesetzt, daß er immer Vollmilch bekam. Und der Dank? Der Sohn verliebt in dieses Scheusal, diese Mißgeburt, diesen Auswurf der Natur, und sie, die Mutter, ist vergessen. Wenn es noch etwas Schönes wäre, was ihn da von ihr wegzog. Die Umarmung einer Frau wenigstens, die ihn anbetete wie sie selbst. Auch dann wäre sie eifersüchtig gewesen, gewiß, aber doch anders. Das würde sie hinnehmen und sich mit dem Gedanken vertraut machen, daß ihr Sohn, ihr Fleisch und Blut, mit einer anderen glücklich zusammenlebte. Jetzt dagegen wußte sie ganz genau, daß er unter dem Scheusal litt, daß dieses Scheusal ihn auf satanische Weise beherrschte.

Dann fing sie an zu schluchzen, warum er sie denn nicht in sein Zimmer ließ. Warum er abschloß, wenn er ausging. Wegen der Katze, sagte er, wegen Daïs. Daïs war nur ein Vorwand, das wußte sie ganz genau. Was sollte sie denn Böses tun? Seine Laken wollte sie auswechseln, sein Zimmer in Ordnung bringen, seine schmutzigen Strümpfe vom Boden aufsammeln. Auf einmal hatte er ihr all ihre kleinen mütterlichen Freuden genommen. Und ihre Süßigkeiten? Früher war er verrückt gewesen nach den Leckereien, die sie für ihn machte. Warum wollte er plötzlich nichts mehr davon wissen? Warum aß er überhaupt nichts? Merkte er denn nicht selbst, wie dünn er geworden war? Haut und Knochen. Kaum wiederzuerkennen. Und seine Freunde, die Freundinnen, die nach ihm fragten? Alle Welt fragte nach ihm. Wo ist denn Lazaros? Wo hat er sich verkrochen? Sah er denn nicht selbst ein, daß er sich die Schwindsucht holen würde, wenn er so weitermachte?
Ihr ganzer Körper wurde vom Schluchzen geschüttelt.
Zuerst betrachtete er sie gleichgültig und hörte kaum hin. Dann aber vergaß er den Krug in seinen Händen, und Wasser troff auf den Boden. Ihr müdes Gesicht schien ihm älter ohne Schminke, in ihrem gefärbten Haar sah er die weißen Ansätze, ihre Tränen fielen auf das Strickmuster und weichten das Papier auf. Er fühlte sich unsicher. Die Knie wurden ihm weich. Auch sein Herz, um das er sorgfältig Steine aufgetürmt hatte. Etwas zog ihn zu ihr. Zum Beispiel hätte er sich vor ihr niederwerfen und sie um Verzeihung bitten können, wie früher, als er klein war, jeden Gründonnerstag, bevor er beichtete. Wie früher, wenn er krank war und sie schlaflos vor seinem Bett kniete, hätte er ihr Mut machen und sagen können:

Morgen bin ich gesund, Mamma, morgen gehe ich wieder zur Schule ... Aber was für Mut sollte er ihr jetzt machen? Daß alles vorbeigehen würde, daß er krank war und eines Tages wieder gesund sein würde, konnte er ihr nicht sagen; denn er glaubte nicht, daß er jemals wieder so werden würde, wie sie es gern wollte; das Übel saß tief, eingefressen bis in die Knochen; ja, sie hatte recht mit der Jauche, die aus seinem Zimmer floß, hatte mit allem recht, und er war ein verlorener Sohn. Mamma, sagte er lautlos zu sich selbst, Mamma, wein doch nicht ... und machte keinen einzigen Schritt auf sie zu.

Die Erinnerung an die stechende Sonne, unter der er den ganzen Vormittag nach einem neuen Blumentopf herumgelaufen war, an die schwitzenden Leute, an den aufgeweichten Asphalt, an die Fliegen, bewirkte, daß er sich jetzt, wo er die Pflanze umgesetzt und das Faß fertig angestrichen hatte, im Vergleich zu allen anderen für glücklich hielt. Denn über ihm breitete die Pflanze ihre grüne Kühle aus wie die Platanen über den Quellen in der Mittagsglut. Ihre jüngsten Blätter stellten den Fliegen Fallen, in denen sie kleben blieben und krepierten. Und so wurde sein Zimmer zur wahren Oase in der Wüste des Sommers, um die ihn viele beneidet hätten, wenn sie davon gewußt hätten. Worum also sollte er die anderen beneiden? Was verlor er, wenn er nicht ausging? Selbst das Meer gab nicht so viel Kühle wie seine Pflanze, gar nicht zu reden von der Mühsal der ewig kommenden und gehenden Schiffe.

Jetzt erinnerte er sich an den Satz, den sein Freund Kostas aus München geschrieben hatte: «Nur in den Bäumen ist die Ruhe, nach der wir uns alle sehnen.» Und erst jetzt begriff er ganz, was Kostas hatte sagen wollen, jetzt, wo er seinen eigenen Baum errichtet hatte. Nur wußte er noch immer nicht genau, was für ein Baum das war. Aber auch das kümmerte ihn nicht mehr so sehr wie früher. Die Art einer Beziehung ist weniger wichtig als ihre Intensität, fand er. Die Art ist für die anderen, die Intensität für uns selbst. Diese einfache Tatsache, die er nicht begreifen konnte, solange er unter Menschen gelebt hatte, wurde ihm jetzt klar.

Aber diese Innigkeit zwischen ihnen ließ mit der Zeit nach. Das Schweigen der Pflanze ermüdete ihn, ihre Starrheit schläferte ihn ein. Der Gedanke, daß es keine Verständigung zwischen ihnen gab, wurde ihm zum Albdruck. Denn er hatte den Mut, sich einzugestehen, daß er von seiner Pflanze nichts wußte. Wenn er sie in diesem Augenblick verlöre, würde er mit der nicht endenden Gewissensqual zurückbleiben, daß sie so lange miteinander gelebt hätten, ohne daß er ihr Wesen erfaßt hatte. Sie hatten sich nie kennengelernt. Anfangs hatte sie noch entfernt mit Ariadne zu tun gehabt. Aber jetzt, wo sie verwandelt, tierhaft stark geworden war, neue Wurzeln schlug im Faß, jetzt, wo sie ein wahrhaftiger Baum geworden war – wer war sie eigentlich, was bedeutete sie? Er wußte es nicht. Und weil die Pflanze nicht zum Mensch werden konnte, ihn zu ergänzen, nahm er seinerseits langsam Art und Lebensgewohnheiten der Pflanze an. Wie oft mißlangen seine Versuche! Er ging aus – hatte zu tun, hatte jetzt auch den Wunsch, mit Menschen zu reden – aber jedesmal überfiel ihn das leidenschaftliche Verlangen, zu seiner Blattpflanze zurückzukehren, mit ihm allein zu sein in dieser Lautlosigkeit, in der kühlen Zurückgezogenheit, wo alles sich beruhigte und heilte wie die Wunde, die mit Balsam bestrichen wird. Was ihn bestimmte, hatte mit dem Leben der anderen nichts zu tun, war tiefer und rätselvoller. Das Blatt bin ich selbst, hatte er sich einmal gesagt, war dann aber schnell von dieser allzu einfachen Antwort abgekommen, die ihn nicht überzeugte, weil sie nicht der Wahrheit entsprach. Und wenn er ausging, um nachzudenken, fern von der Allgegenwärtigkeit seiner Pflanze, lebte er doch nur von der Sehnsucht nach Rückkehr.

Schließlich fand er, was er für die Wahrheit hielt, und wurde ruhiger. Er hatte einen Fehler gemacht, einen großen Fehler, als er versucht hatte, ihre Beziehung mit den Maßen menschlicher Vernunft zu messen. Die Pflanze nämlich übertraf bei weitem seine armselige Logik und machte ihm klar, daß der Standort ihrer Verbindung ganz woanders zu suchen sei. Und es würde ihm nicht das geringste nützen, genau zu wissen, wo. Gewiß nicht auf dieser Erde, dieser schmutzigen, geschwätzigen, ruhelosen Erde, die ewig ihre Haut zu Markte trug, sondern irgendwo weit oben, dort, wo Wolken mit Wolken verschmelzen, im Netz der Sterne.

Nur wußte er nicht mehr, wie er sich in seinem Zimmer behaupten sollte. Wie vorher der Blumentopf wurde nun auch das Zimmer von Tag zu Tag enger. Schließlich hatte er eine Sprengung bereits erlebt. Was würde sie jetzt mit seinem Zimmer machen? Einreißen? Würde sie nachher die Kraft aufbringen, auch die Terrasse wegzuschleudern? Und dann? Wohin würde sie dann wachsen? In den Himmel natürlich, bestimmt in den Himmel, sagte er sich. Ihre Propeller würden sich umkehren, und wie ein Helikopter würde sie in den Himmel schießen. Vorher krieche auch ich in das Faß, und ich werde genug Ballast abzuwerfen haben, um uns flottzumachen, und dann werden wir zusammen aufsteigen, hoch hinauf, und zusammen werden wir in den Himmel fliegen.

Seit drei Tagen war der Himmel bedeckt. Die Sonne war im Wolkenhaus, und Licht gab es nicht. Er gab seiner Pflanze zu trinken, aber die Wurzeln nahmen kein Wasser auf. Ohne Sonne, ohne Licht verlor die Pflanze langsam ihren Glanz und welkte. Die Blätter rollten sich an den Rändern ein, schrumpelten, und auf der ozeanweiten, tiefgrünen Oberfläche des Blätterdaches erschienen gelbliche Flecken, rund wie Inseln, mit einem häßlichen schwarzen Punkt in der Mitte. Seit drei Nächten hatte er nicht geschlafen. Die Angst um die Kranke brachte ihn beinahe um. Was hatten die gelben Flecken zu bedeuten? Krebs? Er sah, wie die Pflanze sich unruhig hin und her wendete, wie sie litt. Drei Tage lang, solange die Wolkendecke dicht blieb, war sie krank. Als dann endlich der große Regen losbrach, weinte er mit vor Freude. Mit dem Licht fand die Pflanze ihre Gesundheit wieder. Die gelben Inselchen ertranken im tiefen Ozean, in dem auch er seine Träume navigieren ließ.

VII

Der Sommer kochte. Mit seinen Aprikosen starb der Juli dahin, und der August fing an, seine dunklen Trauben am Himmel aufzureihen. Kräftig wie Bullen bliesen die Tage heißen Atem aus ihren Nüstern, und die Leute standen herum wie Schafe, einer im Schatten des anderen.

Seine Eltern reisten aufs Land. Sie wollten ihre Ferien auf Ammouliani, einer ruhigen, wenig besuchten Insel, am Fuße des Athos verbringen. Sie flehten ihn an, mitzukommen. Umsonst. «Das Experiment, an dem ich arbeite, hat gerade einen wichtigen Punkt erreicht», erklärte er, «da kann ich nicht einfach mittendrin aufhören.»

«Aber das Meer und die Sonne würden dir guttun . . .»

Er war entschlossen, niemand konnte an seinem Entschluß rütteln. Bevor sie abreisten, gab seine Mutter ihm den Schlüssel für den Schrank, in dem sie ihre Süßigkeiten wegschloß, und sein Vater gab ihm Geld, damit er auswärts essen konnte.

Er hatte schon lange darauf gewartet, daß seine Eltern endlich abreisen würden. Früher hatte er Angst davor gehabt, allein zu bleiben. Es wäre ihm schrecklich gewesen, er wäre in den leeren Zimmern herumgeirrt, hätte sich gefühlt, als ob er zu Luft würde. Er hatte die anderen gebraucht, um sich tiefer in sich selbst zu verkriechen. Dieses Jahr aber war nicht wie die früheren Jahre. Er sehnte sich nach dem Alleinsein mit seiner Pflanze, der er sich nun ausschließlich widmen wollte. Darum riß er, kaum daß sie weg waren, alle Fenster und Türen auf, als wollte er das Haus für einen Empfang vorbereiten. Dann schloß er alle Läden außer dem einen, durch den die Pflanze ihr Licht erhielt. Er hatte sich ausgezogen und lief nackt umher, als kaum eine Stunde später das Telefon in der Diele läutete. Er schwankte, ob er den Hörer abheben oder den Apparat ausklingeln lassen sollte. Schließlich ging er hin und meldete sich mit verstellter Stimme. Es wurde nach seiner Mutter gefragt. «Sie ist gerade nach Ammouliani abgefahren.»

«Bist du das, Lazaros?» sagte die Stimme am anderen Ende.

«Ja.»

«Hier ist dein Patenonkel. Sie sind also schon weg. Und ich dachte, sie würden morgen fahren. Na, macht nichts.»

«Bist du gut gereist, Onkel?»

«Wunderbar. Jetzt, wo du allein bist, mußt du öfters zum Essen zu uns kommen. Deine Tante würde sich sehr freuen. Hast du gehört? Du sollst oft kommen ... Wo sind sie? Was hast du gesagt?»

«In Ammouliani.»

Er sah seinen Patenonkel zweimal im Jahr, an seinem Namenstag und am Silvesterabend. Jedesmal bekam er Taschengeld. Für den Rest des Jahres dachte er dann nicht mehr daran, daß er einen Patenonkel hatte. Während er telefonierte, konnte er sich in dem großen Spiegel hinter dem Telefontisch sehen, und er schämte sich, weil er nackt war. Er stellte sich vor, daß sein Patenonkel ihn vom anderen Ende der Leitung sehen konnte, so nackt wie damals, als er von ihm ins Taufwasser getaucht worden war. Mit dem Unterschied, daß er damals rosig und rund gewesen war, während er jetzt die Rippen seines Brustkorbs zählen konnte wie die Rippen seines Blattes. Dünn bin ich geworden, dachte er, während er auf sein weißes, unbehaartes Fleisch starrte. Zusammengeschrumpft. Meine Pflanze ist gediehen, hat sich von meinem Fleisch ernährt. Er hatte den Hörer aufgelegt, und das Geräusch, das er dabei gemacht hatte, schwang durch das leere Haus wie Kreise, die ein Steinwurf auf einer Wasserfläche hervorruft. Er zog den Stecker heraus. «Jetzt bist du auch still», sagte er zum Telefon. «Für einen Monat Urlaub.» Mit dem kleinen Finger bohrte er sich

im Ohr, in dem noch die Stimme des Patenonkels dröhnte: «In Ordnung? Hörst du? Du kommst jetzt oft. Deine Tante wird sich freuen . . .»
Er machte sich Sorgen. Was hatte seine Pflanze jetzt vor? Das ganze Haus stand ihr zur Verfügung. Er ging hin und streichelte sie. «Breite dich aus», sagte er. «Die Gelegenheit kommt nicht wieder. Je rascher wir sie ausnützen, um so besser. Füll alle Zimmer aus. Wirf die Erinnerung an die anderen hinaus, wie du mein Zimmer ausgefüllt und die Geräusche hinausgeworfen hast . . .»
Während der ersten beiden Tage rührte sich die Pflanze nicht. Nachdenklich, unentschlossen stand sie da, als spielte sie mit seiner Ungeduld, mit seiner Sehnsucht, ihr zuzusehen, wie sie sich ausbreitete. Ihre Reglosigkeit ging ihm auf die Nerven. Er glaubte, die beiden Seitenblätter, die aus der Scheide gewachsen waren, seien verantwortlich für diesen Stillstand, fürchtete auch zutiefst, diese beiden könnten sich anstelle der Hauptpflanze vermehren, vielleicht sein Zimmer überwuchern und ihn selbst vertreiben – und was hätte ihm Schlimmeres widerfahren können, als nicht mehr im selben Raum mit seiner Pflanze schlafen zu können. So holte er das Brotmesser aus der Küche und schnitt die beiden Seitenblätter ab. Er sah, wie sich seine Pflanze in qualvollen Zuckungen wand. «Es mußte sein, mußte», sagte er verzweifelt immer wieder. Das Messer warf er fort. Mit beiden Händen versuchte er, das Blut zu stillen. Dort, wo er die beiden Blätter abgeschnitten hatte, schrumpfte der Stumpf zusammen wie ein amputiertes Bein.
Er wartete eine Zeitlang. Dann rannte er davon, um einzukaufen. Unten am Eingang sprach ihn der Portier an: «Na, ganz allein, Herr Junggeselle?»

«Nicht zu ändern», sagte er und schloß den Briefkasten auf. Der Klub der Abiturienten lud ihn zu einem Bootsausflug bei Vollmond ein. Bis Mittwoch, den sechsten August, sollte er sich anmelden. Preis dreißig Drachmen. Während er, mit Obst, Eiern, Tomaten und Brot beladen, im Fahrstuhl hinauffuhr, riß er die Einladung in Fetzen.

Den Vollmond sah er hinter dem Hortiatis-Berg heraufkommen, eine rote Null. Er wollte sich zum Einschlafen zwingen, aber die seltsame Bewegungslosigkeit seines Blattes hielt ihn wach. Da hörte er draußen im Eßzimmer ein merkwürdiges Knacken, als wären Diebe im Haus und schlichen auf Zehenspitzen umher. Vor ein paar Tagen hatte er von einem Einbruch im Nachbarhaus gelesen. Er stellte sich alles genau vor und hatte Angst. Ich rühre mich nicht. Sollen sie nehmen, was sie wollen. Solange sie nicht zu mir hereinkommen. Das Knacken wurde leiser, dauerte aber die ganze Nacht an. Erst als es Tag wurde, wagte er aufzustehen und nachzusehen, was übriggeblieben war. Er kontrollierte die ganze Wohnung und stellte fest, daß alles an seinem Platz war. Nichts hatten sie angerührt. Sonderbar, dachte er. Also keine Diebe, aber was denn sonst?
In der folgenden Nacht rückte er sicherheitshalber die Couch vor die Wohnungstür und ließ den Mülleimer auf ihrer Kante balancieren, so daß sich jeder, der hereinkam, zweifellos ankündigen würde. Dann legte er sich hin und wartete mit gespitzten Ohren in der Dunkelheit. Ein Mondstrahl wanderte langsam über den Fußboden. Kurz nach Mitternacht hörte er das Knacken wieder. Diesmal klang es wie kleine Kinder, die im Schlaf stöhnen. Dazu kam ein merkwürdiges Geräusch, wie Möbelrücken. Er

glaubte, an Wahnvorstellungen zu leiden, und stand auf, um das Licht im Eßzimmer anzuzünden, wobei er darauf gefaßt war, von einer unsichtbaren Waffe getroffen zu werden. Zuerst sah er nichts. Vielleicht, weil es plötzlich so hell war, vielleicht auch, weil er vor Angst die Augen zugemacht hatte. Als er sie wieder öffnete, stellte er fest, daß die Couch unverändert vor der Wohnungstür stand und auch der Mülleimer so auf ihrer Kante schwebte, wie er ihn aufgebaut hatte. Eine dicke Küchenschabe versuchte, vom Licht erschreckt, unter den Sessel zu entkommen. «Dich schnappe ich», schrie er wütend und fing an, sie zu jagen. Er stieß den schweren Sessel beiseite, und gerade als er die Schabe zertreten wollte, den rechten Fuß in der Luft wie beim Turnen, sah er es: Ein kleines Blatt reckte zaghaft, allein und schutzlos seinen zarten Körper aus dem harten Griff der Dielen.
Er trat zurück, kniete nieder, hauchte es zärtlich an, küßte es. Es war rund wie ein Pilz und vertieft wie eine Untertasse. «Ein Blatt, ein Blatt», flüsterte er staunend, voller Freude. Wie konnte es sich hier nur ganz allein hindurchzwängen? Durch die offene Schlafzimmertür sah er die große Pflanze, die ihm schüchtern einen ihrer Köpfe zukehrte, wie eine Schildkröte, die aus ihrem Panzer hervorkommt. «Was ist hier los? Willst du mir vielleicht sagen, was hier vor sich geht?» fragte er die Mutterpflanze, die ihn von der Tür her anstarrte, stumm und rätselhaft wie eine Sphinx. «Hast du diese grüne Träne fallen lassen?» Nach genauerer Untersuchung stellte er dann fest, daß dieses kleine Blatt nicht dorthin gefallen war. Es war im Boden verwurzelt, und seine Wurzeln hatten wie unterirdische Drähte die Dielen gespalten. Um seinen Ursprung zu ergründen, kroch er auf allen

vieren dem Wurzelstrang nach, bis er mit dem Kopf gegen das Faß prallte.

Dann beruhigte er sich. Alle schwarzen Gedanken, die ihn so lange umgetrieben hatten, waren verflogen. Seine Pflanze breitete sich also unterirdisch aus, während er darauf gewartet hatte, daß sie sich im Raum ausdehnen würde. Keine Halluzinationen, keine Diebe, keine krankhafte Erschöpfung – er weinte vor Freude. Zur Feier des Geburtstages schenkte er sich Kognak ein, holte sich Eis aus der Küche und goß den Kognak in einem Zuge herunter. Das also war's, sagte er sich. Sie breitet sich aus. Jetzt gibt's kein Aufhalten mehr. Ich glaube, ich höre es schon wieder knacken. Die Fülle der Zeit kommt. Die Fülle des Raumes. Die Fülle. Der kurze Augenblick der Ewigkeit, dem wir unser Leben lang nachjagen. Was danach kommt, geht mich nichts an. Danach werde ich leichter sterben.

Er trug den Mülleimer weg, stolperte, rückte die Couch wieder an ihren Platz, sah die schwarze Küchenschabe hasten und sagte: «Morgen streue ich Gift.» Dann machte er das Licht aus und tastete sich zu seinem Bett, um zu schlafen. Und das Bett schwamm in einem Meer aus Mondlicht.

Die folgenden Tage waren Tage der Glückseligkeit für ihn. Sie wuchs und wuchs, während er neue Blätter zwischen den Bodenritzen aufkeimen sah. Grün und kräftig erschienen sie, sobald ein warmer Lichtkringel sie hervorlockte. Aber auch nachts wurden viele geboren, und morgens fand er sie in schattigen Winkeln unter den Möbeln. Darum stellte er, erfahren, wie er nun war, Tische, Stühle, Sofas und Sessel übereinander und machte für die Blätter immer mehr Fußboden frei, auf dem sie sich ungehindert ausbreiten konnten. Ohne alle Gewissensbisse nahm er das große Ehebett im Schlafzimmer seiner Eltern auseinander. Nur die Sprungfedermatratze ließ er am Platz, weil sie kein Licht wegnahm. Im Gegenteil, sie war eine gute Stütze, an der sich das Blattwerk mit der Zeit aufranken konnte. Durch die offene Tür sah die Mutterpflanze nachdenklich auf das Gedeihen der neuen Generation herunter.

Jeden Morgen wachte er voller Freude auf, und sein erster Gedanke war: Wie viele wurden diese Nacht geboren? Er schob den Augenblick des Aufstehens hinaus, um das unbezahlbare Vergnügen vor sich zu haben, nachzusehen, wie sie sich vermehrt hatten.

Der Fußboden wurde ihm zur Generalstabskarte, mit Gebirgszügen aus Möbeln und tiefen hölzernen Schluchten, auf der er täglich das Vordringen seiner Blätterarmee mit winzigen grünen Fähnchen markierte. Ihre Vielfalt war ohne Ende: länglich, eirund, ein- oder zweireihig, geteilt, herzförmig, fieder-spaltig, gelappt, gezähnt, lanzettlich. Er wurde nicht müde, sie anzuschauen, besprengte sie aus einem Wasserkrug, nahm sich bei jeder Bewegung sehr in acht, denn der leiseste Fehltritt hätte ein Blättchen vernichten können.

Die Wurzeln der Mutterpflanze breiteten sich aus. Sie benahm sich wie ein Oktopus, der selbst in seinem Versteck, im Faß, blieb und seine Fangarme einen nach dem anderen ausstreckte. Dabei sah sie ihnen zu, wie sie sich endlos dehnten, wie zwischen Felsen unter Wasser. Auch die Wurzeln trugen, wie die Fangarme des Oktopus, in regelmäßigen Abständen Saugnäpfe. Wie elektrische Leitungen sahen sie aus, an denen Glühbirnen aufgehängt waren. Und die kleinen Blätter schimmerten im Dunkeln, eine ganze Lichterwiese, wie die Oberstadt bei Beginn der Nacht, wie das Blatt damals im dunklen Winkel bei der Kirche geleuchtet hatte, wo er es am ersten Abend versteckt hielt. Ausgezeichnet das alles, sagte er sich. Ein anderer an meiner Stelle wäre wohl längst verduftet. Ein Glück, daß ich Landwirtschaft und nicht Technik studierte. Gott sei Dank... und er dachte sich ein Gebet aus, das er jeden Abend wiederholte, bevor er einschlief: «Du, Gott, der hoch oben lebt und alles sieht, laß mich die Sonne morgen nicht entbehren, und gib auch meinen kleinen Blättern Gesundheit und Glück, damit sie wachsen und groß und stark werden und Deinen Namen preisen, heute und in Ewigkeit. Amen.»

Die Wurzeln drangen durch den dunklen, gepflasterten Flur und gelangten in die Küche. Dabei zerstörten sie das schwarzweiße Fliesenmuster. Die Fliesen knackten nicht wie die Dielen. Geräuschlos und leicht lösten sie sich wie Stecknadeln, die eine Blume im Knopfloch festhalten sollen. Ein paar Wurzeln kamen vom Wege ab, landeten in der Toilette und verfingen sich in der Klosettschüssel, kletterten von dort am Wasserrohr hinauf, tauchten in den NIAGARA-Spültank, umklammerten den Wasserzug und tranken gierig. Das Badezimmer nahmen sie im Sturm, krochen in die Öffnungen der Hähne, umflochten das Bidet, würgten in ihrem Durst die Wasserrohre, entwickelten ein ganzes Flechtwerk in der Badewanne, in der sie genießerisch wie Wasserschlangen umherschwammen.

Eines Tages, gegen Mittag, läutete es an der Tür. Der Eismann kann es um diese Zeit nicht sein, dachte er. Irgendein anderer wartet jetzt darauf, daß ich ihm auf-

mache. Nackt, wie er war, legte er sich zwischen seinen neugeborenen Blättern der Länge nach auf den Fußboden und betrachtete sie. Das zweitemal schellte es eindringlicher. Nochmals, ungeduldig, staccato, nochmals. Durch das Milchglas der Wohnungstür konnte er die Schatten von zwei Männern ausmachen. Wer könnte das sein, überlegte er. Vielleicht wegen der Wasser- oder Stromrechnung. Aber warum zwei Leute? Auf dem Bauch schob er sich in den Flur und wartete mit gespitzten Ohren. Dann hörte er die Stimmen.
«Ausgeschlossen. Er ist drin. Ich weiß es genau. Er geht nie aus», sagte eine Stimme. Er erkannte sie sofort. Das war der Hausmeister.
«Vielleicht schläft er», sagte die andere Stimme, die er nicht kannte.
«Wollen sehen», sagte die erste Stimme. «Ich läute nochmals, zum letztenmal.»
Und die Glocke schrillte wieder, pausenlos. Dann trommelte der Hausmeister mit den Fäusten an die Tür. Er schrie: «Ein Telegramm, Herr Lazaros . . .»
Telegramm, dachte er. Von wem? Vielleicht von meinen Eltern, vielleicht kommen sie zurück, Vater ist plötzlich krank geworden und deshalb . . .
«Warum unterschreiben Sie nicht für ihn?» hörte er die Stimme des Boten.
Hinter dem Milchglas nahm er eine Bewegung wahr. Wahrscheinlich setzte sich der Hausmeister die Brille auf.
«Wo soll ich unterschreiben?»
«Hier.»
Und da er bäuchlings auf dem Boden lag, landete das Telegramm, als es unter der Tür durchgeschoben wurde, fast in seinem Mund. Er wartete, bis die Schatten ver-

schwunden waren, dann kroch er zurück und öffnete den Umschlag mit zitternden Händen. Das Telegramm kam aus Ammouliani, von den Eltern. Er konnte nicht weiterlesen. Genau das, was ich gefürchtet habe, sagte er sich selbst, jetzt, auf dem Höhepunkt meiner Glückseligkeit, und zwang sich zum Lesen, auf Unangenehmes gefaßt.

ZU DEINEM GEBURTSTAG WUENSCHEN DIR ALLES GLUECK UND EIN LEBEN VOLLER LORBEEREN

VATER MUTTER

Sein Puls beruhigte sich. Erleichtert entspannte sich sein ganzer Körper. Er sah nach, wann sie telegrafiert hatten – neun Uhr dreißig früh. Schnell gegangen, dachte er. Dann sah er sich Stempel und Gegenzeichnung an und zählte die Wörter – vierzehn für den Text und fünf für die Adresse, im ganzen neunzehn. Er steckte das Telegramm wieder in seinen durchsichtigen Umschlag und streckte sich lang auf dem Boden aus, die Hände unter dem Kopf. Der Boden war noch feucht vom Gießen. Also heute ist der siebzehnte August. An genauso einem Tag wie heute, vor einundzwanzig Jahren, bin auch ich geboren worden, kam ans Licht, genauso wie dieses Blättchen, verschrumpelt und wehrlos ... Einundzwanzig Jahre, dachte er und schüttelte sich. Und noch immer spiele ich mit Blättern wie damals im Hof unseres Vorkriegshauses, als ich ein kleiner Junge war. Heute genauso wie damals. Was hat sich denn geändert? Einundzwanzig. Eingetreten in das zweiundzwanzigste Jahr meines Lebens. Er begriff nichts und begann alte Lieder zu singen: «Wohin, kleines Schiff im Sturm / das Meer ist in Wut / keine Angst, kleines Schiff ... Und den Tüchtigsten trifft's / der nie -ie - ie gefahren ist, der nie -ie - ie ..... Riri, Ririka / von Gott gemacht / und besser als die Marika ... Noch einen Roten, bring noch einen her / und laß dich's nicht verdrießen ... Zu meiner Zeit da haben die Mädchen Strümpfe gestrickt / und heut liegen sie mit den Männern am Strand ... Einer, Zweier, dudeldu ... Dreier tralalala ...» und hörte auf. Die Jahre vor dem Krieg waren gut, sagte er, aber jetzt bin ich einundzwanzig. Und habe Verantwortungen im Leben. Kann nicht einfach sorglos sein wie damals, vor dem Krieg. Aber dann verlor er den Faden der Tage wieder. Und dachte: Gestern war ich einundzwanzig. Der siebzehnte. Das Telegramm. Heute muß wohl der achtzehnte sein. Wie eine Welle schlug die Zeit über ihm zusammen. Er stellte fest: Sie vergeht mit dem abnehmenden Mond und dem Wachstum in meinem Garten.

Im Eßzimmer, dem das Laub ein neues Aussehen gab, neue, tiefere Perspektiven, herrschten jetzt die Zahnblättrigen zusammen mit den Alternierenden und den Spiralbildnern. Im Wohnzimmer dagegen fand er mehr Rundblättrige und Lyraförmige, während die Stulpen, eine Minderheit nur, ihren eigenen Winkel hatten und sich auf Nachbarschaft lediglich mit den Durchscheinenden einließen.

Im Gastzimmer war noch etwas anderes geschehen. Hier waren die Wurzeln an die Oberfläche getreten – «Luftwurzeln» heißen sie in der Botanik – und hatten eher eigene Pflanzen als Blätter hervorgebracht. Vielleicht deshalb, dachte er, weil sie von der Mutterpflanze weiter entfernt sind. Darum wollen sie selbständig werden, sich nicht auf Kraftzufuhr aus der Entfernung verlassen. Bäume wissen mehr als wir. Reg dich nicht auf, sagte er sich, als er sie entdeckte. Dort fand er auch ein paar Peltaten und Julianer, sogar einige Artikulierte, die sich wie Katzen sträubten, wenn er sie anrührte. Wo vorher die Garderobe gewesen war – der Bodenbelag hatte dort eine andere Farbe als im Flur, weil er nicht aus Parkett bestand –, fand sich eine hübsche Ranke von Wolfsfüßlern, ein wirkungsvoller Kontrast zu den Dauerblüten der Stamina.

Im Zimmer seiner Eltern, in dem es noch immer nach gebrauchten Leintüchern und Urin stank, lebten Blätter und Pflanzen unzertrennlich miteinander. Dort machte ihm die Überfülle der Zungenküßler Sorgen. Diese hatten nämlich, wie Schlangenfrauen, die üble Gewohnheit, sich geschmeidig und allzu zärtlich um andere Stengel zu winden und sie in übertriebener Umarmungsfreude zu ersticken. Darum versuchte er, sie so weit zurückzuhalten, wie er irgend konnte. In diesem Schlafzimmer voller Spiegel entspann sich ein harter Wettbewerb: Jeder wollte jeden überwuchern. So hatten zum Beispiel die Weitschweifigen, die sonst nie sehr stark in die Höhe wuchsen, ihre Nacken hochgeringelt wie Giftschlangen, während die Flügelschlägler mit der Gleichgültigkeit eines pelikanhalsigen amerikanischen Matrosen gewissermaßen mitleidig auf sie hinuntersahen. Der Wettstreit, der sich vor den Spiegeln des Elternschlafzimmers abspielte, hatte die Pflanzen bis zur Höhe seiner Brust hochgetrieben, wohingegen sie in den anderen Räumen noch nicht über seine Knie hinausgewachsen waren. Ein eifriger Einzelnervler hatte sogar die Ikonen der beiden Heiligen Kosmas und Damianos an der Wand mit weit ausgreifender Hand überschattet.

Mit einigen mußte er streng sein. Sie waren auf den Balkon vorgedrungen und hatten versucht, sich um das Gitter zu winden. Derartige Versuche unterband er sofort. Er bestrafte sie hart, denn solches Benehmen brachte nicht nur sie selbst in Gefahr, es beeinträchtigte auch die anderen, die, anständig und in den Grenzen eines zivilisierten Verhaltens, ihr Bestes taten, um innerhalb der geschlossenen Räume vorwärts zu kommen.

Die Flurlampe, die Wände, die Beleuchtungskörper an den Decken – alles war mit Laub bedeckt. Die Möbel, in grünen Überzügen, sahen aus wie gesunkene Schiffe auf dem Meeresgrund, mehr als gesunken, weil außer dem Wasser auch die Vegetation des Meeresbodens sie überflutet hatte. Nur nach ihrem Umfang konnte er die Möbel noch unterscheiden. Hier und dort war noch ein brauner oder rötlicher Streifen sichtbar.

Im Flur war zu wenig Licht, als daß irgend etwas von Bedeutung hätte gedeihen können. Aber in der Küche entwickelte sich eine Reihe von Briophagen und Sporenblütlern.

Eines Nachts ging das Licht aus. Er dachte, das Werk habe die Versorgung eingestellt. Aber dann entdeckte er, daß überall in der Stadt Lichter brannten. Bei Kerzenschein kontrollierte er die Hauptsicherung. Sie war in Ordnung. Vielleicht hatte er die Stromrechnung nicht bezahlt, dachte er; aber soweit er sich erinnern konnte, war sie noch gar nicht gekommen. Warum also kein Licht? Die Antwort erhielt er im Morgengrauen, als er feststellte, daß alle Kabel im Hause, ohne ihre Lage zu ändern oder den Kontakt zu lösen, zu Wurzeln geworden waren. Der Telefondraht war zur Wurzel geworden, die Erdungsantenne war jetzt eine Wurzel, Wurzeln waren auch die zweipoligen Leitungen der Wohnungstür-Klingel und die wasserdichten Leitungen im Badezimmer.

Und dann floß auch kein Wasser mehr. Nur ein Hahn vergoß noch ein paar Tränen. Er mußte seine Zunge darunter ausstrecken, um seinen Durst zu stillen.

Dann fand er eines Tages einen Umschlag ohne Briefmarke unter dem Türspalt. Er kannte die Handschrift. «Seit Tagen versuche ich, Dich zu erreichen. Dein Telefon antwortet nicht. Deine Türglocke klingelt nicht. Der Hausmeister sagt mir, Du seiest oben. Übermorgen fahre ich mit ein paar Deutschen auf den Athos. Bitte ruf mich *auf jeden Fall* an unter 89-64. Dringend! Kostas.»
Er hörte ein Geräusch, ein Gerumpel. Einer nach dem anderen fielen die Staketen in seinem Zimmer zusammen. Die Pflanze erhob sich wie ein Elefant. Sie hatte die Lampe zerbrochen, nun stemmte sie sich gegen die Decke. Gips fiel in weißen Flocken herunter. Was hatte sie vor? Wollte sie das ganze Obergeschoß des Mietshauses zerstören? Würde sie die Kraft dafür aufbringen? Oder würde sie im letzten Augenblick noch klein beigeben?
Kostas, mein guter Kostas, keine Zeit, nicht einmal für dich. Meine Pflanze braucht mich. Gerade jetzt.

VIII

Unter den Mietern wurde als erste Madame Lebelle durch das Gebaren der Pflanze aufgeschreckt. Sie wohnte im Dachgeschoß. Ihr Mann war stets unterwegs und kam nur zum Wochenende nach Hause. Madame Lebelle ergötzte sich inzwischen an der griechischen Sonne. Jeden

Morgen brachte sie ihre Kinder zum Baden nach Baxe-Tsifliki. Gegen Abend aß sie ein Eis bei Floka. Kurz und gut, sie führte ein ruhiges und erfreuliches Leben, als in einer mondlosen Nacht ihr Bett zu schaukeln anfing wie ein Boot im Sturm. In ihrem Tüllnachthemd sprang sie auf, und ihre euterhaften Brüste bebten mit dem Zimmer um die Wette. «Ein Erdbeben.» Sie rannte zu den Kindern hinüber, glaubte, sie müßten auch wach sein und sich fürchten. Aber Jacques, Marilene und Pepo schliefen ruhig unter ihren Moskitonetzen, von Meerluft und Sonne braun wie dunkle Teufel. «Komisch», sagte sie. Ein Hahn krähte. Sie legte sich wieder hin, aber ein zweiter plötzlicher Stoß erschreckte sie so sehr, daß sie sich in ihren Laken verhedderte und nicht hochkam. Flaschen mit Kölnisch Wasser, Lotionen, Nagellackentferner, Kästchen voller Schmuck und Kinkerlitzchen fielen von den Borden und zerbrachen am Boden. Ihre Bettfedern ächzten. In dieser Nacht schloß sie kein Auge mehr. Am nächsten Morgen fragte sie beiläufig Frau Soussamidis, ob sie etwas vom Erdbeben in der Nacht gemerkt habe. Frau Soussamidis sah sie erstaunt an, nein, sie hatte nichts gemerkt. Auch in den Morgenblättern stand nichts von einem Erdbeben, dabei hatte sie sie genau durchgesehen. Aber sie schlief immer wie eine Tote, darum wäre es vielleicht sicherer, noch andere zu fragen. Madame Lebelle bedankte sich und ging wieder hinauf.

In den folgenden Nächten wiederholte sich genau das gleiche. Ihr Bett bog sich und stöhnte, ihr Körper geriet aus dem Gleichgewicht. Sie tat etwas, das sie in ihrem Leben noch nicht getan hatte: Sie nahm Schlaftabletten. Als am Samstag abend ihr Mann nach Hause kam, erzählte sie ihm von dem Erdbeben. Er nahm das nicht ernst. Als er wieder fort war, wurde sie abermals von diesem albtraumartigen Schütteln befallen. Lachend hatte ihr Mann gesagt, das sei so eine von ihren Wahnvorstellungen. Jetzt glaubte sie es fast selbst. Die Schlaftabletten gingen ihr an die Nerven. Die unerträgliche Hitze und das Alleinsein – endlos die Zeit bis zum nächsten Samstag – brachten sie ganz und gar außer sich. Zu alledem erlitt sie am Strand einen leichten Sonnenstich. Dies und die Angst vor dem Erdbeben verwirrten sie vollständig. Und Madame Lebelle, die immer von Gesundheit und Kraft gestrotzt hatte, ging zum Neurologen Dr. Anagnostaras im ersten Stock, um sich untersuchen zu lassen.

Was hatte sie vor? Was wollte seine Pflanze vollbringen, überlegte er, während er zusah, wie sie mit der Decke rang. Was hatte sie nur im Sinn? Selbst wenn sie die ganze Decke einriß, könnte sie doch nicht wie ein Helikopter oder Zeppelin geradenwegs in den Himmel sausen, wie er es früher einmal gehofft hatte; denn jetzt war sie im Hause fest verankert. Er sah sie sich krümmen wie Atlas, als wollte sie die ganze Welt auf ihren Schultern tragen. «Das ist doch unmöglich», sagte er zu ihr. «Du quälst dich umsonst. Das schaffst du nicht. Ich habe dich aufgezogen, mit meinem Fleisch habe ich dich ernährt. Götterträume sind nichts für uns . . .» Und noch immer wußte er nicht recht, was seine Pflanze jetzt im Sinn hatte. Aber er hatte sich nun an Überraschungen von ihrer Seite gewöhnt. Darum wartete er geduldig auf weitere Anzeichen ihres neuen Vorhabens, bevor er selbst einen Entschluß faßte.

«Zikaden. Hörst du nicht die Zikaden, die durchs offene Fenster hereingekommen sind?» sagte die Frau des pensionierten Obersten mit bebender Stimme zu ihrem Mann. Sie hatte sie zuerst gehört und ihn geweckt. Er war als alter Artillerie-Oberst, wie alle seiner Truppe, ein bißchen schwerhörig und nahm das feine Knacken, das seine Frau als Zikaden bezeichnete, nicht gleich wahr. In der Stille der Augustnacht hörte er gar nichts und drehte sich auf die andere Seite. Aber Frau Exadaktylos, die an Asthma litt und darum sowieso nicht schlafen konnte, ließ ihn nicht in Frieden.
«Steh auf und jag diese Zikaden hinaus», verlangte sie, dicht an seinem Ohr. «Steh auf, steh schon auf!»
«Laß mich in Ruhe, Frau», sagte Simeon, «ich will schlafen.»
Schließlich schaffte sie es, er stand auf. In seinen Flanellunterhosen rekognoszierte der Oberst die ganze Wohnung, fand keinen Feind und kehrte befriedigt ins Bett zurück. Es stimmte also nicht, daß er taub war, seine Frau litt an Wahnvorstellungen. Zikaden. Blödsinn. Was hatten Zikaden mitten in der Stadt zu suchen?
Aber in der nächsten Nacht machte seine kranke Frau die Fenster zu und stellte trotz ihrem Asthma den Ventilator an. Die Ventilatorflügel rührten in der Hitze wie in Brei. Sie würden beide ersticken. Was um Gottes willen hörte sie denn nur?
«Zikaden. Zirpen. Hör doch, Simeon, krick krick. Dann hört's auf und fängt wieder an ... krick krick.»
Schließlich, als das Geräusch stärker wurde, hörte der Oberst es auch.
«Was ist denn *das?*» sagte er.
«Wie soll ich das wissen?» erwiderte sie entsetzt. «Zum

Glück ist Despina nicht da ...» (Ihre Tochter war im Pfadfinderlager.) «Das Kind würde umkommen vor Angst.»
Ihr Mann betrachtete es nun als Ehrensache, den Feind in der folgenden Nacht einzukreisen und ihn in bewährter Taktik mit der bloßen Hand zu greifen. Als es dunkel wurde, versteckte er sich hinter einem Sessel, wartete und sprang beim ersten Geräusch aus seinem Versteck hervor, um blitzschnell das Licht anzudrehen. Dabei brüllte er Drohungen. Er fand nichts. Seine Fallentaktik mißlang, weil es dem Feind geglückt war, unsichtbar zu bleiben. Beschämt kehrte der Oberst zu seiner besseren Hälfte zurück.
«Unser Haus ist verhext», sagte die abergläubische Oberstengattin und bekreuzigte sich. «Es ist verhext. Gott stehe uns bei.»

Und dann begriff Lazaros selbst, was vor sich ging. Er hörte das Getöse beim Oberst nebenan, sah, wie sich die Wurzeln aufrichteten und ihre griffigen Fühler in die Ritzen im Fußboden bohrten. Da ging ihm auf, worauf sie hinauswollte! Seine Pflanze stemmte sich oben gegen die Zimmerdecke, damit ihre Füße unten kraftvoller in den Boden dringen konnten. Es sieht aus, als habe sie vor, sich durch das ganze Mietshaus auszubreiten, dachte er. Er bekam Angst und war dabei doch voller Freude. Sie will zur Erde, will sich in ihre Eingeweide vorarbeiten. Der Dünger im Faß reicht nicht mehr aus. An die Erdbrüste will sie jetzt. Leitungswasser stillt ihren Durst nicht mehr. Er sah, wie sie sich anstrengte, wie ihre Nackenmuskeln sich spannten und schwollen. «Mut», sagte er zu ihr. «Ich bin bei dir.»

Niemand war über Nacht im Eisenbahnerklub im sechsten Stock. Darum hörte niemand, wie es dort knackte.

Gymnasialdirektor Perikles Karmiriadis war allein zu Hause. Seine Frau und seine Töchter verbrachten die Ferien in Oreokastron. Er fuhr nur übers Wochenende hin. Die Hitze machte ihm jedes Jahr zu schaffen. Er hatte schwache Nerven. Darum ging er sehr spät schlafen. Er war dabei, seinen Aufsatz über «Jugendliche Verbrecher» zu redigieren, als er plötzlich ein Geräusch hörte. Zuerst dachte er, es käme von der Straße, dann aus dem oberen Stock. Als das Knacken in sein Arbeitszimmer eindrang, sprang er auf, ernsthaft erschrocken. Er hüpfte wie ein Mensch, der auf glühenden Kohlen geht, während die Geräusche, spielerisch wie Schüler, die ihn beim Unterricht ärgerten, direkt unter seinen Füßen explodierten. Er lockerte sogar eine Bohle, aber darunter war nichts zu sehen. Entsetzt wollte er aus dem Zimmer stürzen, als ihm ein scharfer Knall die Tür vor der Nase zuwarf. «Was zum Teufel will mich an meiner Arbeit hindern? Was, verdammt noch eins . . .» Plötzlich bekam er Gewissensbisse wegen der Flucherei und betete zum Herrn, er möge die Dämonen vertreiben, die am Augustfrieden seines Hauses nagten.

Lazaros wußte nichts Genaues. Er stellte sich nur vor, daß sich die Wurzeln seiner Pflanze unsichtbar durch das Haus fraßen, den elektrischen Leitungen folgten – Reisende, in einem fremden Land, von der Nacht überfallen, die den Eisenbahnschienen folgen, um sich nicht zu verirren. Und wenn er sah, wie seine Pflanze schwitzte, peinvoll zuckte, schwarz wurde vor Zorn, dann wußte er, daß ihre Wurzeln ein Hindernis im Zement gefunden hatten. Dagegen blühte sie auf, wenn ihre Fühler an eine Öffnung im Ziegelwerk gelangt waren. «Vorsicht, wir dürfen nicht erwischt werden», sagte er zu ihr. «Reiß die Wände nicht auf, sonst finden sie uns. Du mußt dich in den Wohnungen, in die du eindringst, tief in den Isolierungen verstecken, nicht einfach nur unter den Dielen.» Er pflegte sie jetzt besser als je zuvor. «Schade, daß ich nur als Mensch geboren bin», sagte er immer wieder zu ihr, «sonst könnte ich dir besser helfen.»

Onkel Rupen, der Schwager von Kevork Popolian, mit seiner Frau Jermoné bei seiner Schwester Surpuí zu Besuch, erklärte auf armenisch, was er von den Geräuschen hielt. «Völlig überflüssig, sich aufzuregen», sagte er, «Dielen knacken, wenn sie sich bei Hitze ausdehnen.» Er war ein dicker, gemütlicher Mann, Holzhändler von Beruf. Darum wußte er mit Holz Bescheid. Garo und Alice, Popolians erwachsene Kinder, waren damit beschäftigt, die verästelten Zweige ihres Familienstammbaums zu entwirren, um herauszufinden, wie nahe sie mit dem reichen Gulbenkian in Lissabon verwandt waren, der vor kurzem dort gestorben war, und welche Ansprüche sie folglich auf sein riesiges Vermögen geltend machen konnten. Sie blieben deshalb lange auf und waren die ersten, die die Geräusche in der Wohnung hörten. Etwas hatten sie zwar schon in der vergangenen Nacht gehört, aber sich nicht aufgeregt. Sie empfingen diese Geräusche mit ihrer überlieferten Gastfreundschaft, als handelte es sich um irgendwelche Logiergäste. Um so ängstlicher waren die beiden empfindsamen Frauen, Jermoné und Surpuí, freundlich, rundlich und immer den Tränen nahe. Deshalb rollte Kevork die eingemotteten Perserteppiche auf und breitete sie auf dem Fußboden aus. Das Knacken ertrank in ihnen. Ganz beruhigt waren die Frauen nicht. Sie lauschten beim winterlichen Anblick der teppichbelegten Wohnung mit einiger Erleichterung Onkel Rupens Theorie von den Reaktionen des Holzes auf Hitze. Trotzdem getrauten sie sich nicht, die schweren Perser wieder einzurollen.

Lazaros stellte sich vor, daß die Wurzeln seiner Pflanze wie Taucher hinabstiegen, blind tasteten, unter Luftmangel litten, in der dunklen Betongruft verzweifelten. Er dachte, wie leicht sie durch die Luftziegel hindurchwachsen könnten, glücklich, den Widerstand nicht zu finden, mit dem sie gerechnet hatten, denn das Haus war aus billigem Material gebaut. Trotzdem konnte es sein, daß die Drähte sie nicht immer den richtigen Weg führten. So bestand die Gefahr, daß sie ziellos durch die Dunkelheit ihrer Tage wanderten und dabei Kraft und Entschlossenheit verloren. Wenn sie schon im dritten Stock angekommen waren, dann müßten sie jetzt in Antonakakis' Wohnung eingedrungen sein. Der frühere Abgeordnete und seine Frau machten Ferien in Michaniona. Dort könnten sich die Wurzeln ungestört mit Wasser versorgen. Wer weiß, dachte er, vielleicht sind sie auch, um etwas Luft zu schöpfen, in den Fahrstuhlschacht durchgebrochen, wo niemand sie sieht. Genaues wußte er nicht. Die Pflanze verminderte jetzt den Druck, und er stellte nur fest, daß der Mörtel von der Zimmerdecke herunterrieselte – ein deutlicher Beweis des Kampfes.

«Ruhig, Box, kusch», ermahnte Herr Plytas seinen Hund, der um Mitternacht zu bellen anfing, was Klagen von den anderen Mietern einbringen würde. Er hatte den Hund von der Dachterrasse mit heruntergenommen, um nicht allein zu sein. Und nun, seit das Knacken in seiner Wohnung angefangen hatte, bellte das Tier wütend, als ob Diebe nebenan wären. «Ruhig, Box. Kusch, Box, leg dich!» Nichts zu machen; wenn Plytas nicht schlafen konnte, griff Schuld von allen Seiten nach ihm. Er hörte Schreie in der Nacht: «Du hast sie umgebracht, du ...» Und durch die unerträgliche Hitze tappten leichte Schritte. Als käme seine Frau, die bei ihrer dreizehnten Abtreibung gestorben war, und fragte nach ihren Kindern. «Popy, mein Süßes, ich habe sie doch mit der Tante nach Arsakli geschickt», antwortete er ihr. Der Hund bellte wütend, und ihr Geist kam noch einmal, kam näher ... «Ruhe, leg dich, Box!» Seine eigene Stimme klang wie die seines Hundes, er sah aus wie sein Hund, das stellte er Tag für Tag in seinem Spiegel fest, er hielt es nicht länger aus. Das war zum Verrücktwerden. Darum wollte er morgen früh bei der Regierung von Nordgriechenland um Urlaub nachsuchen.

Lazaros ging hinunter, um Brot zu holen. Vor Frau Kalfoglous Tür sah er die Mädchen mit Eimern und Krügen um Wasser anstehen. Denn in den oberen Stockwerken gab es kein Wasser mehr. Nur im Erdgeschoß floß es noch. Und natürlich im Keller, aber keine Hausfrau würde ihrem Mädchen erlauben, bei den beiden Huren zu klingeln. Darum war die Fleischersfrau plötzlich eine wichtige Persönlichkeit im Hause geworden. Alle, die vorher auf sie herabgesehen hatten, versuchten jetzt, sich

gut mit ihr zu stellen, um einen Eimervoll Wasser zu bekommen. Mit aufgekrempelten Ärmeln stand sie in ihrer Wohnungstür, ihre riesigen Brüste eins mit ihrem Bauch, und gab Befehle im Ton einer Äbtissin.
«Und Sie? Brauchen Sie kein Wasser?» schrie sie, sobald sie ihn sah.
«Nein, danke», sagte er nervös und kämpfte sich durch die Mädchen hindurch.

Draußen ging er um das Gebäude herum, um nachzusehen, ob die Wurzeln schon irgendwo die Mauern gesprengt hätten. Er entdeckte nichts und beruhigte sich. Die Wurzeln trinken denen dort drinnen das Wasser weg, dachte er befriedigt. Sie prügeln sich schon um den Wasserhahn. Morgen werden sie vor Durst eingehen.
Aus der Entfernung, im Flimmern des Sommermittags, sah das Haus aus wie eine uneinnehmbare Festung, unter dem Schild der Sonne. Trotzdem ist euer Haus von Würmern angefressen und wird eines Tages zusammenstürzen, dachte er. Von außen ist noch nichts zu sehen. Kein einziger Riß verrät die Termiten, die euer steinernes Monstrum langsam vernichten. Für ihn sah es jetzt aus wie ein Hummer, mit falschem Marmor verkleidet, Antennen auf dem Dach, Flaggenstangen an den Balkonen und weitere Antennen, ein Hummer in seinen letzten Lebenszuckungen. Und nichts verrät meinen Kraken, dessen Arme sich vorsichtig um euren Hummer schließen und bald sein Fleisch aussaugen werden. Zufrieden ging er nach Hause, den Brotlaib unter dem Arm, den er an beiden Enden angenagt hatte.

«Auch gestern haben wir auf das Geräusch gewartet, aber es kam nicht. Sicher kommt es heute nacht wieder», sagte Frau Ladopoulos, die ihr zweites Kind erwartete, im Fahrstuhl zu ihm. «Mein Gott, habe ich eine Angst ausgestanden. Die ganze Nacht habe ich kein Auge zugemacht. Das Knacken soll drei Tage dauern, heißt es. Und gerade jetzt, wo es kommen soll . . .» (Sie griff nach ihrem Bauch). «Sind Ihre Eltern wieder da?»

«Nein», erwiderte er und öffnete ihr höflich die Fahrstuhltür.

«Dann haben sie Glück gehabt», sagte die Schwangere.

Er rannte zu seiner Pflanze und fiel ihr in die Arme. «Uns geht's großartig», jubelte er. «Deine Wurzeln sind im zweiten Stock angekommen. Hab Mut. Zum größten Teil haben wir das Ungeheuer erledigt. Nur der Hintern ist noch übrig. Wie die alle aufgescheucht sind! Diese Mietergesichter, starr vor Staunen. Nie habe ich ein Wort gesagt, solange die mich mit ihrem Lärm umbringen wollten. Jetzt bin ich an der Reihe. In dieser Welt bleibt nichts ungestraft.»

Aber seine Begeisterung hielt nicht vor. Die allgemeine Angst ergriff auch ihn, allerdings aus einem ganz anderen Grunde. Würde es den Wurzeln seiner Pflanze auch gelingen, zum Erdreich durchzudringen? Würde seine Pflanze, die plötzlich erschöpft und alt aussah, die Kraft zum Durchhalten aufbringen? Wenn nun die Wurzeln vorzeitig entdeckt würden? Wenn seine Eltern plötzlich aus Ammouliani zurückkehrten? Würden die Wurzeln auch genügend Zeit haben? Sie müßten jetzt den ersten Würmern begegnet sein wie Seereisende den ersten Landvögeln. Das mußte ihnen Mut gemacht haben, selbst wenn sie vorübergehend müde geworden waren. Aber würden sie genügend Zeit haben? In der Wohnung bewegten sich die Blätter in der Meeresbrise, die mit dem Mond aufgekommen war und von der Bucht her durch die offenen Fenster hereinwehte. Sie dufteten nach Minze und Weiden. Nachdenklich betrachtete er die Mutterpflanze, die, eine dunkle Sphinx, so viele Geheimnisse bewahrte. Würden sie genügend Zeit haben?

Frau Malwina, die Hebamme, die noch abergläubischer war als Frau Exadaktylos, holte einen Priester zur Austreibung der bösen Geister. Mit einem Büschel Basilikum sprengte er reichlich Weihwasser in alle Winkel und verbannte die Teufelsgeister mit Gebeten, die in seinem Bart untergingen. Bevor er mit seinem Meßjungen verschwand, steckte er Geld und Süßigkeiten ein. Unten beim Ausgang küßte ihm der erschrockene Hausmeister, der um seine Stellung bangte, die Hand.

Aber allem Weihwasser zum Trotz drangen die Geräusche auch bei Frau Malwina ein und machten ihre Katze verrückt. Die Katze glaubte, das Knacken stamme von Mäusen, sauste auf den Dielen umher und riß das Holz mit ihren Krallen auf. Ohne weitere Zeit zu verlieren, rannte Frau Malwina, die dem Akademischen Frauenbund angehörte, zum Präsidenten, dem Gymnasialdirektor, dem sie erklärte, es sei eine Schande, daß eine Mietergemeinschaft gebildeter Leute und verantwortlicher Staatsbürger unfähig sei, dem Übel auf den Grund zu kommen. Herr Karmiriadis fand, die Hebamme habe recht, und bestellte die Mieter zu einer Hauptversammlung.

IX

Mittwoch nachmittag, als die Geschäfte geschlossen waren, versammelten sie sich, soweit sie nicht verreist waren. Es kamen auch diejenigen, die von den Geräuschen noch nichts gemerkt hatten, der Kaufmann Soussamidis, der Psychiater Anagnostaras, der Viehhändler Kalfoglou. Lazaros war zwar nicht aufgefordert worden, trotzdem kam er aus Neugier, saß in einem Winkel und sagte kein Wort.

Zuerst sprach der Vorsitzende, der seine Doppelrolle als Präsident und Gastgeber genoß. Die Mieter hatten es sich auf Sesseln und Stühlen bequem gemacht. Sie saßen im Halbkreis zwischen den beiden Ventilatoren, denn an diesem Nachmittag erreichte die Hitze den Höhepunkt. Der Vorsitzende lehnte vor ihnen an seinem Stehpult wie in der Schule, wenn er lehrte; aus seinen Dohlenaugen strahlte Erleuchtung.

«Meine Damen», sagte er und wandte sich an die einzige vorhandene Dame, die Hebamme (Frau Lebelle hatte die Einladung ignoriert), «meine Herren! Vor allem bitte ich gütigst entschuldigen zu wollen, daß ich Ihnen nichts anzubieten habe. Meine Frau und meine Töchter suchen Erholung in Oreokastron, und allein bin ich nicht einmal in der Lage, mir einen Kaffee zu machen.»

«Schon gut, schon gut, macht gar nichts», sagten ein paar Leute.

«Wir sind nicht zum Vergnügen hier», sagte Ladopoulos.

«Meine Herren», fuhr Karmiriadis fort und sah dabei den Kronleuchter an wie den Pantokrator in der Kirchenkuppel, «seit mehr als zwei Wochen befinden wir alle uns in einem Ausnahmezustand. Bisher ist die Ursache unserer Schrecken unerforscht. Trotzdem kann niemand von uns leugnen, daß unsere Hausgemeinschaft, in der wir als gesetzestreue griechische Bürger leben – wie auch als Bürger in Christo –, vor der Gefahr steht, daß eine Quarantäne über sie verhängt wird. Als hätten wir Lepra oder Pest. Und warum, frage ich Sie. Wir haben unseren Seelenfrieden eingebüßt, unsere Nerven sind am Ende. Hinzu kommt diese außergewöhnliche Hitzewelle. Aber was hat es mit diesem Knacken auf sich, das wie ein Dämon bei uns eingedrungen ist? Woher kommt es? Was hat es zu bedeuten? Gewiß haben Sie sich diese Fragen gestellt. Ich persönlich glaube nicht, daß ihr Ursprung in der Außenwelt zu suchen ist. In uns selbst, meine Herren, in uns selbst begegnen sich Gott und Satan. Und wenn wir Gott vergessen, macht sich Satan ohne Umschweife in uns bemerkbar. Jawohl, jeder einzelne von uns hat Gott vergessen. Um neunzig Grad sind wir von Seinem Wege abgewichen. Wie Sie sehen, spreche ich die bittere Sprache der Wahrheit. Mein Charakter erlaubt mir keine Ausflüchte. Deshalb bin ich folgender Meinung: Laßt uns auf die Wege des Allmächtigen zurückkehren. Laßt uns zu fruchtbarer Erde werden, auf der Sein Baum Früchte tragen kann. ‚Wer mich verliert, der verliert die Wasser des Lebens', sagt der Evangelist, und wie sonst könnten wir den Verlust des Wassers erklären? Viele Bücher haben Gottes Wort verdrängt. Das Kino hat die Kirche entthront. Wir stehen vor einem gähnenden Abgrund. Ich habe deshalb ein paar Exemplare des

Neuen Testamentes zurechtgelegt, die ich kostenlos an Sie verteilen werde, damit Sie in den Augenblicken der Sammlung im Worte Gottes Erlösung und Erleichterung für Ihre gequälte Seele finden.»

Er verteilte die Exemplare des Neuen Testamentes, als wären sie das Sakrament selbst. Einige Zuhörer griffen danach und benutzten das Buch als Fächer. Andere sahen es von der Seite an und ließen es sofort in der Tasche verschwinden. Nur Ladopoulos wollte keins. Er habe schon mehrere zu Hause, sagte er.

Während der Vorsitzende noch beim Verteilen war, stand Exadaktylos auf. Er trug eine dunkle Brille, wie immer im Dienst, wenn er zu seinem angetretenen Regiment gesprochen hatte.

«Was wir von unserem verehrten Präsidenten, unserem großen Gelehrten, gehört haben», sagte er, «ist schön und gut. Leider hilft es uns nicht, den Eindringling und seine Verstecke ausfindig zu machen. Ich für meine Person bin davon überzeugt, daß es sich hierbei um volksfeindliche Elemente handelt, die uns auf illegale Weise und mit Guerilla-Methoden aus dem Hinterhalt anfallen. Es ist dies weder das erste noch das letzte Mal, daß mein Land mich aufruft, solches zu verhindern. Ich habe den Albanienfeldzug erlebt, habe in El Alamein gefochten und habe im Bürgerkrieg das Grammos-Gebiet Zoll um Zoll verteidigt. Darum glaube ich, daß meine Erfahrung Ihnen von Nutzen sein kann, jetzt, wo es um einen verborgenen, aber darum nicht minder gefährlichen Feind geht. Mein Befehl – Verzeihung: mein Vorschlag ist darum folgender: Haussuchung. Sorgfältige Durchsuchung bis in den letzten Winkel. Durchsuchen Sie Ihre Zimmer, Ihre Schränke, Ihre Vorratskammern und Küchen. In diesem Hause befindet sich ein Geheimsender, ein verborgener Sender, aus Rußland eingeschmuggelt, der die Taktik des kalten Krieges ausweiten und unsere Nerven unterminieren soll. Genau wie während des Bürgerkrieges, als unsere kommunistischen Feinde, diese Bluthunde, die Sendungen des Freien Griechenlands nicht zu Ohren verführter Frauen und Kinder gelangen ließen. Ich kann nur dies eine sagen: Der Feind ist unter uns. Er versteckt sich in unserem Hause. Wenn wir ihm nicht rechtzeitig auf die Spur kommen, wird er uns noch größere Leiden bringen. Sucht, kontrolliert, verhört und wendet euch an mich zu seiner Vernichtung. Mit meiner Waffe werde ich seinen Leib durchbohren. Griechenland lebt! Hoch das Volk! Hoch der König der Hellenen! Hoch die Freiheitshelden!»

Bebend und hochrot im Gesicht sank er auf seinen Stuhl und nahm die dunkle Brille ab.

«Wir sind nicht hier, um uns Predigten und patriotische Reden anzuhören», sagte die Hebamme, wütend über das Geschwätz der Männer.

«Ich glaube, eine große Schlange sitzt im Schornstein und windet sich langsam nach unten», sagte der Viehhändler.

Plytas spielte nervös mit seinen Bernsteinperlen. Soussamidis und Ladopoulos hatten ein Gespräch über Kaschmir-Preise auf dem Inlandmarkt angefangen. Es war heiß. Die Mieter waren müde.

«Regen Sie sich nicht auf», sagte der Neurologe Anagnostaras. «Vor allem müssen wir alle ruhig bleiben. Hier liegt die Ursache des Übels. Zwar habe ich selbst bisher das Knacken nicht gehört. Trotzdem bin ich als Nervenspezialist in der Lage, diesem irrationalen Phänomen nachzugehen, das seit einiger Zeit unsere Hausgemeinschaft plagt. Wir sehen uns hier einem Fall von Gruppenpsychose gegenüber. Was meine ich damit? Nun, wir sind alle Opfer der Selbstsuggestion. Durch telepathische Weiterleitungen von Wahrnehmungen unserer Gehirnnerven wird ein zu erwartendes Ereignis der Außenwelt übermittelt und ist damit bereits Wirklichkeit. Gustave Lebon spricht in seiner Massenpsychologie von menschlichen Wesen, als seien sie kommunizierende Röhren. Wir hängen gegenseitig voneinander ab, jedes Einzelwesen beeinflußt alle anderen. Aber lassen Sie mich die Vorgänge einfacher ausdrücken. Als vor etwa zwei Wochen die Französin aus dem Dachgeschoß in meine Praxis kam und sich über Schwankungen ihres Bettes beklagte, nahm ich das nicht ernst. Ich glaubte an einen Einzelfall von Neurose. Dann aber kam auch Frau Exadaktylos, die, wie Sie alle wissen, an Asthma leidet, zu mir und verlangte Schlaftabletten. Schlaflosigkeit breitete sich in unserer Mietergemeinschaft aus wie eine ansteckende Krankheit. Jemand brachte das Gerücht auf, die Geräusche wechselten jede dritte Nacht das Stockwerk. Seitdem warteten alle darauf, sie ebenfalls zu hören. Aber wie ich schon sagte, meine Herren, es ist außerordentlich einfach, eine wie auch immer geartete Situation auf autosuggestive Wirkungen zurückzuführen. In unserem Fall handelt es sich um eine Massenpsychose. Um gar nichts anderes. Darum erlauben Sie mir, kostenlos ein paar Bellergal-Tabletten an Sie zu verteilen. Sie wirken Wunder und werden Sie in süßen Schlaf wiegen.»

Er verteilte die Pillen unter die Mieter.

«Danke, für mich nicht», sagte Soussamidis, der an uneingestandener Herzschwäche litt.

«Und wie würden Sie mit Ihrer Theorie den offensichtlichen Wassermangel erklären?» fragte der Oberst, der sich ärgerte, weil seine Frau als Beispiel herangezogen worden war. «Leidet das Wasser auch an Psychosen?» Er lachte verächtlich.
«Falls Sie Zeitung lesen . . .» antwortete der Psychiater.
«Morgens und abends», unterbrach ihn Exadaktylos. «Und?»
«Verstehe, im Ruhestand hat man dazu Zeit», sagte Dr. Anagnostaras. «Trotzdem ist Ihnen offenbar entgangen, daß allgemeiner Wassermangel in der Stadt herrscht. Außerdem wohnen *Sie* im sechsten und . . .»
«Das Wasser langt nicht einmal für den ersten», sagte der Oberst und biß sich auf die Lippen, um nicht zu fluchen.
«Die Schlange säuft alles aus», sagte Kalfoglou.
Dann wurden sie von dem Armenier unterbrochen, der bis jetzt geschwiegen hatte. «Es regnet!» schrie er begeistert. «Seht doch, es regnet!»
Alle wendeten ihre erschöpften Gesichter den Fenstern zu, an denen dicke Regentropfen hingen.

Als sie sich wieder umdrehten, konnte Lazaros ihnen in die Gesichter sehen. Er sah ihre dumpfen Blicke – Augen, die über Feuern vergingen, dachte er. Wie plump ihre Köpfe sich neigten. Und er betrachtete ihre Hände, ihre schwitzenden Arme. Auf ihrer Haut trocknete in weißen Streifen das Salz wie Polizistenmanschetten aus Plastik.
Er sah, wie sie die Fensterscheiben anstierten. Wie Vieh, das einem vorüberfahrenden Zuge nachglotzte. Plötzlich kamen sie ihm alle vor wie Fliegen, gefangen im steiner-

nen Netz dieser Stadt. Keiner brachte die Phantasie auf, sich sein Schicksal vorzustellen, während sie alle vergeblich versuchten, ihm zu entkommen. Da hatte er zum erstenmal Mitleid mit ihnen.

X

Der TITAN war wieder einmal im fünften Stock steckengeblieben. Der Hausmeister hatte Handwerker bestellt, die ihn in Ordnung bringen sollten, und ging nun ärgerlich hin, um das Schild AUSSER BETRIEB aufzuhängen. Er hatte Grund, sich zu ärgern. Hatte er nicht auch sonst genug im Kopf? Die Mädchen mußte er in Schach halten, die sich darum zankten, wer zuerst an den Wasserhahn kam. Seine Frau war krank. Wer weiß, was er noch für den Arzt ausgeben mußte. Dazu stürzten sich diese verrückten Bahnarbeiter, die gar nicht ins Haus gehörten, wie Wilde in den Aufzug, als ob nicht daran stünde, daß er nur drei Personen auf einmal trug. Sie waren schuld daran, daß er immer wieder kaputt ging. Wie auch heute, genau vor ihrer Klubtür im fünften Stock.

Nackt lag er in seinem Paradies ausgestreckt und hielt ein Blatt in der Hand. Er dachte, daß sein Leben kurz war und vergehen würde wie nichts, und daß er eines Tages genauso nackt *in* der Erde liegen würde. Alles umsonst, dachte er, wir selbst und unser Leben. Ewig ist nur dieses kleine Blatt. Es fällt auf die Erde und steigt als Saft wieder im Stamm auf. Menschen dagegen fallen und kommen nicht wieder. Menschen verschwinden für immer. Und Himmel und Hölle sind Ammenmärchen. Den einzigen Himmel, den es wirklich gab, hatte er sich selbst geschaffen. Und wer weiß, wie lange man sich daran noch freuen konnte, denn alles hing an einem Faden. Das dachte er, das zarte Blatt zwischen den Fingern, während er nackt im Halbdunkel lag. Er wußte nicht, warum er heute traurig aufgewacht war. Warum diese Wolke auf seinem Herzen lag.

Die beiden Männer arbeiteten schon ziemlich lange im oberen Fahrstuhlschacht. Sie lösten Leitungsdrähte und schraubten sie wieder an. Schwatzten. Warteten darauf, daß Mädchen vorbeikamen, die sie anpeilen konnten. Und der eine, der aufrecht stand und eine Schraube anzog, sagte plötzlich zum anderen: «Komm und sieh dir das an.»
Der andere stand auf und stützte sich dabei auf die Kabelwinde. «Was ist denn?»
«Sieh doch nur. Faß es an und sieh genau hin. Ist das ein Kabel?»
«Klar ist das ein Kabel. Was denn sonst? Hast du mich deshalb hochgejagt?» Er wollte sich wieder setzen.
Aber der andere packte ihn am Arm. «Das ist keins. Das ist eher etwas Hölzernes. Wie eine Wurzel . . .»
«Wurzel? Ist das ein Garten hier oder was? Wurzel!»

Er sah, daß seine Pflanze unruhig war, als hätte jemand sie bei den Füßen gepackt. «Was ist los?» fragte er. «Warum zitterst du so? Hast du gemerkt, daß ich schlechter Laune bin, und regst du dich deswegen auf? Nein, nein, unsere Stunde ist noch nicht gekommen. Eines Tages – ich werde dann weit fort sein – wirst du dich an mich erinnern und sagen ... Aber warum sollen wir heute schon daran denken? Heute wollen wir glücklich sein, weil wir leben. Schau, meine Wolke ist verschwunden. Die Sonne ... Aber was hast du denn? Warum zitterst du? Gelb bist du vor Angst. Dabei ist es noch lange hin bis zum Herbst. Und wir sind jung, Kinder können noch ...»

«Noch eine und noch eine und noch eine», sagte der Mechaniker und tastete in den dunklen Liftschacht hinein, in dem sich die Wurzeln der Pflanze ausgebreitet hatten, um zu atmen. «Eine ganze Familie von denen steckt darin.»
Auch der zweite Mann war jetzt überzeugt, daß Wurzeln im Schacht saßen. «Meinst du, daß der Fahrstuhl deswegen ausgesetzt hat?» fragte er.
«Weiß nicht. Geht uns auch nichts mehr an. Laß alles, wie es ist. Wir sagen dem Hausmeister Bescheid.»
Sie ließen ihr Werkzeug oben liegen und rannten zur Hausmeisterwohnung hinunter.

«Ich versteh's einfach nicht, Liebling, ich begreife deine Aufregung nicht. Warum zittern deine Herzblätter so? Warum bist du plötzlich so kalt geworden und hast deine Hände zu Fäusten geschlossen? Du machst mir Angst, und ich kann mir nicht vorstellen, was geschieht. Sag es mir. Du hast mir die Meere erschlossen, wir sind zusammen zu anderen Sonnen gesegelt – und jetzt willst du mir nicht sagen, was dich quält? Ich weiß. Du hast mich satt. Aber sieh doch unsere Kinder an. Sie wachsen hier auf. Wir haben unser Dasein nicht verschwendet.

Schau dir die Generation an, die nach uns kommt ... Warte. Ich höre Lärm. Stimmen, Schritte. Immer mehr. Meinst du, sie sind schon hinter uns her? Stimmen. Schritte. Immer mehr. Menschen. Menschen. Sie trommeln gegen die Tür!»

Wie Blitze zuckten die Neuigkeiten durchs Mietshaus. Zuerst hörte es ein Mädchen vom Hausmeister. Die rannte hin und erzählte es ihrer Hausfrau. Wurzeln, schrie sie, hätten sie im Liftschacht gefunden. Eine ganze Kaskade von Wurzeln kam vom sechsten Stock herunter und drang durch alle Wände. Die Hausfrau klingelte nebenan. Dann ging die Nachricht von Küchenbalkon zu Küchenbalkon. Es war Mittag, und alle Mieter saßen beim Essen. Manche standen nicht auf. Sie wollten erst fertig essen. Andere hörten das Geschrei, wußten aber nicht, was los war, und dachten, es brenne irgendwo, oder jemand habe Selbstmord begangen. Da der Fahrstuhl außer Betrieb war, drängten sich die Mieter auf den Treppenabsätzen und kamen so schnell wie möglich über die gewundene Treppe nach oben, um zu sehen, was los war, ob die Ursache des Übels endlich entlarvt worden sei, der Grund ihrer Hysterie, der Ursprung ihrer Schlaflosigkeit, die geheime Quelle ihrer Todesangst. Sogar die beiden Huren im Erdgeschoß bekamen Wind von der Aufregung und erschienen kichernd im Morgenrock, Taschentücher über den Lockenwicklern.

«Sie haben uns, mein Freund, das Spiel ist aus. Jetzt haben sie unseren Unterschlupf entdeckt, und bald sind sie hier, in unserem Nest. Aber welches Aas hat uns verraten? Welches Vieh? Welcher Schwindler? Sollen sie an meine Tür trommeln. Ich mache nicht auf. Wer? Welcher Hurensohn hat uns angegeben? ... Lazaros ist nicht da! Lazaros ist tot ... Laß sie die Tür einschlagen. Sollen sie selbst sehen, wie sie hereinkommen. Ich mache nicht auf, ich nicht ... Aber wer, welcher Kackvogel, welches Arschloch ... – Also hattest du Grund zum Zittern. Du hast die Gefahr früher gespürt als ich. Trommelt nur, soviel ihr wollt. Ich mache nicht auf. Ich lasse euch nicht mit Verbeugung und ‚bitte sehr' herein. Bestien! Ja, das Spiel ist aus, mein Blatt, meine Frau, mein Lebensbaum.»

«Lazaros, Lazaros, kommen Sie doch heraus!»
«Vielleicht ist er gar nicht drin.»
«Stellt sich taub.»
«Aber was haben Sie denn alle gegen ihn?»
«Daß er nicht aufmachen will, das haben wir gegen ihn.»
«Wir sind verpflichtet, das Haus zu durchsuchen.»
«Sieht nicht wie ein Wüstling aus, der Lazaros.»
«Lazaros, Junge, nun mach doch auf!»

Der Hausmeister wollte die Tür mit einem Nachschlüssel öffnen, aber in seiner Aufregung gelang ihm das nicht. Inzwischen drängten sich hinter ihm die Mieter immer mehr. Sie stießen einander, wollten alle auf einmal sehen, was vor sich ging. Die Leute, die vorn standen, wurden gegen die Tür gedrückt und schrien, die anderen sollten aufhören, zu stoßen und zu schieben. Die Schwangere wurde ohnmächtig. Sie mußte in der Wohnung des pensionierten Obersten wieder zu sich gebracht werden. Die Huren kreischten, wenn jemand sie anstieß. Der Hausmeister versuchte es mit einem Schlüssel nach dem anderen; er hatte eine ganze Sammlung, und keiner wollte passen. Die Menschenschlange wurde immer länger, reichte jetzt schon bis auf den Absatz des fünften Stocks. Sie heulten, schrien, brüllten, wüteten.

«Wir haben gut gelebt. Geblüht haben wir, einen unvergeßlichen Sommer verbracht. Wir sollten nicht undankbar sein. Das Licht, das Meer, die Wolken haben wir kennengelernt. Was bleibt da noch übrig? Vielleicht wollten wir zuviel erfahren und denken deshalb, wir seien zu nichts gekommen. Besser so sterben als langsam verrotten ... Denk an den Frühling! Dein erster Blumentopf und du im Mondlicht. Dein Körper eins mit der Nacht. Mein Verlangen, eine Klinge im Wind. Und die See, dieses große Bett, in dem wir uns umarmten. Jetzt halt meinen Schmerz auf, Baum. Und du, Meer, trink meine Tränen. Deine Worte, sagst du, werden in mir geboren werden wie Möwen auf unbewohnten Inseln. Nur, daß von jetzt an Wasser für mich immer nach Leitung schmecken wird ... Aber zu bereuen habe ich nichts. Wir haben es gut gehabt, hatten einen unvergeßlichen Sommer, meine Pflanze, meine Frau, mein Atlas.»

Schließlich gelang es dem Hausmeister, die Tür zu öffnen, und die erste Menschenwelle stürmte in die Wohnung. Alle, sogar die Mädchen, zwängten sich durch den Eingang. Was sie sahen, verschlug ihnen die Sprache. Ein paar Frauen zogen sich sogar die Schuhe aus, um diese grüne Wunderwelt nicht zu zertrampeln. Fassungslos starrten sie auf diesen Garten, begriffen nicht, daß in einer Wohnung wie ihrer eigenen ein solches Paradies hatte aufblühen können, eine so fremde Ordnung ihren Platz in diesem nüchternen Mietshaus gefunden hatte.

Wie die hängenden Gärten von Babylon. Und wie kühl war es hier drinnen! Kinder schrien, sie wollten auch sehen. Ihre Mütter sagten, sie sollten ruhig sein – wie in der Kirche. Nur die Leute, die klein waren und hinten standen, begriffen noch nichts. Warum waren alle plötzlich verstummt, als hätte eine Hexe ihnen die Stimme verzaubert? Die zuvorderst Stehenden gingen nicht weiter. Vorher waren ihre Nerven gespannt gewesen wie Leitungsdrähte, jetzt gaben sie nach, wurden schmiegsam wie die Wurzeln, in denen sich ihre Füße verfingen. Toula pflückte eine rote Blüte und steckte sie sich hinters Ohr.
«Wo ist er denn? Wo ist *er*?» flüsterte jemand.

Nackt, wie er war, hatte sich Lazaros voller Scham in seinem Zimmer versteckt. Er kletterte auf das Faß und wikkelte sich in seine Pflanze wie in ein Bettuch ein. So wartete er. Durch eine kleine Öffnung im Blatt konnte er alles beobachten, ohne gesehen zu werden. Hinter seinem grünen Schild fühlte er sich sicher.
Aber die Verzückung der Eindringlinge hielt nicht lange an. Dem anfänglichen Staunen folgten sofort andere Erwägungen. Vielleicht, weil der Direktor über Wurzeln stolperte und der Länge nach hinschlug. Jedenfalls war das erste Staunen verflogen, und das Knacken fiel ihnen wieder ein, das sie nächtelang wach gehalten hatte. Von diesen Wurzeln stammte es also, die sie nun blöde anstarrten wie kleine Kinder. Und wer konnte wissen, wie weit diese Wurzeln schon reichten? Ob nicht das ganze Haus jeden Augenblick einstürzen könnte? Worauf warteten sie denn noch? Keinen Augenblick hatten sie zu verlieren. Mit Reden heizten sie einander tüchtig ein.

Dann schickten die Männer ihre Frauen weg. Und sie bewaffneten sich mit Küchen- und Taschenmessern, mit Äxten, Beilen und was sie sonst an Waffen auftreiben konnten. Und machten sich ans Werk der Zerstörung.

«Jetzt hauen sie die Glieder ab; hör doch, wie sie brüllen.» Lazaros sprach mit sich selbst, in seiner Pflanze versteckt. Und jetzt machen sie sich an den Samen. Mach dich gefaßt, du Flügellappen ... Ich höre nichts mehr. Sie sind wohl im andern Zimmer. Jetzt wieder. Sie räumen die Spiralen, alles Lanzettliche aus. Sie morden mir meine gelappten, gezackten, kreisrunden Träume. Dann kommen wir dran. Halt dich bereit. O wie kühl ist deine Umarmung; das einzige, was ich ungern verliere, meine Pflanze, mein Weib, mein Lebensbaum.»

Dann gab seine Zimmertür nach. Durch die Öffnung sah er die bekannten Gesichter, an die er sich von der Versammlung her erinnerte. Der Fleischer, die Händler, der pensionierte Oberst, der Gymnasialdirektor, der Neurologe, der Staatsbeamte. Der Oberst leitete die Endoffensive. Die Leute waren in Schweiß gebadet, grüne Blattfetzen klebten an ihren Hemden.
«Gott, was für ein Ungetüm!»
«Sieht aus wie der Leibhaftige.»
«Christus und Muttergottes!»
«Sieh, wie es in Wut kommt. Die Dornen sprießen nur so. Na, Kyr-Babi, werden Sie fertig mit dem?»
«Ich? Bin mit Stieren fertig geworden. Soll ich vor einer Palme Angst kriegen?»
«Dann nimm die Axt.»
«Das Beil ist schärfer.»

«Den Rumpf des Feindes haben wir für den letzten Großangriff aufgespart!»
«Weg hier, alles! Sonst erwischt's euch auch noch.»
«Wohin hat sich denn der Bengel verkrochen?»
«Den Eltern sage ich Bescheid, wenn sie zurückkommen.»
«Gangster, diese Jugend von heute, meine Herren!»
«Los, Kyr-Babi, an die Arbeit!»
Er sah zu, wie der Viehhändler in die Hände spuckte und nach dem Beil griff. Zuerst sah er nur seinen Oberkörper, dann, als der Mann näher kam, nur seinen Kopf, seine Augen, Nase, Mund. Und schließlich sah er nur noch seinen schwarzen Schnauzbart, eine nachtdunkle Schlange, die ihn umschlang. Unter dem ersten Beilschlag schwankte er. Unter dem zweiten torkelte er wie von Sinnen. Kalfoglou griff mit beiden Händen nach dem Stamm und versuchte, die Pflanze auf die Knie zu zwingen. Der Kampf war gewaltig, Gigant gegen Zyklopen. Lazaros verlor das Bewußtsein.

Als er wieder zu sich kam, war es noch immer Nacht. Er öffnete die Augen, und da er nichts als Dunkel sah, glaubte er, der Bart des Viehhändlers tanze noch immer vor seinem Blick. Durch das zerbrochene Fenster fiel ein Mondstrahl herein, und ein Luftzug ging durch zur Balkontür. Lazaros versuchte, sich aufzurichten. Um ihn herum war ein See. Wieso liege ich im Wasser, wunderte er sich. Er konnte sich an nichts erinnern. Sein Körper schmerzte ihn bis ins Mark seiner Knochen. Er wollte aufstehen, glitt aus, versuchte es wieder, stöhnte. Schließlich stand er. Und sah das Skelett seiner Pflanze. Weiß, bewegungslos, im Todeskampf auf dem Fußboden, Überreste eines Mammuts im gleitenden Mondlicht. Eine Membrane war übrig von dieser üppigen Fleischlichkeit. Sonst war der Leib in Flüssigkeit verwandelt und über den Boden ausgegossen. «Da kam die Flut über die Erde, und das Wasser wuchs.» Das Faß sah er schwimmen wie eine Arche. «Und das Wasser nahm gewaltig zu und stieg hoch über die Erde, so daß die Arche auf der weiten Flut dahinfuhr.» Und wieder blickte er auf das Knochengerüst der Pflanze. Das Rückgrat war zersplittert, auch die Rippen waren zusammengesunken wie Knochen ohne Lebensmark, wie lose flatternde Hautfetzen, tragische Reste einer Siegesfahne, deren Mast längst geköpft ist. «Da kamen alle Geschöpfe um, die sich regten, sowie alles Gewürm, von dem die Erde wimmelte.» Das Zimmer schien ihm leer, ungeheuer groß ohne die Pflanze, die es erfüllt hatte. «Alles, was Lebensodem in der Nase hatte, das starb, alles, soweit es auf dem Trockenen lebte.» Er spürte, wie sich seine Kehle zusammenzog. «Nur Noah blieb übrig und was sich bei ihm in der Arche befand.» Er sah auf die Uhr. Sie war um zwanzig vor drei stehengeblieben. Er hatte Hunger.

XI

In den folgenden Tagen führte er ganz allein zu Ende, was die Mieter trotz ihrer Reinigungswut zu tun übriggelassen hatten. Seine Eltern konnten jetzt jeden Augenblick aus Ammouliani zurückkommen. Sie sollten die Wohnung nicht in diesem Zustand sehen. Mit einem Federmesser löste er die Wurzeln aus den Winkeln, säuberte

Wände, Türrahmen, Fensterbänke. Dabei brachen freilich auch Holzteilchen ab, Gips rieselte, Scharniere lösten sich. Der Fußboden sah aus, als wäre er gepflügt worden. Wütend ging er jedem letzten Restchen zu Leibe. Nichts sollte übrigbleiben, das ihn an diesen Sommer erinnert hätte. Tränen und Gefühlsduselei hatte er immer gehaßt. Jetzt spürte er die Lust an der Zerstörung selbst mit allen Sinnen. Die Wurzelstrünke warf er in einen großen Korb. Nur wußte er nicht, wie er das Skelett aus seinem Zimmer schaffen sollte. Es ging nicht durch die Tür. Er zerrte daran, versuchte es zu brechen. Umsonst. Schließlich warf er es nachts vom Balkon hinunter. Morgens sah er dann, daß es wie die Überreste eines Kinderdrachens in den elektrischen Drähten hing. Er holte die Putzfrau und trug ihr auf, die Böden zu wichsen. Er holte den Tischler, der die Möbel reparieren mußte. Den Anstreicher für die Wände. Dann schob er die Möbel an ihre alten Plätze. Die Wohnung sah aus wie neu.

Er dachte, die Ausrottung sei beendet, als er plötzlich — er bückte sich, um seine Pantoffeln hervorzuholen — unter seinem Bücherregal ein kleines Blatt sah, ganz grün, ganz jung, ganz allein. Er fuhr auf. Wollte nicht hinsehen. Aber es ließ ihm keinen Frieden. Was tun mit diesem Blatt? Er wurde wütend, fluchte. Wie kam es dahin? Wie hatte es so viel Zerstörung, solche endgültige Liquidation überleben können? Was wollte es denn? Was bedeutete es? Warum spielte es den Unschuldigen? Im ersten Ärger wollte er es greifen, in seinen Händen zerdrücken. Dann merkte er, daß ihm der Mut fehlte. Seine Hände getrauten sich nicht. Andererseits — was würde es denn bedeuten, wenn er das Blättchen in Ruhe ließ? Hoffnung vielleicht? Er wollte keine Hoffnung. Er war nicht verzweifelt, aber Hoffnung wollte er auch nicht. Also? Seine Hände zitterten vor Unentschlossenheit. Er machte einen Knopf zu, einen anderen wieder auf. Noch einmal von vorne anfangen? Woher nehme ich den Mut dazu? Einmal im Leben, es gibt Einmaliges ... Wütend ballte er die Hände. Ich bringe es um. Es hat keinen Platz mehr hier drinnen. Überhaupt keinen Platz mehr. Ich ehre das Andenken an meine große Pflanze, wenn ich dies hier erwürge. Hoffnung – nein. Einmal im Leben, einmal ...

Er bückte sich und zog es mit der ganzen Wurzel aus wie den Nerv eines kranken Zahnes. Und dann brachte er es nicht über sich, es wegzuwerfen. Vorsichtig preßte er es zwischen die Seiten eines dicken Buches, so daß es seine Form für immer behalten würde.

XII

Wieder ging er durch die Apostel-Paulus-Straße, überquerte die Grenze, die Straßenbahnschienen, und betrat die andere Welt. Es war September, die Nacht mild wie im Frühling. Nur wehte kein Mimosenduft mehr von der Rotunde herüber. Er stieg. Eilte. Rannte.

Ein besonderes Ziel hatte er nicht. Aus seiner Festung war er ausgebrochen, um seine Gedanken zu ordnen. Zu Hause waren die beiden ausgetrockneten Damen vom Blindenausschuß zu Besuch, was er nicht aushalten konnte. Seine Eltern wollten, daß er dablieb, daß sie alle zusammen in der Wärme des häuslichen Herdes Abendbrot äßen. Sie hatten recht. Er hätte bleiben sollen. Wie

hätte er ihnen auch erklären sollen, daß er sie zwar durchaus verstand, daß es aber für ihn nun nicht mehr möglich war, nach ihren Gesetzen zu leben?
Er kam in die Agios-Demetrios-Straße – Menschenmengen, Mädchen, junge Leute, Gesang und Geschrei –, und da hatte er plötzlich die Idee: Er könnte das Mädchen wiederfinden und mit ihr reden. Er hätte gern mit einem Menschen gesprochen, alles erklärt, Anfang und Ende. Er könnte ihr sagen, daß er in einer Mainacht den Blumentopf aus ihrem Hof gestohlen hatte – und Ariadne hatte er sie genannt, damit sie in seiner Erinnerung einen Namen hätte –, wie die Pflanze dann nach ihren eigenen Gesetzen gewachsen war, ihm den ganzen Sommer lang Gesellschaft geleistet hatte, wie die Leute eines Tages eifersüchtig auf ihr gemeinsames Glück geworden waren und die Pflanze ermordet hatten, so daß er jetzt wieder allein war, einsamer denn je zuvor. «Weißt du», würde er zu ihr sagen, «du kannst den Leuten erzählen, was du willst – sie denken immer nur an das, was ihnen gehört. Schließlich hat die Pflanze dir gehört. Darum könnte es dich vielleicht interessieren, ihre Geschichte zu hören.»
Er versuchte sich vorzustellen, was für ein Gesicht sie machen würde, wenn er ihr das alles erzählte. Lachen? Weinen? Mitleid mit ihm haben? Dann fiel ihm ein, daß er ihr Gesicht nie gesehen hatte. Also betrog er letzten Endes sich selbst. Er ging nicht hin, um mit ihr zu sprechen. Ihr Gesicht wollte er sehen. Und warum jetzt plötzlich? Warum hatte er vorher nie daran gedacht? Monate waren vergangen, und er hatte nie danach verlangt. Warum heute? Warum brannte er vor Sehnsucht, der Unruhe, die ihn quälte, eine Form, einen Ausdruck, ein Gesicht zu geben?

Schnell stieg er bergan, überquerte die Kassandrou, bog in die Joulianou ein. Seine Blätter kamen ihm in den Sinn. Aus, sagte er zu sich selbst, vorbei. Und empfand keine Bitterkeit.

Einen Augenblick blieb er vor dem Kino in der Nachbarschaft stehen, das zwei Filme anzeigte, wie immer gegen Ende der Saison. Nächstens, hieß es, würde wieder im Saal gespielt werden. «Programmwechsel zweimal die Woche.» Er ging am türkischen Konsulat vorbei, und die Wachen sahen ihm mißtrauisch nach. Er fürchtete, es könne rasch dunkeln, dann würde er sich verlaufen. Er bog in die Chrysostomos ein. Jetzt war es nicht mehr weit.

Aber was war das für ein Monstrum, das ihm plötzlich die Sicht versperrte? Ein schwarzes Ungeheuer, kantig, Behausung der Nacht? War er denn in der Jerissós, oder hatte er sich wieder geirrt? Jerissós, der Name stimmte. Aber Nummer siebzehn gab es nicht. Gab kein eisernes Gitter. Keinen Hof mit dem kleinen Blumenbeet. Kein zweistöckiges Haus mit dem orangefarbenen Licht in den Fenstern. Ein siebenstöckiges Ungetüm erhob sich vor ihm. Baugerüste mit Aufzügen, der Kran tief heruntergelassen, mitten auf der Straße, bewegungslos, der Zementmischer umgeben von Kies-, Sand- und Zementhaufen. Ein Schild hing ihm quer über der Brust:

PAPADOPOULOS
Hochbauingenieur

Und noch eins:

FELISOL-ISOLIERUNGEN

Und noch eins:

ZUTRITT NUR FÜR BAUARBEITER

Von weitem war die Stimme des Joghurt-Verkäufers zu hören, der sein Schafsjoghurt ausrief. Stimmen von Kindern, die im Zwielicht Fangen spielten. Ein Hund bellte. Er nahm sich nicht die Mühe, die Frau gegenüber zu fragen, die mit hängenden Brüsten aus dem Fenster lehnte. Nicht die Mühe, sie zu fragen, wo Ariadne geblieben war. Gehen wir, sagte er zu sich selbst. Das hier ist auch zu Ende.

Er ging jetzt auf der breiten, ungepflasterten Straße am Judenspital vorbei, oberhalb vom Friedhof der Evangelistria. Tief unten lag das Messegelände mit seinen bunten Lichtern und seinem Luna-Park, eine Märchenstadt. Ein Luftrad drehte sich, ein hölzernes Flugzeug an jeden seiner Arme genagelt. An sein Ohr drang das Geschrei von Leuten, die sich amüsierten, und der Lautsprecher: «Die junge Dame in Nummer sechs bitte achtgeben ... Der Herr in vierzehn hat noch kein Billett ... Herein, meine Damen und Herren, hereinspaziert, Sie sehen den berühmtesten Zauberer Europas: Maurice, den Hexenmeister.» Feuerwerk wurde abgebrannt, Lichtfontänen besprühten die nächtlichen Wiesen. Aber noch eine andere, sehnsüchtige Stimme erreichte ihn. Sie kam zögernd von oben, als trüge sie in sich die Last der ganzen Welt:

Um Yedí-Koulé wird es Nacht.

Die Stimme meinte ihn. Er wandte sich um und sah zu den alten Wällen hinauf, zur Akropolis, zu den siebentürmigen Mauern, dem Vlatadon-Kloster und zum Gefängnis von Yedí-Koulé.

Draußen freut sich die Welt am Glück.

Unwillkürlich begann er hinaufzusteigen. Die Stimme zog ihn an, und er wehrte sich nicht. Sie war stetig und abgenutzt, war rauh, schleifend, aber auch warm und menschlich. Er stieg ihr entgegen.

Und ich stöhne, stöhne bei Tag und bei Nacht in
meinem Gefängnis.

Wie ein Schlafwandler ging er am Saum des breiten Sandweges. Die Stimme bohrte sich in sein Herz.

Komm, Mutter, bevor sie mich richten,
weine, dann werde ich frei.

Er sah zurück, warf einen letzten Blick auf die Stadt, die hinter ihm zurückblieb: sah die Betonfestungen, die schwarzen Bullaugen, die symmetrischen Rampen, die den Blick zum Meer versperrten, in dem die Sonne nun endgültig versunken war.

Ich habe nichts Schweres verbrochen.

Nie würde er zurückgehen, nie. Nicht länger die Schuld an einem Verbrechen tragen, das er nicht begangen hatte. Dorthin wollte er gehen, wo es keine Ungeheuer gab, weit fort, über die Staatlichen Elektrizitätswerke hinaus, über Yedí-Koulé hinaus, über die Hügel hinaus, auf denen Hinrichtungen stattfanden.

Aber die Gitter halten,
und die Wächter halten mich auch . . .

Dorthin wollte er gehen, wo er der Sonne begegnen würde, wenn sie wiederkam. An den Rand des Abgrundes. Und seine Kleider würde er wegwerfen und nackt in die Sonne hineinlaufen, nackt würde er ins Gefängnis der Sonne, unter das Joch der Sonne eingehen . . .
Dann hörte die Stimme auf, ihn zu rufen, und er war allein zwischen den alten, verlassenen Mauern.

2. TEIL

DER BRUNNEN

«Ist es noch weit?» fragte Malamo.
«Geh hinter mir her», befahl Thanos.
Die kleine Magd lief, so schnell sie konnte, um ihrem Herrn zu folgen. Plötzlich blieb er mitten auf dem schmalen Weg stehen. «Eins sag' ich dir von Anfang an: denk nicht etwa, daß wir schnell beim Brunnen ankommen.»
Malamo, barfüßig, hatte auf Steine und Dornen geachtet und wäre beinahe mit ihm zusammengeprallt. Nun hatte sie Angst, er würde sie deshalb schelten, und lispelte: «Was hast du gesagt, Herr?»
«Wer rennt, der stolpert, habe ich gesagt», gab Thanos zurück.

Nachmittags waren sie mit dem Verbindungsboot Chaido herübergekommen, sein Vater, seine Mutter, er und Malamo. Bis sie auf dem Gut anlangten, das Haus geöffnet und die Sachen zum Lüften hinausgestellt hatten, war es dunkel. Niemand hätte es gewagt, bei Nacht noch zum Brunnen zu gehen. So aßen sie in Poto bei Verwandten und ließen das Wasserholen bis zum Morgen.
Vor dem Schlafengehen kam seine Mutter zu ihm ins Zimmer. «Geh du morgen früh mit Malamo zum Brunnen, Thanos. Vielleicht findet sie ihn allein nicht, sie ist zum erstenmal hier. Du kennst dich aus.»
«Also gut», sagte er widerwillig.

Seine Mutter beugte sich tiefer über sein Feldbett. «Und dann sag mir, ob die Schlange noch da ist. Vorletztes Jahr sah ich sie schwimmen, am Tage bevor wir abfuhren. Weißt du noch? Sie war gelb-schwarz gezeichnet. Sieh gut zu. Gute Nacht.» Sie beugte sich über ihn, küßte ihn auf die Stirn. «Und süße Träume . . .»
Er sprang erschrocken auf und zerrte an Malamos Händen, als sie ihn weckte. Malamo wich zurück. Sie dachte, er wolle sie zu sich aufs Bett ziehen.
«Was ist?» fragte er barsch.
«Wir sollten zum Brunnen gehen, Herr Thanos.»
Da erst begriff er, daß er in seinem Zimmer war, sah den Kamin, die Muschel über dem Fenster, seine Angelgeräte.
«Geh hinaus. Ich komme gleich.»

Schweigend ging Malamo auf dem gewundenen Weg unter den Aprikosenbäumen hinter ihm her. Sie hatte ein altes Kleidchen an, das ihre Hausfrau ihr zum Auftragen geschenkt hatte. In der Hand hielt sie den Schöpfkübel, dessen Boden auszementiert war, um ihn schwer zu machen, in der anderen den Eimer, den das aufgerollte Schöpfseil bis zum Rand füllte. Schon am Abend vorher, als ihre Herrschaft nach Poto gegangen war, hatte sie sich überlegt, was wohl mit dem Brunnen los sei. Ein rauchgeschwärzter Junge war vorbeigekommen und hatte ihr gesagt: «Wenn du Wasser willst, geh nicht zu ihrem Brunnen. Dort gibt's Gespenster. In Poto nennen sie ihn das Ungeheuer, weil er Menschen und Tiere schluckt. Geh über den Bach und durch die Baumwollfelder zum Dorfbrunnen. Vielleicht bellen dich Wachhunde an, aber vor denen brauchst du dich weniger zu fürchten als vor ihrem Brunnen.»

Als sie dann hörte, daß Thanos sie morgens begleiten sollte, wurde sie noch neugieriger. Warum diese Bewachung? Konnte sie denn nicht allein zum Brunnen gehen? Sie war im Dorf aufgewachsen und hatte ihr ganzes Leben in der Nähe von Brunnen verbracht.
Darum ärgerte sie sich jetzt, als Thanos ihr sagte, sie solle sich nicht beeilen. Heute, wo sie so viel Arbeit hatte, daß sie nicht wußte, wo anfangen! Je schneller sie Wasser zum Hause brachte, um so besser.
Sie drehte sich um, wollte sich merken, wo das Haus war. Aber sein rotes Dach war im Laub verschwunden, kein Fenster blinkte mehr zwischen den Stämmen. Da wurde sie ängstlich. Es war einsam um sie, und Thanos schien verrückt geworden. Ganz häßlich war er plötzlich. Und dieses Schöpfseil, so unsinnig lang, heilige Muttergottes ... Sie traute sich nicht, etwas zu sagen, bis Thanos wieder stehenblieb, um einen Zweig beiseite zu räumen. Da fragte sie: «Der Brunnen ist wohl sehr tief, Herr Thanos?»
«Weiß Gott.»
«Ich sehe es am Schöpfseil. Der kann nicht wie andere Brunnen sein.»
«Stimmt.»
«Da werde ich mich abplagen müssen. Erst das Wasser heraufziehen und dann die Schlepperei ... Hätten wir bloß ein Tragtier.»
«Tiere dürfen nicht zum Brunnen, sonst fallen sie hinein», sagte Thanos im Gehen.
«Tiere? In den Brunnen?»
«Ja. Und jetzt hör auf. Hör auch auf, mit dem Eimer dauernd gegen den Kübel zu schlagen. Der Lärm regt mich auf.»

Worauf Malamo kein einziges Wort mehr zu sagen wagte.
Gott sei Dank ist sie still, dachte Thanos. Er bog die Zweige auseinander und rätselte an seinem Traum. Nachdem seine Mutter ihn gebeten hatte, zum Brunnen zu gehen, hatte er geträumt, er sei wirklich mit Malamo unterwegs. Sie schwatzten und lachten, und dann hörte er sie schreien: «Hilfe, ich falle.» Er drehte sich um und sah Malamo in den Brunnen fallen. Sie fiel, wie Pferde auf der Rennbahn im Kino fallen, wenn der Film mit Zeitlupe abläuft; zuerst knicken ihre Beine ein, dann berührt ihre Brust behutsam den Boden, und zuletzt gleitet langsam der Reiter von ihrem Rücken. So sank Malamo, Eimer und Kübel in ihren Händen, sachte in den Brunnen. Er stürzte zu ihr, faßte sie fest um die Hüfte und wollte sie heraufziehen. In Wahrheit aber zog sie ihn zu sich hinunter. Sie schrie: «Laß mich in Frieden», und bohrte ihm die Nägel ins Fleisch. Und dann war es der Brunnen, der sie beide in sein Chaos hinabzog. Da fing er an zu schreien, und aus dem Pumpenhaus kam der Gärtner, der mit seinen Riesenpranken nach ihnen griff, das Gleichgewicht verlor und mit ihnen zusammen in die Tiefe sank. «Hilfe, wir ersticken!» schrie Thanos und klammerte sich immer fester an Malamo. Unter dem alten Kleid fühlte er das Zittern ihres kleinen Körpers. Sie war warm wie ein Bauernbrot, das soeben aus dem Ofen kam. Er solle sie loslassen, verlangte sie, sie würde alles seiner Mutter sagen, alles. Dabei kreisten ihre Stimmen wie Motorräder in einem Rotor und drangen nicht über den Rand hinaus. Da faßte der Gärtner einen Schalltrichter, den die Deutschen mit Kugeln durchlöchert hatten, und trompetete so laut, daß man es bis zum Dorf

hören konnte: «Zu Hilfe, Männer, zu Hilfe!» Seine Stimme war gewaltig, aber ruhig. Ineinander verschlungen sanken sie weiter, alle drei, bis am Brunnenrand Gesichter erschienen, darunter sein Vater und seine Mutter, alle so verzerrt, daß er sie kaum erkannte. Fischer mit Netzen und Stangen waren dabei. Sie hielten Karbidlampen über den Brunnenrand und warfen Seile aus. Aber weder der Lichtschein noch die Seile erreichten die drei in der Tiefe. Da fing der Gärtner an zu lachen. «Ich komme, süße Frau, ich komme», wieherte er. Malamo kreischte: «Mamma, Mamma!» Und Thanos schrie sie an, sie solle das Maul halten, weil er Totenlieder und Geheul nicht ertragen könne. Da antwortete sie ihm: «Du hast dein Maul zu halten, nicht ich.» Das war das ärgste: Der Brunnen verschlang sie, und sie stritten sich weiter wie damals, zu der Zeit, als sie noch auf der Erde gelebt hatten ...

Aprikosenblätter bedeckten den Pfad, und die Bäume schlossen ihr grünes Dach über ihnen. Dann gingen sie weiter unter Mandelbäumen, die noch ungeschüttelt waren, die Früchte fast gelb vor Reife. Zwischen den schütteren Zweigen erschienen das Meer und die Berge von Thasos.

Noch leckte die Sonne nicht über das Kap des Agios Antonios hinauf. Sie war damit beschäftigt, den Mond und den letzten Morgenstern zu löschen. Im schlafenden Wasser von Poto lag das Kaik, mit dem sie gestern aus Kavalla gekommen waren, und wartete auf die Fahrgäste aus Theologos.

Malamo achtete darauf, daß Eimer und Kübel nicht mehr aneinander schlugen. Ab und zu schnappte sie mit scharfen Zähnen eine Mandel vom Baum und knackte sie auf. Schweigend folgte sie ihrem Herrn, den sie jetzt für ihren Henker hielt. Schlechter Laune, wird böse Träume gehabt haben, sagte sie sich und blieb stumm. Sie hatte Erfahrung mit Thanos' Launen.

Als sie den Aprikosenschatten hinter sich ließen, vergaß sie das alles. Der Blick reichte weit; sie ging barfuß auf ihrer geliebten Insel, so, wie sie immer gegangen war, bevor sie zum Dienst in die Stadt mußte. Im vergangenen Sommer war sie nicht auf der Insel gewesen, weil der Herr krank war. Und nun hörte sie die Hirten pfeifen, die ihre Schafe riefen. Sie hörte die Glocken der Herden an diesem Augustmorgen vor Sonnenaufgang. Es roch nach Pinien und Thymian, und die Luft war noch feucht. Wie eine Möwe mit eingeschlagenen Flügeln ruhte sich vor ihrem Blick das Boot Chaido aus. Sie rechnete: Zwei Jahre, zwei ganze Jahre war sie nicht nach Thasos gekommen. Ihr Dorf war noch weit. Aber am fünfzehnten August, am Tage von Mariae Himmelfahrt, würde sie zu Hause sein. Genau am Feiertag würde sie ankommen. Und alle würden sehen, wie groß sie geworden war, wie schön. Für den Augenblick genügten ihr die Pfiffe der Hirten. Sie atmete tief. Feuchte Luft kam aus der Schlucht herauf. Meeresluft. Mit offenen Armen luden die Bäume sie ein: Komm, umarme uns. Alte Lieben. Was war ihren Füßen in der Stadt geschehen, daß ihr Sträucher und Dornen weh taten? Weder die Schmerzen an den Füßen noch die Angst vor dem Brunnen kamen gegen ihre Freude an. Sie kicherte vor Vergnügen wie die Rebhühner im Weinlaub.

Niemand schüttelt die Mandeln, die Bewässerung versandet, Schädlinge fressen die Ölbäume kahl, Schnecken gedeihen im Rebacker, und die Obstbäume müssen ohne Vogelscheuche auskommen. Niemand kümmert sich um unsere Erde, seit Jahren nicht. Früher war das anders. Thanos fühlte sich verantwortlich, sobald sich die Obstbäume lichteten und er einen Teil des Anwesens übersehen konnte. Vor dem Krieg, als er noch klein war, sprudelte das Wasser überall. Vom Pumpenhaus aus wurde es verteilt. Singend zog es durch die Rohre, kam bis vor unser Haus. Vom Becken ergoß es sich in das Gartenland, und der Gärtner und seine Frau führten es überallhin, wo es gebraucht wurde. Überall war es damals grün, im Gemüse, in den Melonen; eine Gottesfreude, ein Paradies war unser Gut. An den Oliven hingen Ungeziefervertilger, die Rebäcker wurden gespritzt, zwischen Birnen und Feigen baumelten Vogelscheuchen. Im Oktober grub der Pflug tiefe Furchen in die Erde. Dann kam der Krieg. Die Deutschen setzten Maschinengewehre in die Bäume. Mein Vater verlor sein Geld. Was einmal umkommt, kommt für immer um. Dann kam der Bürgerkrieg. Unsere Eigenen stahlen die Maschinen. Der Gärtner litt Hunger und Durst, und dann verlor der Unglücksmensch mit seiner Frau auch seinen Verstand ...

«Ach!» schrie Malamo hinter ihm.

«Was ist?»

«Meine Füße bluten. Ich kann nicht mehr.»

«Wer hat dir befohlen, barfuß zu gehen?»

«Konnte ich wissen, daß es so weit ist?»

«Los, komm. Wir sind gleich da. Schau dir die zwei Zypressen da an. Meine Eltern. Die kleine mit den offenen Zweigen ist meine Mutter. Die große schmale ist mein Vater. Sie sind dort am Zaun gepflanzt worden, um Gäste zu empfangen. Links von ihnen ist der Brunnen.»

«Der Herr. Die Herrin.» Malamo sah sich aufgeregt die beiden Zypressen an. «Mein Vater und meine Mutter könnten sie auch sein. Die kleine mit den ausgebreiteten Zweigen meine Mutter, die große schmale mein Vater.»
Es waren die einzigen in der Umgebung.
«Und wo bist du, Herr Thanos?»
«Kindskopf. Die Zypressen haben sie gepflanzt, bevor sie mich pflanzten.»

Der Weg schlängelte sich den Abhang hinunter. Dann stieg er noch einmal bergan und ringelte sich wie eine Schlange zum Brunnen hinab. Thanos erreichte zuerst den Kamelhöcker. Er sah Malamo nachkommen. Sie hüpfte wie eine Wildziege. Von den ausgestandenen Schmerzen sah sie ganz faltig aus.
«So», sagte er, als sie oben ankam, «da ist er.»
«Wo?» fragte sie strahlend, weil sie nicht weiterlaufen mußte.
«Genau sieht man ihn von hier aus noch nicht. Die Bäume und die Oleanderbüsche sind noch davor. Siehst du das Schwarze zwischen den Maulbeerzweigen? Und die Marmorplatten dort im Gras? Dann kannst du dir eine Vorstellung davon machen, wie groß er ist.»
«Heilige Gottesmutter! Das ist gar kein Brunnen, Herr Thanos. Das ist ja eine Zisterne.»
«Das ist keine Zisterne, sag' ich dir. Ein Brunnen ist das. Sein Wasser kommt von unten, aus der Erde.»
«Und wie kriegen wir das Wasser da heraus?»
«Dazu bin ich mitgekommen», sagte er so ruhig, wie er nur konnte.

Malamo sagte nichts mehr. Sie starrte nur auf den Brunnen. Niemals hätte sie ihn sich so groß vorgestellt. Ihr Verstand war bescheiden. Darum begriff sie erst jetzt, warum ihre Herrin sie nicht hatte allein hierhergehen lassen und warum das Schöpfseil so lang war. Sie stellte Eimer und Kübel ab und zog den letzten Dorn aus ihrer Ferse. Dabei ließ sie den Brunnen nicht aus den Augen.

Wie jedesmal, wenn er den Brunnen sah, fühlte sich Thanos wie gelähmt. Merkwürdig, daß er jedes Jahr anders war. Seit zwei Jahren hatte er den Brunnen nicht mehr gesehen. Diesmal sah er aus wie eine große Gruft. Das kam wohl von den zwei Marmorplatten, die ihn einfaßten, halb von Oleander überwachsen. Das Pumpenhaus war zum Beinhaus geworden; die zwei Zypressen am Zaun, sein Vater und seine Mutter, paßten ins Bild. Den Gärtner hatte er früher «Athosmönch» genannt. Wenn er ihm jetzt begegnete, wäre er der Totengräber – sicher. Rings um den Brunnen war alles sauber. Zumindest diesen Teil des Gutes hat ein Mensch gepflegt. Seine Beine wurden schwach. Angst spüre ich immer zuerst in den Knien. Er knackte eine Mandel, damit Malamo nicht merkte, wie aufgeregt er war.
Plötzlich sprang die Sonne über das Kap des Agios Antonios. Als wollte sie ihr Licht auf das Geheimnis des Brunnens werfen. Wie die Hand eines Freundes spürte Thanos ihren ersten Strahl auf seinem Rücken. Er sah sich um. Da sah er den Strahl, wie er durch den Pinienwald kam, durch das Pfeilwerk der Piniennadeln. Das Licht tat ihm wohl. Er hustete.
Das Geräusch machte auch Malamo Mut. Sie schluckte ein paarmal, dann sagte sie: «Herr Thanos, ich wollte es

schon heute früh sagen, aber dann hab' ich mich geschämt.»

«Was?»

«Herr Thanos, warum gehen wir nicht im Baumwollfeld Wasser holen wie alle?»

«Was weißt denn du vom Baumwollfeld?»

«Jemand hat mir gesagt, daß da ein ganz normaler Brunnen ist, mit Schilf drum herum, und sein Wasser ist gut zum Trinken.»

«Welcher Jemand hat dir das gesagt?»

«Gestern abend, als Sie in Poto waren, kam einer aus Limenaria vorbei. Der hat es mir gesagt. Ich war erschrocken. Jetzt glaube ich, er hatte recht. Komm, Herr Thanos, gehen wir zum Baumwollfeld. Hier habe ich Angst ...»

«Verstehe ich. Das geht wohl jedem so, der zum erstenmal hierher kommt. Würde mich wundern, wenn du keine Angst hättest. Du gewöhnst dich daran. Unser Brunnen hat besseres Wasser als der im Baumwollfeld.»

Malamo starrte auf die Inschrift eines Steines, der senkrecht im Hügel stak.

«Leichter und besser verdaulich», fuhr Thanos fort. «Ein bißchen salzig vielleicht. Die Quelle ist zu nah beim Meer. Aber man gewöhnt sich daran ...»

«Und was heißt das?» Malamo zeigte auf den Stein im Hügel, auf dem in roten Lettern auf deutsch stand LEBENSGEFAHR.

«Von den Deutschen», erklärte er ihr. «Sie hatten Minen in die Schlucht gelegt, dort unter den Pappeln. Sie gehört nicht mehr zum Gut. Die Warnung hat der Gärtner hierher verpflanzt. Er denkt nämlich, sie gilt auch für unseren Brunnen. LEBENSGEFAHR. Wo besteht keine?

Hier ist sie gebannt. Wir haben im Brunnen ein Netz gespannt. Also – falls du hineinfallen solltest: es fängt dich auf wie Akrobaten, die beim Salto mortale abstürzen.»
«Was heißt das, Herr Thanos?»
«Salto mortale? Das heißt Todessprung.»
Malamo zitterte. «Sollen wir *den* machen?»
«Wir sind doch keine Akrobaten.» Er versuchte ein Beschützerlächeln.

In den flauen Morgen brach das Motorengeräusch der Chaido. Dann wurde geräuschvoll der Anker gehievt. Die letzten Fahrgäste von Theologos drängten an Bord. Die Leute, die am Kai von Poto zurückblieben, schrien ihnen Abschiedsgrüße nach.
Dann riß das schneeweiße Boot auf seinem Weg nach Kavalla die seidige See auf. Sie sahen es zwischen Pinienzweigen. Am Kai erkannte Thanos seinen Vater, der mit einem Stock umherging. Gleich geht er zur Morgenandacht zum Thron des Zeus. Zu Malamo sagte er: «Schön hier die Natur, wie?»
Aber Malamo hatte keine Zeit, auf die Natur zu achten. Mochte der Hirte am Hang gegenüber seinen Schafen pfeifen, mochte das Rebhuhn im Busch weiterkichern, sie kaute an den Nägeln und starrte mit Augen, die weiß wurden vor Angst, auf das Pumpenhaus, ein niedriges Bauwerk aus rötlichen Ziegeln.
Thanos freute sich über ihre Angst. Ihm wurde sofort besser zumute, wenn er sah, daß ein anderer Mensch aufgeregter war als er selbst. Mutig ging er auf das Pumpenhaus zu und riß im Vorbeigehen eine reife Feige vom Baum.

«Komm, iß Feigen, solange sie noch kühl sind», rief er, «sie sind wie Eis auf der Zunge und honigsüß.»
Mit einem Stock angelte er nach den Feigen und holte immer mehr zu sich heran. Malamo starrte auf das Fenster, das sich langsam öffnete. Zwei schwarzgelbe Feigenvögel, die sich Beute erhofft hatten, drehten ab und flogen auf die Pinien zu.
Schließlich war das Fenster offen, und in seinem Rahmen erschien der Gärtner. Er rekelte sich, gähnte, dann sagte er dem Brunnen, dem Feigenbaum und den Oleanderbüschen guten Morgen. Und dann blieb sein Blick an Malamo hängen. Thanos beim Feigenbaum sah er nicht. Malamo tat einen Schritt rückwärts. Sie wäre gern weggelaufen, aber sein Blick hielt sie fest. Sie blieb wie versteinert stehen. Das eine Auge des Gärtners blickte äußerst lebendig. Offenbar hatte es die Lebenskraft des anderen, schielenden, zerstörten übernommen, das aussah wie ein Fleck rostroter Erde auf grauem Boden. Wo der Gärtner hinsah, dieses schielende Auge blieb dem Brunnen zugewandt. Keinen Augenblick verlor es ihn aus der getrübten Sicht. Malamo sah auf seinen Bart, der einem Mönchsbart glich. Er fiel über den alten Flurwächterkittel. Baboulas, dachte sie. Als sie klein war, hatte sie gelernt, wenn man der Mutter nicht gehorcht, dann kommt Baboulas mit dem Wind daher und holt die bösen Kinder. Der Alte hob eine Hand, um seine Augen zu beschatten, und Malamo sah, daß seine Finger zitterten wie gefangene Vögel. Thanos bemerkte den Gärtner erst, als er aus dem Feigengebüsch auftauchte und Malamo eine Handvoll Feigen hinhielt.
«Guten Morgen, Pappa Sotiris», rief er ihm zu.
Der Alte schien ihn nicht zu erkennen.

«Kannst du dich nicht mehr an mich erinnern?» fragte Thanos und wollte auf den Alten zugehen, aber dessen Stimme, seltsam unterweltlich, hielt ihn zurück.
«Guten Morgen, junger Herr. Wann seid ihr angekommen?»
«Gestern abend.»
«Wie geht es dem Herrn? Und der Frau?»
«Gut, Pappa Sotiris, alle gesund.»
«Und wer ist das Mädchen?»
«Sie heißt Malamo. Unsere Magd. Sie ist zum erstenmal auf dem Gut. Darum zeige ich ihr den Brunnen.»
Thanos gab ihr die Feigen.
«Wo stammt sie her?»
«Von hier. Aus Rachoni.»
«Aus Rachoni? Da stammt meine Panagiota her. Sag ihr, sie muß sich vorsehen. Wie meine Panagiota, die das Unglück traf.» Der Alte hielt sich am Fensterkreuz, und seine Hände zitterten.
«Ja, ja, Pappa Sotiris, so ist das Leben», sagte Thanos, der das Geunke des Alten kannte.
«Das nennst du Leben! Krank ist man. Hat niemanden, der sich um einen kümmert. Arbeiten kann ich nicht mehr. Warte immer noch auf die Versicherung von der Verewigten, sie hat doch in der Tabakbranche gearbeitet . . .»
«Mein Vater kümmert sich darum», sagte Thanos. «Ich glaube, das Gesetz ist inzwischen geändert worden.»
«Weiß ich, weiß ich», jammerte der Alte, «ich weiß vieles, weiß mehr, als ich wissen sollte. Der Herr hat kein Herz für einen alten Trottel, der treu wie ein Hund für ihn gearbeitet hat.»
«Stimmt nicht, Pappa Sotiris, stimmt wirklich nicht.»

«Stimmt oder stimmt nicht, junger Herr. Der Brunnen ist groß. Wenn es nicht bald regnet, wird er auch für uns nur noch tropfen. Paß auf die Kleine auf», brummte Sotiris noch, während er sein Fenster schloß. «Sie sieht wie meine Panagiota aus.»

Dieser letzte Satz durchfuhr den Jungen. So, wie der Alte ihn ausgesprochen hatte, im letzten Augenblick, bevor er sich wieder einkapselte, glich er einer düsteren Prophezeiung.

«War das der Gärtner?» fragte Malamo.

«Ja.» Thanos wartete auf ihre nächste Frage.

«Und wer ist die Panagiota, der ich ähnlich sehen soll?»

«Seine Frau.»

«Er sagt, daß sie ein Unglück getroffen hat. Was für ein Unglück, Herr Thanos?»

«Sie ist in den Brunnen gefallen und ertrunken.»

«Wie denn? Hat jemand sie hineingestoßen?»

«Nein, nein, eine lange Geschichte, Jahre her.»

«Wollte sie sich umbringen?»

«Das weiß keiner. Jedenfalls geschah es gegen Abend. Im Winter. Es war sehr kalt. Auf dem Gut war alles in Ordnung. Die Erde war fruchtbar, und die Panagiota erwartete ein Kind. Sie war im sechsten Monat. Damals wohnten sie in der Hütte neben dem Wasserreservoir. Sie war zum Brunnen hinuntergegangen, wie du es auch gleich machen wirst. Sie trug den Eimer, wollte Wasser schöpfen und ihr Schaf tränken. Sotiris war in Poto bei Aristophanes im Kaffeehaus. Er spielte Karten. Plötzlich rutschte ihm eine Königin aus der Hand und fiel in ein Wasserglas. Genau in dem Augenblick, als das Unglück geschah. Jedenfalls sagen das die Leute. Als er nach Hause kam, war es Nacht. Er sah kein Licht in der Hütte, dachte sich aber noch nichts dabei. Er hatte ein paar Schnäpse getrunken und war bester Laune. Erst als er merkte, daß seine Frau ihn nicht erwartete, bekam er Angst. ‚Wo soll sie um diese Zeit noch sein? Wenn sie nach Poto gegangen wäre, hätte ich sie unterwegs getroffen.' Da hörte er das Glöckchen ihres Schafes. Das Läuten kam aus dem Wald. ‚Sie kommt. Sie hat das Schaf zur Tränke geführt und darüber ist es Nacht geworden.' Er schrie: ‚Panagiota – Panagiota!' Keine Antwort. Noch einmal schrie er: ‚Giotaaa!' Nichts. Nur das Glöckchen kam näher. Da tastete er nach der Lampe und rannte zum Brunnen. Dabei schrie er wie ein Wahnsinniger den Namen seiner Frau. Seitdem hat er diese Stimme. Am Brunnen war alles still. Er hielt die Lampe in den Schacht, konnte aber nichts erkennen. Nur die Eiszapfen sah er. Es war mitten im Winter, sehr kalt, vergiß das nicht. Also nur die Eiszapfen. Dort, am Brunnen, wartete er auf den Morgen. Beim ersten Tagesschimmer sah er ihren linken Pantoffel am Brunnenrand liegen.»

«Mein Gott», sagte Malamo. «Aber wie ist sie denn hineingefallen?»

«Manche sagen, sie ist über die drei Hindernisse gestolpert. Oder sie ist auf dem Eis ausgerutscht. Wahrscheinlich hat sie sich einfach in das Seil verwickelt, und das hat sie hinuntergezogen.»

«Und ein Kind hat sie erwartet», stöhnte Malamo.

«Das ist noch nicht das schlimmste», fuhr Thanos fort. «Das schlimmste ist, daß ihre Leiche nie gefunden wurde. Taucher aus Limenaria haben nach ihr gesucht. Mit Leitern sind sie bis auf den Grund hinuntergestiegen. Da fanden sie alles mögliche, nur nicht ihre Leiche.»

«Wo ist sie denn geblieben?»

«Das ist eben die Frage. Der Gärtner hat ganze Theorien darüber entwickelt. Aber wer soll sich das alles anhören? Er sagt zum Beispiel, daß unser Brunnen in Wirklichkeit gar kein Brunnen ist, sondern eine Art Höhle. Das Wasser, meint er, käme nicht von unten aus der Erde, sondern aus einer Ader im Berg. Es flösse durch einen unterirdischen Tunnel. Durch diesen Tunnel soll ihre Leiche abgetrieben sein. Er zeigt sogar den Berg. Siehst du den Gipfel dort mit der weißen Kapelle? Von dort, meint er, kommt das Wasser herunter. Und seine Frau ist durch den Tunnel aufwärts geschwommen, und von der Kapelle ist ihre Seele wie eine Taube in den Himmel geflogen ... Was hast du denn? Weinst du?»

«Herr Thanos, warum gehen wir nicht ins Baumwollfeld? Warum hast du mich hierhergebracht?»

«Sei kein Kind. Damals hatten wir doch das Netz noch nicht gespannt. Nach dem Unglück wurde alles abgesichert. Jetzt gibt es hier keine Gefahr mehr.»

«Und warum hat der alte Baboulas gesagt, daß ich wie seine Panagiota aussehe?»

«Jede Frau, die er sieht, erinnert ihn an seine Giota. Sogar zu meiner Mutter sagt er dasselbe. Er ist krank, Malamo, verstehst du das nicht? Einer von den gutartigen Irren. Aber das Interessanteste habe ich dir noch nicht erzählt.» Er flüsterte, trat nahe zu ihr, um sie zu beruhigen. «Es ist gar nicht gesagt, daß sie ertrunken ist. Ihre Leiche wurde nicht gefunden, also kann niemand beweisen, daß sie hineingefallen ist.»

«Was denn sonst?» Malamo trocknete sich die Tränen mit ihrer Schürze.

«Leise. Wenn der Gärtner uns hört, ist es aus mit uns. In Poto meinen sie, daß sie mit ihrem Geliebten weggelaufen ist, mit Snoth, dem Fischer aus Limenaria. Er soll sie entführt haben. Sie war viel jünger als ihr Mann. Manche sagen, daß die beiden in Jerisso herrlich und in Freuden miteinander leben.»

«Und wie ist ihr Pantoffel zum Brunnen gekommen?»

«Das war ihr Trick. Sie hat ihn dorthin gelegt, damit alle glauben sollten, sie sei ertrunken. Damit ihr Mann sie nicht mit der Polizei zurückholt, verstehst du?»

Sprachlos schüttelte Malamo den Kopf, immer dichter eingehüllt in die Wolke des Entsetzens. Neben ihr warteten Eimer und Kübel. «Kein Luftzug heute», sagte Thanos. «Da wird es heiß werden. Die Hitze macht einen blöd im Kopf. Darum wollen wir lieber gleich anfangen. Von hier aus übersehen wir alles gut. Zuerst mußt du über die Hindernisse Bescheid wissen. Aber paß genau auf. Alles hat hier seine Bedeutung, auch die kleinsten Kleinigkeiten. Ich versuche, dir alles so einfach wie möglich zu erklären. An sich ist die Sache äußerst kompliziert.»

«Sieh zu, daß wir bald nach Hause kommen, Herr Thanos, ich habe viel Arbeit heute», sagte Malamo.

«Du bist gewissenhaft. Das macht dir Ehre. Aber was willst du ohne Wasser anfangen? Aus unserem Brunnen schöpft sich das Wasser leider nicht so leicht, wie man eine Ziege melkt. Sei nicht so aufgeregt. Entspann dich erst einmal. Und vor allen Dingen hab keine Angst. Wir sind nicht hier, um jemanden zu betrauern. Stell dir vor, wir sind hergekommen, um am Brunnen ein Picknick zu machen.»

Das Fenster tat sich wieder auf, und die Stimme des Alten polterte, diesmal zittrig wie seine Hände. «Alles schön und gut, was du dem Mädchen über meine Frau gesagt hast, junger Herr, aber eins hast du vergessen. Aus dem Eimer unten im Brunnen ist ein Blumentopf geworden, und aus dem Blumentopf ist Jasmin gewachsen. Die Verewigte liebte Jasminblüten über alles . . .»

Dann schloß sich das Fenster mit einem Ruck, und es war still. Kein Blatt regte sich, kein Vogel flog – Totenstille. Die Sonne stieg beständig wie ein aufsteigender Drachen. Die Grillen entkamen ihren Strahlen in den Schatten der Olivenblätter. Aber die Reben erfuhren ihre volle Glut. Das Meer gerann zu Schotten. Jenseits der Schlucht, die nicht mehr zum Gut gehörte, gingen Bauern auf der Straße von Limenaria nach Theologos. Ihre Maultiere hatten sie mit Perlen geschmückt und mit bunten Teppichen beladen. Alte Frauen spannen im Reiten. Die jüngeren strickten, während sie hinterdrein liefen; große Kopftücher verbargen ihre Gesichter. Die Männer trugen ihre Schuhe in der Hand und sangen im Gehen. Hunde sprangen ihnen voraus.

Von Poto kam kein Laut. Nur auf Burbuntis Boot wurde Lärm geschlagen. Dort trieben sie Silberfischchen auf den Strand. Eine Möwe kreiste träge und suchte nach Beute. Für die Dörfler war es schon Mittagszeit.

«Ist es wahr, daß der Brunnen hier das Ungeheuer genannt wird?» fragte Malamo.

Thanos lächelte. «Die Fischer sehen überall Gespenster und Ungeheuer. Aber wenn du ernsthaft etwas über die Vorgeschichte des Brunnens wissen willst – sie geht zurück bis in die Zeit, wo der Mensch noch nicht von Gott erschaffen war . . .»

«Und der Brunnen lebte schon?»

«Als die Welt noch von Ungeheuern und riesigen Tieren bewohnt war, die ungestört auf dem Land und im Wasser lebten, da war diese Insel, die wir jetzt Thasos nennen, ein riesiger Mammutkrebs, der Wasserschildkröten und Walfische verschlang, wie du eine Feige ißt. Und all diese Nahrung, die sein granitener Magen zermahlte, ging durch einen Schlund: unseren Brunnen. Als nun Gott den Menschen schuf, mußte er zunächst einmal alle diese Monstren töten, damit der Mensch auf der Erde leben konnte. Er vernichtete sie mit seinen Blitzen und mit den Pfeilen seiner Sonne. Dieses Schicksal traf auch den Mammutkrebs. Wenn du genau hinschaust, kannst du seinen Leib noch immer gut erkennen. Sieh, wie Kap Antonios und Kap Kefala nacheinander greifen, seine riesigen Scheren. Ist nicht die Küste wie sein unersättlicher Rachen? Die Hügel, die von der Bergkette des Psari herunterkommen, waren sein Rückgrat. Zähne sind ihm ausgefallen. Du siehst sie im Meer, die verstreuten Felsen vor dem Strand. Nur sein Schlund ist unversehrt und wartet auf Menschenfraß. Denn das Ungeheuer hat es den Menschen nie verziehen, daß es um ihretwillen sterben mußte. Der Wasserspiegel in der Tiefe ist der Köder, der die Opfer anlockt. Die Alten haben den Schlund Hades genannt, Totenwelt. Du weißt ja, ihr Bauern hier verschluckt halbe Wörter. ‚Pije ston Hadi' (sie ging in die Unterwelt) wollen sie sagen, statt dessen sagen sie ‚pig-adi' (Brunnen).»

Mit offenem Mund hörte Malamo zu.

«Die drei gemauerten Stufen, die du unten siehst, sind nicht zufällig da. Du wirst sehen, sobald du von hier aus, wo wir jetzt noch ruhig und sicher stehen, gegen den Brunnen hinuntergehst, gerätst du in sein magisches Feld. Plötzlich wirst du zum Spielball verborgener Kräfte. Sie reißen dich fort, bevor du weißt, was dir geschieht.

Deshalb sind die Stufen sehr wichtig. Stell dir vor, du kommst angelaufen, springst den Hang hinunter. Wie willst du anhalten? Schon denkst du, nichts kann dich mehr aufhalten und dein Ende ist da, da fühlst du, breit und eben wie eine Treppe, die erste Stufe unter deinen Füßen. Du kannst stehenbleiben, hast Boden unter dir, kannst überlegen, was weiter geschehen soll. Vorsichtig abwägend wirst du nun deinen Abstieg planen. Du siehst die Hindernisse, die dich erwarten, und hast zwei Chancen gleichzeitig, den ruhenden Punkt im Gefälle des Bodens und den Überblick über kommende Schwierigkeiten. Jetzt willst du wissen, warum drei Stufen da sind, ob nicht auch eine genügen würde . . . Du hörst gar nicht zu, was hast du denn?»

«Die Wolke, Herr Thanos. Sie wird immer größer.»

Thanos sah auf. Hinter der Bergkette des Psari türmte sich eine riesige Wolke, schneeweiß und dicht wie Butter. Wie eine aufsteigende Möwe breitete sie sich aus.

«Hast wohl noch nie eine Wolke gesehen?» fragte er.

«Es wird regnen.» Malamo hüpfte vor Freude.

«Eine Mittagswolke. Die bringt keinen Regen, du Kindskopf. Hör zu. Als mein Vater das Gut kaufte, wußte er alles über den Brunnen. Er dachte praktisch. Baute die Pumpe ein, verteilte mit Schöpfrädern und Röhren das Wasser über das Land, pflanzte die Obstbäume. Er gab viel Geld aus und schaffte es, aus dem Urzeitmonstrum einen gefügigen Brunnen zu machen. Er glaubt sogar, daß der alte Schlund keine Menschen mehr frißt.»

«Gehen wir zum Baumwollfeld», schluchzte Malamo.

«Unterbrich mich nicht immer.»

«Warum soll ich hier sterben, Herr Thanos?»

«Red keinen Unsinn.»

«Du hast selbst gesagt, daß der Brunnen Menschen schluckt.»
«Der Brunnen hat heute nicht mehr mit dem Hades zu tun als wir mit Orpheus und Eurydike.»
«Davon versteh' ich nichts, Herr Thanos.»
«Darum halt den Mund. Tatsache ist, daß unser Brunnen hier eine Anziehungskraft ausübt. Sein Schlund zieht nicht nur Schmetterlinge an, die ahnungslos über ihn hinwegflattern wollen und zu seiner Nahrung werden. Er frißt nicht nur die Spinnen, die in seinem Gewölbe herumkriechen. Er schluckt auch Vögel, Hasen – alle Tiere, die bei ihm trinken wollen und unversehens über seinen glatten Marmorrand in die Tiefe gleiten. Das Lied kennst du ja: ‚In den großen tiefen Brunnen fiel ein großer dummer Esel.' Es stammt von hier. Deshalb haben wir einen Zaun um ihn gebaut, damit wenigstens die großen Tiere nicht hineinfallen. Offen bleibt die Frage, ob diese riesige unterirdische Höhlung, von der ich sprach, nicht trotzdem Menschen schluckt. Was die Menschen betrifft, so spielen noch andere Fakten mit, zum Beispiel die Frage, ob es sich um einen Mann oder um eine Frau handelt. Natürlich sind Frauen stärker gefährdet. Denk nur an hohe Absätze. Ohnehin haben Frauen weniger Gleichgewichtssinn. Sogar der Wind ist im Spiel. Du weißt ja, plötzliche Böen auf dem Wasser ... Heute ist es windstill, jedenfalls vorläufig.»
Malamo mußte niesen, und Thanos hörte das Fenster im Pumpenhaus knarren.
«So ohne weiteres kann der Brunnen natürlich keinen Menschen verschlucken», sagte er rasch.
«Nicht ‚ohne weiteres'», ließ sich der Gärtner hören, «‚wahrscheinlich nicht' wäre richtig. Du bist jung, junger

Herr, und hast nicht erlebt, was ich erlebt habe. Meine Panagiota ist nicht in den Brunnen gefallen, weil sie hohe Absätze trug. Da gab es andere Gründe.»

Wie Rabenflug flatterte seine Stimme über die beiden hin. «In allem, was den Brunnen angeht, hält er sich für allwissend», erklärte Thanos, während Malamo wieder nieste. «Da er selbst ein Opfer des Brunnens ist, sind seine Äußerungen subjektiv. Wir beide dagegen haben – bisher – nicht unter dem Brunnen zu leiden gehabt. Darum sehen wir ihn unparteiisch.» Er sah sich nach Holz um und berührte den Feigenstamm. «Widersprechen kann ich ihm trotzdem nicht, denn er hat seine Eigenheiten. Schließlich verbringt er sein Dasein mit dem Studium des Brunnens. Damit tröstet er sich. Du wirst dich an ihn gewöhnen. Auch er ist nämlich eins der Hindernisse, die du hier überwinden mußt.»

Malamo verstand kein Wort. Sie sah den Adamsapfel an seinem Hals auf- und absteigen wie einen Pumpenkolben, wenn die Pumpe trotz aller Anstrengung keinen Tropfen Wasser zutage fördert. «Wann holen wir endlich Wasser, Herr Thanos?»

«Diese Eile! Was hast du denn? Bist du müde?»

«Komm wenigstens in den Schatten. Die Sonne sticht.»

«Nein. Wir rühren uns nicht fort von hier. Von hier siehst du die drei Stufen und begreifst vielleicht, was sie zu bedeuten haben. Nachher werde ich dir einen Eimer Wasser über den Kopf schütten. Aber erst mußt du richtig ausgedörrt sein, damit du dich daran freust.»

«Guten Tag, mein Junge, und willkommen hier», ertönte eine schrille Stimme hinter ihnen. Am Zaun stand eine Hirtenfrau, den Krug auf dem Kopf, neben sich ein Kind mit Triefnase.

«Wie geht's, Kyra Lataina?» lachte er.

«Gut, Gott sei Dank, Herr Thanos. Ich hab' gehört, daß ihr angekommen seid, und habe euch Milch gebracht. Ist deine Mutter im Haus?»

«Sicher.»

«Wollt ihr Feigen pflücken?»

«Nein, Wasser holen.»

«Hier?» schrie die Hirtin. «Hat die Kleine denn keine Angst? Geht doch ins Baumwollfeld. Nicht mal ein Tragtier dabei. Das Kind macht sich krank.»

«Im Baumwollfeld beißen uns deine Hunde, Kyra Lataina.»

«Die tun keinem was, Junge.»

«Bringst du Schafs- oder Ziegenmilch?» fragte Thanos, um das Thema zu wechseln.

«Ziegenmilch, Junge. Morgen früh habe ich auch Schafsmilch. Vielleicht hat die Frau Mutter ein Kleid für mein Schäfchen?» Sie ging weiter, und das Kind folgte ihr wie das Lamm seiner Mutter.

«Herr Thanos, gehen wir auch ins Baumwollfeld!»

«So dreckig wie die ist auch ihr Brunnen. Dort werden die Herden getränkt.»

«Zehn Eimer Wasser hätten wir von dort schon nach Hause geschafft», sagte Malamo.

«Hör auf mit dem Baumwollfeld. Zum letztenmal!»

«Worte wiegen nichts, heißt es bei uns im Dorf.»

«Denkst du, ich rede zum Vergnügen auf dich ein? Weil ich nichts Besseres zu tun habe? Wenn dir was passiert, will ich keine Schuld daran haben. Soll ich mir vielleicht später Vorwürfe machen, weil ich dir nicht alles gesagt habe?» Thanos war wütend. «Meine Mutter hat mich geschickt. Sonst wäre ich jetzt nicht hier.»

«Euer Brunnen ist böse», sagte Malamo. «Der andere ist gut. Niemand ist hineingefallen, kein Tier ist dort ertrunken.»

«Das fehlte noch. Entweder bist du zu blöde, oder du leidest an fixen Ideen.» Thanos zitterte vor Erregung. Kein Zurück mehr jetzt. Wenn er die Kleine losließ, nur einen Augenblick, würde sie zu seiner Mutter rennen und alles erzählen. Nein.

Die beiden Feigenfresser gaben es auf. Sie hatten in den Pinien gewartet, ob die Menschen endlich das Feld räumen würden. Umsonst. Ein Schiff legte in Poto an. Es brachte Melonen vom Festland herüber. Auf der glatten Stirn des Meeres bildeten sich die ersten Falten. Auch in die Pinienzweige griff die Mittagsbrise. Bauern kamen aus Limenaria vom Markt zurück. Auf der Straße war Leben.

Thanos lief hin und her, hob Zweige auf, zerbrach sie zwischen den Fingern, kehrte schließlich zu Malamo zurück, die gottergeben wartete, was nun kommen würde. Riesengroß, wie Eierschnee, stieg eine zweite Wolke über den Bergen auf.

«Es regnet bald, Herr Thanos, du wirst sehen, es regnet.»

«Regen nützt uns nichts», sagte Thanos.

«Muttergottes, mach, daß es regnet», betete Malamo. «Mach, daß die Bienen nicht sterben, daß die Ölbäume trinken, damit die Menschen Öl haben am Demetrius-Tag.»

Thanos glaubte nicht, daß es regnen würde. Trotzdem wollte er alles tun, um auch diese Wendung zu nützen.

«Du bist schon ganz in den Wolken, was?» schrie er Malamo an. «Sieh mich nicht so blöd an!»

«Ich sehe dich an, weil ich dir zuhöre.»
«Sieh lieber an, was ich sage.»
«Deine Worte sehe ich nicht, Herr Thanos.»
«Dann sieh auf die drei Stufen. *Drei*. Gefährlich wird es nämlich erst, wenn du von unten heraufkommst. Ein Apfel fällt tiefer als ein Blatt. Verstehst du das? Durch dein Gewicht wird dein Fall beschleunigt. Wenn dein Kübel voll ist, wiegst du mehr. Die Last könnte dich hinunterziehen. Du gleitest aus, fällst auf den Hinterkopf, und schon bist du im Brunnen. Deswegen haben wir die dritte Stufe eingebaut. Waagrecht und breit, sicher wie die erste. Und die zweite, wirst du fragen? Eine zusätzliche Sicherung, Kind, sie fängt dich auf, von der ersten her so gut wie von der dritten. Angenommen, du kommst so hitzig an, daß die erste dich nicht bremst, so rettest du dich noch immer auf der zweiten. Du kannst auch von der dritten kommen und fehltreten, kannst dich am Zweig des Feigenbaums halten oder nach einer Zaunlatte greifen. Trotzdem würdest du abgleiten, wenn die zweite dich nicht auffinge. Die drei Stufen sind also deine drei Bremsen bei Landung und Abflug. Sie retten dich aus dem Magnetfeld des Brunnens. Kapiert?»
«Es ist heiß», sagte Malamo.
«Drei. Wie die Dreieinigkeit.»
Unwillkürlich bekreuzigte sich Malamo.
«Im Namen Gottes, des Vaters, des Sohnes und des Heiligen Geistes steigen wir also hinunter», sagte Thanos. «Vergiß Eimer und Kübel nicht.»
«Amen», flüsterte Malamo.
Sie hatte kaum zwei Schritte gemacht, da blieb sie stehen.
«Herr Thanos . . .»
«Was hast du schon wieder?»

«Hör doch, Herr Thanos . . .»
«Was soll ich hören?»
«Die Hähne.»
In Poto krähten nicht nur die Hähne. Esel schrien, Hunde bellten, Schafe blökten.
«Was haben die bloß?»
«Sie spüren das Gewitter, Herr Thanos.»
Er sah auf. Am Himmel war viel geschehen. Von der Bergkette des Psari kamen die Wolken heruntergestürmt, ein lautloses Gewimmel. Die Sonne brannte, als ginge es um ihr Leben. Bald würde sie ausgelöscht werden.

Malamo war glücklich. Es würde regnen, und ihre Plage würde für heute ein Ende finden. Mit dem Regenwasser, das sich beim Haus sammeln würde, konnte sie alle Arbeit erledigen. Morgen? Da würde Gott helfen. Da würde sie allein hierher zurückkommen, und alles wäre ganz einfach. Sie dankte Gott, daß er sie erhört hatte, und wartete zusammen mit der dürren Erde auf den Regen.

Es wurde nun ganz still, und nur die Erde seufzte dem Regen entgegen.
Als die Sonne verschwand, fühlte sich Thanos schutzlos. Der Albdruck der Nacht überfiel ihn von neuem. Wieder kreiselten die Stimmen im Brunnen. Andere kamen hinzu, vergessene aus frühen Jahren: Alarm . . . rennt . . . Bunker; und er sah die Leute aus den Nachbarwohnungen in Nachthemd und Pantoffeln die Betonstufen hinunterstürzen.
Er kletterte zum Brunnen hinunter. Malamo blieb stehen, das Gesicht dem Himmel zugewendet, bis der erste Blitz über den Horizont zuckte. So war es, erinnerte er sich,

zuerst schlug es in die Vororte ein, dann kam der alte Bahnhof dran, dann die Sykies, und dann dröhnten die Bomber über dem Hafen, der ihr eigentliches Ziel war.
«Malamo», schrie er, «glotz nicht! Beeil dich. In den Bunker. Diesmal gilt es uns.»
«Ich warte auf den Regen, Herr Thanos.»
«Wenn er da ist, ist es zu spät. Komm schon. Im Pumpenhaus stehen wir unter.»
Der erste Blitz blendete ihn, und dann zog Donner, fern aufrollend, über sie hin. Thanos sah zum Himmel. Die Wolke hängt tief – wie die Bomber, dachte er, die ihre Last loswerden wollen. Da traf ihn der erste Tropfen auf die Schulter, schwer wie ein Peitschenhieb. «Es regnet!» rief er Malamo zu. «Komm jetzt, oder soll ich dich holen ...»
«Es regnet, Herr Thanos. Wie schön, wie schön, daß es regnet ...»
Sie stand da und lächelte, als ob einer sie küßte. Thanos rannte auf das Pumpenhaus zu. Ein Blitz zerfetzte das Meer. Er packte Malamo und riß sie fort.
«Laß mich, Herr Thanos! Laß mich! Ich will naß werden bis auf die Knochen ...»
«Wenn du glaubst, daß das nur Regen ist ...»
Als er sich nach ihr umsah, erkannte er zwischen den Stämmen seinen Vater, und es fiel ihm ein, daß der Vater nur ein einziges Mal in den Bunker gekommen war, damals, als die Kirche der Panagia abbrannte und die halbe Stadt in Flammen stand. Vor ihrem Haus schlug eine Bombe ein, und der Luftdruck preßte ihn gegen die Kellerwand. Er machte in die Hosen und wußte plötzlich, was Angst ist.
«Wenn sogar Vater rennt, muß einiges los sein», schrie er

Malamo zu, die störrisch wie eine Ziege stehenblieb.
«Laß mich los! Ich hab' den Regen gern.»
Da riß Thanos sie mit Gewalt fort. «Ich bin für dich verantwortlich.»
Unter Blitzen und Donnerschlägen platzte die Erdkruste auf. Die Feigenblätter klatschten gegeneinander, unten hob sich das Meer in Riesenwellen, der Wind fegte ihnen Staub in die Augen.
Im Pumpenhaus war es still und schmierig wie im Maschinenraum eines Schiffes, das gegen die See ankämpft. Pappa Sotiris saß am Boden mit übergeschlagenen Beinen, die Hände auf den Knien, wie ein Buddha, den Rükken zur Tür. Er starrte vor sich hin, in irgendein finsteres Loch, und machte sich nicht die Mühe, sich nach ihnen umzusehen.
Malamo wurde es übel vom Ölgestank. Sie sah den Baboulas hocken, sah eine Maus hinter der Holztruhe verschwinden, sah Fledermäuse. Die Wände hinauf marschierten Ameisenzüge. Die Winkel des Raumes waren abgestumpft von Spinnweben. In der Mitte lag etwas, das wie ein Sarg aussah und mit Lumpen bedeckt war. Malamo schlich am Alten vorbei zum Fenster und versuchte, durch die Risse im blinden Glas Luft zu schöpfen. Thanos konnte nicht aufrecht stehen. Darum setzte er sich auf einen Korb. Auch er sog den Ölgestank ein, der sich aus der Zeit, als die Pumpe noch arbeitete, an den Wänden festgesetzt hatte, und begriff nun, daß er nicht im Luftschutzraum, sondern einfach bei Pappa Sotiris war, und daß es draußen regnete, so sehr, daß bereits dünne Rinnsale durchs Dach drangen. Er putzte seine Brille mit dem Taschentuch, dann sah er das Feldbett, den Spirituskocher und den alten Transformator, der mit

Lumpen zugedeckt war. Nur an die vielen Inschriften an den Wänden konnte er sich nicht erinnern und an die zahllosen Schaben, die dem Alten ungehindert über den Rücken krochen. Er reckte sich auf, um zu sehen, wohin Pappa Sotiris starrte, und entdeckte das Loch, durch das früher die Pumpenriemen gelaufen waren, die die Maschine mit dem Schöpfwerk des Brunnens verbanden. Darunter sah er Rohre, die sich wie Knochen eines Skelettes im Dunkeln verzweigten. Er sank auf seinen Sitz zurück. Draußen regnete es stärker. Von der Decke fielen Tropfen, immer an dieselbe Stelle. Er rückte nach links, um nicht naß zu werden.

Nichts rührte sich im Raum, bis der Alte eine Tabakdose aus der Tasche zog, etwas Tabak auf ein rosa Papier häufte und sich mit zitternden Fingern eine Zigarette drehte, wobei die Hälfte des Tabaks hinunterfiel. Er hob sie an den Mund und klebte das Papier mit Speichel zusammen. Dann steckte er die Dose wieder ein und holte eine Lunte mit langem Docht aus der Tasche. Beim Anzünden paßte er auf, daß sein Bart nicht Feuer fing. Den Rauch sog er gierig ein und blies ihn gegen das Loch im Boden, worin er verschwand.

Malamo fuhr herum, als die Lunte aufblitzte. Als sie feststellte, daß der Baboulas sich bewegte, preßte sie sich noch fester gegen die Fensterscheibe. Ihr war zumute wie gestern während der Überfahrt. Das Meer war ruhig gewesen, trotzdem war ihr vom Ölgestank der Maschine übel geworden. Jetzt erst wußte sie, welche Sehnsucht sie zwei Jahre lang nach Rachoni gehabt hatte. Wieder zählte sie die Tage bis zum fünfzehnten August. Noch zehn, so viel wie meine Finger, dachte sie. Jeden Tag werde ich jetzt einen Faden um einen Finger binden. Goldfingrig wurde sie von der Frau genannt, weil sie flink arbeitete. Jetzt wollte sie noch flinker sein, damit sie ihr nicht böse wären, wenn sie vielleicht ein, zwei Tage länger in Rachoni bliebe. Aber wie konnte sie arbeiten, wenn Thanos sie aufhielt. Sie war wütend auf ihn. Etwas krabbelte auf ihrem Bein, und sie kratzte es mit dem anderen Bein ab.

Jetzt kratzt sie sich, dachte Thanos. Ihre nackten Beine in diesem luftlosen Raum machten ihn verrückt. Erst hat sie ihr nasses Haar aufgesteckt, jetzt kratzt sie sich. Und dabei schaut sie sich den Regen an. Sie freut sich, daß es regnet. Sie freut sich auch, daß sie lebt. Sie weiß, daß sie Haare hat, daß sie Beine hat. Regen ist für sie einfach nur Regen. WIR SOLLEN NICHT NACH RECHTFERTIGUNG SUCHEN, WIR SOLLEN UNS VERANTWORTLICH FÜHLEN, las er an der Wand. Was stimmt mit mir nicht? Auch heute nacht im Schlaf hat sie mich aufgeregt, ich fühlte ihren Körper unter dem alten Kleidchen wie einen aufgescheuchten Vogel. Neid. Ich beneide sie, weil sie ist, wie sie ist. Weil sie nichts weiß. Weil sie sich freut. Weil sie die Dinge sieht, wie sie sind. Mir hat man zu viel beigebracht. Darum freue ich mich nicht mehr. Sie paßt hier zu allem, zu den Bäumen, zu den Ziegen, zu der Hirtenfrau und ihrem Kind. In Kavalla war die Sache anders. Beneidet habe ich sie auch dort. Aber dort gab es noch andere Mädchen. Dort habe ich Eindruck auf sie gemacht. Dort begriff sie überhaupt nichts, und ich tat, als begriffe ich alles. Hier bin ich erledigt. Nackt.

ACHTUNG. GILT FÜR JEDEN: WER GEGEN DIE REGELN VERSTÖSST, SPIELT MIT DEM TOD.

Ich verstoße gegen die Regeln, das ist es. Führ du mich zum Brunnen, Malamo. Komm, führ mich an der Hand. Von klein auf habe ich vor dem Brunnen Angst gehabt. Und nun schicken sie mich hin, um *dich* zu führen. Aber ich kann nicht. Ich habe ANGST. Darum lüge ich. Behaupte, daß ich ihn kenne. Mache ihr Angst, damit meine vergeht. Darum kommen wir nicht voran. Kommen ihm nicht näher. ICH WILL EUCH FÜHREN UND BESCHÜTZEN. NUR DARAN DENKE ICH. ALLES, WAS ICH TUE, GESCHIEHT NUR, UM EUCH VOR GEFAHREN ZU SCHÜTZEN, DENEN IHR AUF SCHRITT UND TRITT BEGEGNET.

Der Alte hat in seinem Irrsinn Frieden gefunden. Seine Gesellschaft ist das Pumpenloch, der Tunnel, der ihn mit seiner Verewigten verbindet. Seine Welt ist der Brunnen, eine verlorene Welt freilich ... Was aber soll aus uns werden, die wir noch nicht im Irrsinn leben und ungewolltes Wissen durch die Welt schleppen müssen? Für uns ist der Brunnen kein Brunnen und der Regen kein Regen mehr. Da steht sie, dreht mir und dem Alten den Rücken zu und freut sich am Regen, der immer stärker wird ... ES GIBT DREIERLEI UNGLÜCKSFÄLLE: LEICHTE ERNSTLICHE TÖDLICHE.

Thanos, thanasimos ... mein Name als Adjektiv: tödlich. Das Hauptwort: Thanatos = Tod. Bleibt nur noch die Frage: Wie komme ich davon? Zwei Möglichkeiten. Ich tue, als sei mir schlecht, und wir gehen nach Hause. Oder: Ich sage ihr die Wahrheit und warte ab, was kommt. Die Wahrheit – daß das Gut verkommt zum Beispiel, wie die Welt meiner Eltern verkommt. Schon heute bedeuten die Grenzen des Gutes nichts mehr. Noch ein paar Jahre, und es wird wieder den Bauern gehören, denen es zusteht, oder reiche Deutsche haben es aufgekauft. Sie hat gesagt: Gehen wir ins Baumwollfeld, und ich habe mich benommen, als hätte sie meinen Besitzerstolz gekränkt. Ich soll ins Baumwollfeld gehen, ich, dessen Vater den Brunnen ausgebaut hat? Aber seine Pumpe arbeitet nicht mehr. Niemand kümmert sich um ihn. Ich benehme mich, als wäre die Welt noch wie früher, als wäre sie nie aus den Fugen gegangen. Mir hat man beigebracht, nur in den eigenen vier Wänden, auf eigenem Grund und Boden ich zu sein. Außerhalb finde ich mich nicht zurecht. Auf jedem Baum sehe ich eine Schlange, unter jedem Stein einen Skorpion. Vor der Natur habe ich Angst. Darum kann ich Malamo nicht an der Hand fassen. Wenn ich sie in den Arm nehme, wird sie mir sagen: Ich bin deine Magd. Ich bin nicht für dich gemacht. Such dir eine, die zur Sommerfrische hier ist, eine, die auch deiner Mutter gefällt.

Aber der Brunnen ist grundlos, und EINFACH ist ein süßes Wort, sanft auf den Lippen, für mich der Beginn einer neuen Verwirrung. Einfach bist du, weil du nicht weißt, was das ist. Unschuldig bist du, weil du nicht weißt, was Schuld ist. Nur Sünder verlangen nach Buße. Sackgasse. Schluß. Hör auf zu denken, Thanos. Gedanken gebären Würmer in dir. Fang an, etwas zu tun ... Als ob das alles keine Gedanken wären ...

Er sah zu Malamo hinüber, die mit dem Finger Kringel auf die Fensterscheibe malte. Er könnte aufstehen, zu ihr hingehen, sagen: «Sei mir nicht böse, es war alles nicht so gemeint. Ich bin schuld.» Sinnlos. Vielleicht etwas Erleichterung für den Augenblick. Heilung jedenfalls nicht. Wer wird von seiner Schuld erlöst, weil er einem eine Drachme hinwirft? Mit dem Gärtner konnte er nicht reden. Die Luft war zum Ersticken. Und er war naß. Durch das Dach hatte es auf ihn herunter geregnet. ÜBERALL GIBT ES BRUNNEN las er an der Wand. Auf dem einen B saß ein Tausendfüßler, ein langgezogener Akzent.

Es stinkt wie von Abwässern. Das muß aus dem Pumpenloch kommen. Wahrscheinlich pißt der Alte hinein. Regen, Regen. Baum möchte ich sein, Vogel, Wind. Leben, ohne zu denken; sterben, ohne zu bereuen. Ein Schwamm auf dem Meeresgrund – auch das wäre gut. Ein Taucher würde mich losschneiden. Ich würde Menschen reinwaschen von Dreck, von Öl, von Gestank. Wir gehen über ein Moor, sinken, schreien, sinken und wissen nicht, warum.

Malamo hatte vergessen, wo sie sich befand. Einmal war sie unter solch einem Regen allein auf dem Feld gewesen und hatte sich in einen hohlen Baum verkrochen. Dort fand sie ein Zicklein. Sie hatte es in die Arme genommen, an der Stirn gekrault, und es hatte sie mit seinen kleinen Hörnern gestoßen. Sie wurde traurig, weil sie zum Dienst in die Stadt gegangen war. Da prallte eine Schwalbe hart gegen die Fensterscheibe. Malamo sah die erschrockenen Augen, die durchnäßten Flügel. Ohne zu fragen, öffnete sie das Fenster und ließ die Schwalbe herein.

Ein Windstoß fuhr durch den Raum. Thanos sprang auf, und auch der Gärtner wandte den Kopf. Mit seinem gesunden Auge sah er Malamo an, das andere schielte ins Loch. Der Wind fegte die Lumpen von der Maschine, und verrostete Eisenteile kamen zum Vorschein, darunter ein Manometer, tot wie eine zertrümmerte Uhr. Malamo stieß das Fenster zu und wandte sich um. Sie gab acht, daß sie dem Alten nicht ins Gesicht schaute. Außer den drei Menschen war nun auch der Vogel im Raum.

Was dann geschah, ging so schnell, daß niemand es fassen konnte. Zuerst war die Schwalbe froh, daß sie ein Obdach gefunden hatte. Sie suchte nach einem alten Nest, das sie hier einmal gebaut haben mochte. Dabei stieß sie überall auf Spinngewebe, hackte wütend mit Schnabel und Flügeln auf sie ein. Dann hing sie plötzlich reglos im Leeren. Und dann begann sie zu sinken, als zöge ein unsichtbarer Faden sie hinab. Malamo sah sie schwach ihre Schwingen bewegen, hörte sie schirpen, glaubte, sie spiele, wolle eine Fliege fangen. Dann sank sie schneller und verschwand mit einem kleinen brüchigen Ton im Loch.

Der Alte lachte. Thanos stand wie versteinert. Malamo weinte. «Wo ist sie, Herr Thanos, wo?»

«Ich weiß nicht, Malamo. Ich versteh' nichts. Weiß nicht, wohin sie verschwunden ist.» Er stand auf, um sie zu trösten.

«Sie ist im Loch.» Pappa Sotiris zupfte zufrieden an seinem Bart. «Im Loch, junger Herr.»

«Was für ein Loch, Herr Thanos?» weinte Malamo.

«Hör nicht auf ihn», beruhigte er sie, streichelte ihr Haar. «Deine Schwalbe geht nicht verloren . . .»

«Ins Loch», kreischte der Gärtner, «ins heilige Loch. Der Brunnen atmet. Sein Atem geht in Wirbeln. Wenn sie die Schwalbe retten wollte, hätte sie das Fenster nicht aufmachen dürfen. Nun ist sie auch dahin, eingesogen vom heiligen Atem.»

Malamo schüttelte sich vor Schluchzen.

«Nein», sagte Thanos leise, «nein, Malamo, sie ist nicht verloren. Aus Schwalben werden Schwalbenfische, wenn sie ins Wasser geraten. Schwalben sind die einzigen Vögel, die nicht ertrinken können, weil Gott sie zu Fischen macht. Weißt du nicht, daß einmal ein solches Schwalbenfischlein einen Vogel geliebt hat, der schon halb Fisch geworden war. Und das Vogelfischchen sagte zum Fischvogel: ‚Ach, warum sind wir nur so erschaffen, daß wir nie zueinander kommen können? Du lebst im Wind und ich in den Wellen.' Und da ... Schau, Malamo, es hat aufgehört zu regnen, nun mußt du auch aufhören zu weinen.»

Sie wollten ins Freie, aber da versperrte ihnen der Alte den Weg. In der zitternden Hand hielt er ein Bild.

«Da, meine Panagiota. Schaut sie euch an. Seht, wie schön sie war. Auch sie ist im Loch verschwunden. Dort, wo wir alle einmal verschwinden werden.»

«Hör auf, Idiot!» schrie Thanos außer sich. «Hände weg!» Er stieß die Tür auf. Er hielt Malamo an der Hand, und die Hand fühlte sich heiß an, als ob sie Fieber hätte. Weil Thanos den Eimer trug, konnte er die Tür nicht gleich hinter sich schließen. Darum hörte er noch etwas wie ein lautloses Stöhnen, ein stummes Aufschluchzen.

Malamo atmete tief den Duft der nassen Erde ein. Die reine Luft tat ihr wohl. Alle Farben blühten auf, alle Düfte waren wach, von Erika, Thymian, Salbei. Der Regen hatte die Welt von der Erstarrung der Hitze befreit.

Malamo rannte wie ein befreites Tier, ohne sich umzuschauen. Thanos holte sie auf der Höhe ein, wo sie den Kübel zurückgelassen hatte. Mit einem Stück Holz bohrte sie in der Erde, um zu sehen, wie tief der Regen eingedrungen war.

«Reines Gold, dieser Regen.» Sie zog das feuchte Stück Holz aus dem Boden.

Rot glühten die Büsche über der schwarzen dampfenden Erde. Wie neugeboren tanzte der Bach in der Schlucht jenseits des Gutes. Weiter unten im Moor trieb er Holz vor sich hin, und in Poto stieß Vangelis sein Boot ins Wasser, um dieses Holz aus der Mündung zu fischen. Aus der schwachen Morgenbrise war kräftiger Wind geworden, der die Wellen von Kap Kefala herüberpeitschte. Weit draußen drehte sich der Wind mit der wandernden Sonne. Die Wolken verliefen sich wie Menschenmassen nach einem Aufmarsch, die dunkelsten sammelten sich um den Kegel des Athos, den sie in der Ferne mit einer schwärzlichen Kutte umhüllten. Über den Horizont zog das Schiff der Linie, auf der nie jemand reist, und sein Rauch schwärzte den trocknenden Himmel. Die Sonne neigte sich nun schon wie ein Segel vorm Wind dem Kap Kefala zu, das ihr entgegenschwoll, ein Kissen, auf dem sie sich bald zur Ruhe legen würde. Rinnsale schlängelten sich von allen Seiten auf den Brunnen zu. In den Ölbäumen fingen die Grillen wieder an zu schrillen.

«Schau, Herr Thanos, ein Regenbogen! Ob es wahr ist, daß Engel ihn weben?»

«Hör auf mit solchen Geschichten. Wir haben noch viel vor uns. Nimm Eimer und Kübel und geh hinter mir her bis zur ersten Stufe.»

«Soll ich das Regenwasser aufbewahren? Wir könnten es brauchen.»

«Schütte es weg», sagte er schroff. «Gleich haben wir Brunnenwasser, frisches, klares Brunnenwasser.»

Sie stiegen hinab, und der Horizont wurde enger. Vom Meer sahen sie nur noch einen Zipfel. Die Kaps lagen sich wie zwei schlafende Löwen gegenüber. Die Sonne hing in den Zweigen, eine überreife Frucht. Malamo sah den Regenbogen nicht mehr. Thanos stand auf der zweiten Stufe, auf gleicher Höhe mit ihr.

«Paß auf», sagte er. «Jetzt sind wir dem Brunnen ganz nah. Oben waren wir noch einigermaßen sicher. Jetzt sind wir in seinem Anziehungsfeld. Also nimm dich zusammen. Du siehst, wir sind nur noch wenige Schritte vom Ziel entfernt. Gleich gehen wir zwischen den Oleandern hindurch. Der Alte hat sie gepflanzt. Er wollte den Todesweg verschönen – wie man Kränze zu Begräbnissen schickt. Der Weg sieht einfach und freundlich aus, wie? Aber der Schein trügt – ich wüßte nicht, wo der Satz bessere Anwendung fände. Die schlimmsten Fallen kommen noch.»

«Wo denn?» fragte Malamo.

«Man sieht sie nicht mit bloßem Auge. Der Teufel selbst hat sie getarnt. Eben deshalb sind sie so gefährlich. Ahnungslose gehen ihm ohne weiteres auf den Leim. Ich übertreibe nicht. Paß also gut auf. Die drei Hindernisse, die jetzt noch kommen, wären zum Beispiel vollkommen harmlos, wären sozusagen gar nicht vorhanden, wenn sie auf dem Weg lägen, den wir heute morgen gegangen sind. Hier dagegen, am Rande des Abgrunds, könnten sie, falls es das Unglück will und die Stunde dir ungünstig sein sollte, dein Verderben werden. Alles wäre viel einfacher, wenn sie in einem gewissen Abstand voneinander lägen. Oder wenn es in unserer Macht stünde, sie einzeln zu bestehen. Wie sie nun aber einmal angelegt sind, ineinander verflochten, in engster Abhängigkeit voneinander und ganz und gar aufeinander abgestimmt, untrennbar vom Brunnen selbst, steht einem fast der Verstand still, wenn man nur den Versuch macht, sich zu überlegen, wie man sie überwinden könnte. Ruhe. Ich bin viel zu eilig. Wie soll ich dir erklären, was du zu tun hast, um sie zu bestehen, wenn ich dir noch nicht einmal gesagt habe, welcher Art sie sind, damit du dir wenigstens eine Vorstellung von ihnen machst und ihnen dann gefaßter gegenübertrittst ... Fürs erste sage ich nur so viel: drei Hindernisse, so gleich und unteilbar wie die Dreieinigkeit des Teufels, wie die himmlische Dreieinigkeit von Vater, Sohn und Heiligem Geist, von bloßem Auge nicht erkennbar, weshalb sie sich denn auch hinter dieser Bodenerhebung verbergen, damit sie dir nicht vorzeitig zum Unglück werden. Der Schein trügt, sagte ich vorhin ... Was hast du denn nun wieder?»

«Schluckauf, Herr Thanos.»

«Fabelhaft. Im Augenblick, wo wir uns dem Herzen nähern. Halt den Atem an. So ...»

«Weil ich Hunger habe, Herr Thanos ...» Sie konnte nicht weitersprechen, weil ein neuer Schlucken sie schüttelte.

«Ich bin auch hungrig. Trotzdem habe ich keinen Schluckauf. Ohne Essen lebt der Mensch eine ganze Weile, ohne Wasser dagegen ...»

«Ich muß auch mal wohin», sagte Malamo, und wieder schüttelte sie der Schlucken.

«Also geh. Aber bald geht die Sonne unter, und wenn du so weitermachst, werden wir nie Wasser holen.»

Malamo ging. Thanos sah ihr nicht nach. Er hörte, wie sich ihr Schlucken entfernte.

Er hätte sich auch gern erleichtert, wußte aber nicht, wo. Hier auf der Stufe? Unmöglich. Wenn der Alte ihn sähe, würde er mit dem Stock kommen und behaupten, er pisse aufs Grab seiner Frau. Am Zaun? Dort konnte jeden

Augenblick jemand vorübergehen und ihn sehen. In die Büsche konnte er auch nicht, weil dort Malamo war. Er sah sich um und entdeckte dabei eine Schnecke. Nach allen Seiten streckte die Schnecke ihre zarten Fühler aus, während sie über die feuchte Erde kroch. Sie suchte nach einem Ausweg zwischen den Steinen. Thanos betrachtete sie; dabei wurde ihm übel. So also kriecht man im Ausweglosen umher, streckt seine Fühler aus und findet doch keinen Ausgang, weil es keinen gibt. Malamo tauchte wieder auf. Ihr Schlucken war weg, als hätte sie gespürt, daß Thanos, ihr Herr und Dämon, ihn mit seinen Händen in ihr erdrosseln würde. Thanos sah sie daherkommen. Sie hüpfte, war vergnügt und erleichtert. Im Innersten begehrte er sie noch immer.

«Jetzt sperr deine Ohren auf und hör mir gut zu», sagte er und wischte sich einen Tropfen von der Stirn; ein Vogel im Feigenbaum schüttelte die Zweige, und Nässe troff herunter. «Ich habe dir gesagt, daß es drei Hindernisse gibt: Die Wurzeln, die Ecke am Brunnenrand und den eisernen Haken. Eins nach dem anderen. Beginnen wir mit . . .»

«Mit den Wurzeln», sagte Malamo.

«Gut. Gehen wir zum Ursprung. Sie gehören zum Feigenbaum, zu dem, der uns heute früh so süße, erfrischende Feigen geschenkt hat. Sie reichen bis hierher und verknorpeln sich ausgerechnet in der Wegbiegung. An sich müßten wir sie von hier oben sehen. Sie haben sich aber mit Erde getarnt. Deshalb erkennt man sie nicht. Trotzdem sind sie schlüpfrig, und wenn du darauf trittst, verschwindest du ohne Weihrauch und Segen. Natürlich fragst du, warum wir sie nicht beseitigen. Jeder vernünftige Mensch würde diese Frage stellen. Es gibt aber nicht nur einen Grund dafür, daß wir sie stehen lassen, es gibt eine ganze Menge Gründe. Erstens können wir den besten Feigenbaum des Gutes nicht einfach umbringen. Du hast seine Feigen gegessen und weißt, daß sie einmalig sind. Und selbst wenn wir die Wurzeln ausrissen – wer sagt denn, daß nicht neue nachwachsen würden? Wildere und gefährlichere vielleicht? Wenn du eine Schlange weckst, kann sie rasend werden und dich am Hals würgen. Darum lassen wir die Wurzeln lieber in Frieden. Sie tun keinem etwas, solange man sie nicht angreift. Aber hör zu, es gibt noch einen Grund, einen, den unser armseliger Verstand kaum faßt. Er mag dir absurd erscheinen. Trotzdem nimm einmal an, die Feige und der Brunnen seien ein Paar, glücklich, unnahbar, untrennbar. Verheiratet seit Jahrhunderten. Die Wurzeln schlafen tief unten im Brunnen, trinken von seinem Wasser. Darum ist die Feige so stark. Im Herbst breitet die Feige dann ihr Blätterdach über ihm aus und schützt ihn, damit ihr Mann im Winter nicht vereist. Meine Mutter hat vorletztes Jahr gar keine Schlange im Brunnen schwimmen sehen. Eine Wurzel war das, eine Wurzel des Feigenbaumes plätscherte und spielte im Wasser wie Eheleute im Bett. Sag selbst, dürfen wir es uns erlauben, eine solche Verbindung zu zerstören? Wäre es nicht der Frevel aller Frevel, wenn wir versuchen wollten, diese einzigartige Vermählung von Ober- und Unterwelt, wie es sie auf der ganzen Insel kein zweites Mal gibt, zu trennen? Nach allem, was ich dir gesagt habe, solltest sogar du jetzt einsehen, daß niemand diese Wurzeln ausreißen darf. Gott sei Dank, du hast mich begriffen, ich sehe es dir an. Bleibt nur noch die Frage, wie man über die Wurzeln hinwegkommt, wo sie nun einmal da sind. Hör zu, dies ist wichtiger als alles andere. Sobald du zu der Stelle kommst, machst du einen langen Schritt nach links, denn dort ragen die Wurzeln kaum aus dem Erdreich heraus – keine Gefahr also, daß du mit den Füßen im Wurzelwerk hängenbleibst. Weil aber unsere Füße unzuverlässig und unsere Schritte unberechenbar sind, mußt du achtgeben, daß du deinen Schritt nicht weiter als bis zum Lorbeerstrauch bemißt. Dort ist der Durchgang. Paß auf. Jetzt kommt die Schwierigkeit: Genau dort im Lorbeer ist das zweite Hindernis verborgen. Es wartet nur darauf, daß du ihm in die Fänge gerätst, weil du die Wurzeln vermeidest. Ich habe dir von Anfang an gesagt, daß die drei Hindernisse untereinander verbunden sind, daß sie im Grunde ein und dasselbe sind. Welches war das zweite?»

«Die Ecke.»

«Richtig. Du hast keine Ahnung, wie wohl es mir tut, daß du mir zuhörst. Ich will nichts anderes von dir. Nur aufpassen sollst du. Aber denk um Gottes willen nicht, die drei Hindernisse hätten etwas mit deinem Schul-Einmaleins zu tun. Glaub nicht etwa, es handle sich einfach um eine Wurzelkrümmung. Die Ecke, die dich im Blätterdickicht zwischen den roten Blüten des wilden Lorbeers erwartet, ist der südwestliche Brunnenrand, mit Marmor aus Aliki ausgelegt, glattgeschliffen und schlüpfrig. Wir haben sie abgehauen. Jawohl, mit der Axt habe ich sie zersplittert, jedes Mal. Aber sie ist von allein immer wieder nachgewachsen. Der Gärtner, verstehst du, Malamo, der Gärtner hat sie Jahr um Jahr neu ausgelegt, immer mit demselben Marmor. Er behauptet, es ginge nicht, daß drei Seiten des Brunnens kantig sind und eine rund. Das Grab seiner Frau, sagt er, muß symmetrisch sein, weil auch ihr Körper so war: symmetrisch. Nur wenn ihr eine Hand oder ein Fuß am lebendigen Leibe gefehlt hätte, sagt er, aber das war nicht der Fall ... Was kannst du schon mit Verrückten reden? Still. Ich weiß schon, was du sagen willst. Warum reißen wir den Lorbeerbusch nicht aus, damit man den Brunnenrand sieht? Das wolltest du doch fragen? Du Spatzenhirn. Dann sähe man ja den Abgrund des Brunnens. Zwitschernd würden dann die Schwalben ins Brunnenloch schießen. Was noch nicht so schlimm wäre. Ich habe dir vorhin erklärt, daß Schwalben im Wasser zu Schwalbenfischen werden und weiterleben. Mit den Menschen ist das anders. Wenn wir, du und ich, ins Wasser fallen, werden wir nicht zu Menschenfischen. Gorgonen gibt es heute nicht mehr. Zusammen mit dem großen Alexander und allen anderen Königen sind sie verschwunden. Menschen, die ins Wasser fallen, werden zu Morast. Darum laß den Lorbeerstrauch an seinem Platz. Jedes an seinem Platz, auch wir sind hier oben besser aufgehoben. Darum mach also lieber den großen Schritt nach links zum Lorbeerstrauch hin. Aber bitte, jeder kann tun, was er für richtig hält. Wenn du lieber nach rechts ausweichen willst ... so oder so mußt du sorgfältig überlegen, wie du am besten vorbeikommst, und mußt auf deine Art vor allem das Gleichgewicht bewahren. Damit kommen wir zum dritten Hindernis ...»

«Zum Eisenhaken.»

«Es liegt ein wenig jenseits der anderen Hindernisse und genau in der Mitte zwischen beiden. Vor allem keine Hetze. Laß dir Zeit, habe ich dir gesagt. Wie soll ich denn zwischen beiden hindurchkommen, wenn ich genau darüber stolpern werde, fragst du mich jetzt. Welche Rolle spielt dieses Eisen? Ganz einfach. Stell dir vor, wir hätten zu essen mit, Fisch vielleicht oder Fleisch und eine Flasche Bier, und wollten die Sachen kühlen. Eis gibt es hier nicht. Folglich würden wir den Brunnen benutzen, um unsere Mahlzeit kaltzustellen, würden alles in einen Eimer tun und ihn mit einem Seil an dem Haken aufhängen, um ihn ins Wasser hinunterzulassen. Dazu ist der Haken da, er ragt wie eine Teufelsklaue über den Brunnenrand hinaus. Siehst du, wie gut der Teufel sein Werk hier vorbereitet hat? Wir haben den Haken sogar mit Phosphor bestrichen, damit man ihn bei Nacht sieht. Aber du kommst ja tagsüber her, um Wasser zu holen. Links also die Wurzeln, rechts die Brunnenecke und zwischendrin der eiserne Haken, Gefahr von allen Seiten. Das denkst du jetzt, wie? Bleibt nur noch die Art des Selbstmords zu wählen . . .»

Er seufzte tief, sah Malamos gläsernen Blick und fuhr etwas milder fort: «Ich habe dir das alles nur so genau auseinandergesetzt, damit du einsiehst, daß man an keinem der drei Hindernisse ohne weiteres vorbeikann. Da hilft nur ein Sprung.»

«Ein Sprung?»

«Ein Sprung ist kein Salto mortale. Ich rede nicht von Akrobatenkunststücken. Du machst einfach einen großen Schritt wie über eine niedrige Hecke. Was bedeuten schon Worte? Reg dich nicht auf. Es kommt nur darauf an, wie man eine Sache betrachtet, und die Sache selbst ändert sich . . . Du mußt einfach über die Hindernisse hinwegschreiten, nicht durch sie hindurch, verstehst du?»

Plötzlich ging eine Tür auf und schloß sich wieder. Der alte Sotiris tauchte auf, die Flinte in der Hand. Sein Anblick, gespenstisch durch den riesigen Schatten hinter ihm an der Wand, entsetzte Malamo.

«Früher», sagte Thanos, «erschien um diese Zeit, nach Dunkelwerden, der Geist seiner Frau. Du weißt, niemand kann sich erklären, wie damals das Unglück geschah. Ich bin überzeugt, daß er heute selbst nicht mehr daran glaubt, aber die Gewohnheit, siehst du . . .»

Er ließ Malamo stehen und rannte zu Sotiris hinüber.

«Verzeih, Onkel Sotiris, wenn ich dich vorhin gekränkt habe. Das wollte ich nicht. Morgen ist dein Namenstag, und ich . . .»

«Der Brunnen ist tief, mein Junge, der Brunnen vergibt . . .»

Dann hörte Malamo nicht mehr, was sie sagten. Einen ganzen Tag sind wir schon hier und noch immer kein Wasser, dachte sie. Die Sonne ist über den ganzen Himmel gelaufen, und wir sind nicht weiter gekommen als von dort oben bis hierher. Herr Thanos redet und redet, und ich verstehe kein Wort von dem, was er schwatzt. Soll ich meiner Herrschaft widersprechen? Da draußen geht der Junge vorbei, mit dem ich gestern geredet habe. Was er sagte, war gut. Geh ins Baumwollfeld, hat er gesagt. Hier komme ich um. Bei dem Ungeheuer, bei dem verwünschten Brunnen. Alle Leute sagen es. Immer noch Leute, die vom Fest zurückkommen, weiß Gott, ob ich jemals nach Rachoni gehen werde, nach Hause zum Fest der Madonna. Und Mutter weiß noch nicht, daß ich hier bin. Morgen schicke ich ihr Nachricht. Sie soll herkommen, soll auch Mandeln für die Herrschaft mitbringen, damit man mich gehen läßt . . . Sie begann zu singen, das Lied hatte sie in der Schule gelernt: «Wenn es anfängt Nacht zu werden . . .»

Sie singt also, dachte Thanos, der den Gärtner besänftigt hatte. Für sie ist die Welt einfach, voller Wege ohne Hindernisse. Die Grillen sind still, bald werden die Sterne erscheinen. Aus der Erde steigt Dunkelheit, Dunkel auch an den Himmelsrändern. Am Fuß der Bäume vergehen die Schatten wie Bräute in der Vermählung mit der Nacht. Unten in Poto lädt die Chaido ihre Passagiere nach Theologos aus. Das Meer kleidet sich um für die Nacht. Der Athos trägt noch immer seine Mönchskappe. Hör auf, die Nacht anzusingen, möchte ich ihr sagen. Der Tag ist zu Ende, und wir haben noch immer kein Wasser. Sie muß begreifen, daß der Brunnen der Nabel der Welt ist.

«Was hat der Alte gesagt?» fragte Malamo, als er zu ihr zurückkam.

«Hör auf mit der Fragerei. Mal heulst du, mal hast du Angst, erst brannte dir die Sonne zu stark, dann wurdest du aufgeregt, als es regnete. Zur Abwechslung mußtest du Pipi machen. Du bist schuld, daß wir noch immer kein Wasser haben. Du . . .»

«Thanooo . . .»

«Die Frau ruft», sagte Malamo erschrocken. «Sie wird uns Beine machen.»

«Ach was, Mamma ruft nur.» Thanos regte sich nicht auf.

«Thanooo . . .»

«Nichts haben wir getan, und zu Hause die Arbeit . . .»

«Sei still. Ich will hören, was sie sagt.»

«Komm zurück!» rief die Stimme seiner Mutter zärtlich wie ihre Hände, fern wie ihre Welt.

«Rühr dich nicht», befahl er Malamo. «Laß den Eimer stehen, morgen früh sind wir wieder hier.»

«Sag ihr nicht, daß ich schuld bin, Herr Thanos.»
«Keiner ist schuld. Der Regen hat schuld.»
Er war glücklich, erlöst. Grundlos hätte er nicht weglaufen können. Malamo hätte ihn für feige gehalten. Er fand seine Mutter beim Telegrafenmast am Eingang zum Aprikosenhain.
«Ich bringe dir eine Taschenlampe und deinen Pullover, damit du nicht frierst», sagte seine Mutter.
Thanos wagte nicht, die Hand auszustrecken, um ihr beides abzunehmen.
«Ich habe ihr nur alles erklärt», sagte er.
«Vater ist außer sich, weil ihr so lange weggeblieben seid. Ich habe ihn beruhigt, besser so, als daß du morgen früh noch einmal zum Brunnen mußt. Wo warst du denn bei dem Regen? Im Gärtnerhaus?» Sie befühlte sein Hemd. «Bist du noch naß? Ich weiß, wie schwierig es mit dem Brunnen ist.»
Sie sah ihn nicht an, während sie sprach. Thanos schwieg.
«Zum Glück war Lataina da. Sie hat uns geholfen, alles hineinzutragen, als das Gewitter kam. Ich hab ihr Joghurt für dich aufbewahrt. Wenn du kommst, wirst du Hunger haben. Hör nur nicht auf Malamos Bauerngeschwätz.»
Geisterhaft verschwand sie zwischen den Aprikosenstämmen. Thanos hielt die Taschenlampe in der Hand und sah ihr nach.
Retten sollte ihn seine Mutter. Statt dessen gab sie ihm eine Taschenlampe und ging nach Hause. Er zog den Pullover über. Keine Brücke mehr zurück. Und wir *werden* Wasser holen. Wie ein Wagen mit abgestelltem Motor rollte er den Hügel hinab, vom eigenen Gewicht angetrieben. Angst fühle ich immer zuerst in den Knien,

dachte er und versuchte, der Lähmung in seinen Gelenken Herr zu werden. Zuerst die Knie und dann mein ganzer Körper. Schon als Kind hatte ich mehr Spaß an der Vorbereitung zum Spiel als am Spiel selbst, fiel ihm ein. Er spielte mit der röhrenförmigen Lampe, Marke LIGHTER SWITCH, machte sie an und aus; sie hatte vier Farben, gelb-rot-grün-weiß. Immer dasselbe. Langweilig. Spielen. Bis jetzt hatte er mit der Hoffnung gespielt, daß er den Brunnen nie erreichen würde. Irgend etwas, vielleicht Malamo, würde ihn ... Jetzt gab es keinen Notausgang mehr. Ihm war, als hätte ihn jemand in den Abgrund gestoßen. Er rollte abwärts und versuchte, an irgend etwas Heldenhaftes zu denken, das er in seinem Leben vollbracht hatte, an etwas Wichtiges, Bedeutungsvolles, das ihm jetzt Mut machen würde. Er fand nichts, erinnerte sich an nichts. Er hatte gelebt, und das Leben hatte kaum seine Haut berührt. Ein intelligenter Feigling, hatte er die Gefälle vermieden, hatte es fertiggebracht, sich um die Stromschnellen zu drücken. Immer war er wohlweislich außer Reichweite geblieben. Nur die Ablagerungen der Wasser waren in sein Inneres eingedrungen, hatten sich dort verkrustet, ganze Höhlen gebildet, ähnlich der Höhle, die er einmal bei Edessa gesehen hatte; darin hatten Stalaktiten und Stalagmiten ein Gestrüpp und ganze Wälder gebildet. Zwischen ihnen hindurch führten verräterische Wege, auf denen seine Furcht ausweglos umherschlich.

«Was hat die Frau gesagt?» Plötzlich war Malamos warme, wohltuende Stimme wieder neben ihm.

«Sie hat mir die Lampe hier gegeben, damit wir besser in den Brunnen hinuntersehen.»

«Gehen wir denn nicht nach Hause?»

«Auf keinen Fall. Komm weiter. Hast du alles?»
«Ich bin seit dem frühen Morgen bereit, Herr Thanos», sagte sie ruhig.
Zwei schwarzgelbe Feigenvögel, die sich auf den Baum gestürzt hatten, bogen nach rechts ab, als sie die beiden unter den Zweigen entdeckten, und flogen auf die Pinien zu. Gemächlich zog eine Möwe auf ihrer Suche nach Nahrung hoch über ihnen hin.
Thanos nahm den Eimer. Malamo folgte ihm mit dem schweren Kübel und dem Filter. Er ging voraus bis zur dritten Stufe und leuchtete hinter sich. Malamos nackte Füße schimmerten im Laub. Wie ein Schlafwandler tastete er sich Schritt für Schritt den Pfad hinab. Immer wieder drehte er sich nach Malamo um: «Geht's?»
«Ja, Herr Thanos», sagte sie dann, und ihre Stimme tat ihm gut. Mit einem einzigen großen Schritt überwand er die Hindernisse und streckte Malamo die Hand hin, um ihr zu helfen. Im Lichtkegel der Taschenlampe erschienen im Brunnenrund Rohre, Eisen, Stufen und Gestrüpp. Nur Wasser war nicht zu sehen. Kalte Feuchtigkeit stieg aus dem Schacht auf. Wie er das Licht auch einstellte, es fand keinen Widerschein. Schließlich gelang es ihm, über den Brunnen hinweg den Schwengel der Handpumpe zu ergreifen, das beruhigte ihn etwas.
«Das waren die Hindernisse?» fragte Malamo, die nicht glauben konnte, daß er deswegen so viel Gerede gemacht hatte. «Und was sollen alle diese Rohre?»
«Da drin ist eine ganze Fabrikeinrichtung. Dabei sollten wir mit unseren nackten Händen ans Wasser kommen. Nicht mal die Handpumpe funktioniert. Hier ist alles kaputt, siehst du, nichts, gar nichts mehr zu gebrauchen.»
Vorsichtig löste er die Kette und ließ den Eimer hinunter,

so behutsam wie ein kompliziertes Meßinstrument. Malamo sah ängstlich zu. Als sich das Seil abwickelte und immer kürzer wurde, ohne daß der Eimer das Wasser erreichte, verzagte sie ganz und gar, weil sie sich nicht vorstellen konnte, wie sie den vollen Schöpfeimer aus solcher Tiefe heraufziehen sollte.

Das Seil war zu Ende, und noch immer hing der Eimer im Leeren.

«Sonderbar», sagte Thanos, der den Endknoten des Seils in der Hand hielt. «Wo wir doch das Seil eigens für die Brunnentiefe bemessen haben. Sogar ein paar Extralängen haben wir zugegeben. Verstehe ich nicht. Halte mich an den Fußgelenken fest. Ich versuche es nochmals.» Und er legte sich quer über den Marmorrand. Malamo hielt ihn krampfhaft fest. Sie sah, wie sein Arm im Schacht verschwand. Sein halber Körper verschwand im Brunnen wie der eines Fischers, der sich über Bord beugt, um seine Leine zu ergreifen.

Thanos kroch zurück und zog das Seil hoch. «Heute geht alles schief. Wie kann denn der Wasserstand so viel niedriger sein als vor zwei Jahren?»

«Und was machen wir jetzt?» fragte Malamo, die alle Mühen und Aufregungen des Tages für vergeblich hielt. «Gehen wir nun ohne Wasser nach Hause?»

Thanos überlegte.

«Ich steige hinunter», verkündete er, weniger aus Mut als aus Prahlsucht.

«Wo willst du hin? Da hinunter? Hast du keine Angst?»

«Angst? Ich? Ich habe noch nie im Leben vor irgend etwas Angst gehabt. Ein starker Mann, auf alles vorbereitet», prahlte er. «Auf der anderen Seite ist eine Eisenleiter. Sie führt ein Stück weit in den Schacht. Ich will's versuchen. Von der untersten Sprosse aus muß das Seil zum Wasser hinunterreichen. Aber deine Hilfe ist wichtig. Du mußt mir von oben leuchten. In Ordnung?»

«Natürlich, Herr Thanos.» Malamo war voller Bewunderung. «Aber willst du nicht lieber . . .»

«Denk nicht daran, was ich lieber oder weniger gern tun würde. Wie es nun einmal ist, bleibt mir nichts anderes übrig. Verstanden? Leuchte nur richtig, damit ich sehe, wo ich hintrete.»

Er bereitete sich vor wie ein Tiefseetaucher, band seine Schuhbänder fester, atmete ein paarmal tief, rückte die Brille zurecht, nahm den Eimer auf, nachdem er das Seil sorgsam aufgerollt hatte, blickte um sich, als sähe er einem Fischerboot nach, das aufs Meer hinausfährt, nahm sich die Zeit, der Brandung zu lauschen, die nachts gegen die Felsen rollt, hörte auch die Radiomusik, die aus Poto heraufdrang und soeben das Lied vom Mädchen Jerakina spielte, das in den Brunnen fällt.

«Zufall, was?» sagte er zu Malamo, die sich über den Brunnenrand beugte, um besser zu sehen, wie tief die Leiter hinunterreichte. Dann machte er den ersten Schritt ins Leere.

Sehr tief würde er nicht kommen. Er wußte, daß es neun Sprossen waren. Als Kind war er manchmal mit Onkel Sotiris hinuntergestiegen, wenn im Pumpwerk etwas nicht in Ordnung war. Aber das war lange her. Auf der dritten Stufe machte er halt und dachte darüber nach, warum er «Zufall» zu Malamo gesagt hatte. Sie fragte ihn, ob etwas nicht stimmte. «Alles bestens», antwortete er, und dann fiel ihm der Freund ein, der immerzu vom Zufall sprach. Sie hatten über ihn gelacht. Jetzt fand er das Wort gar nicht komisch. Nicht einmal ein Verrückter würde darüber lachen. Dann wanderten seine Gedanken nach Hause. Jetzt sitzen sie am Tisch und warten auf mich, denken, ich müßte jeden Augenblick mit frischem Wasser auftauchen. Sie ahnen nicht, was ich ausstehe. Wenn ich es ihnen später erkläre, wird niemand mir glauben. Ich werde ihnen vorschlagen, morgen selbst hierher zu kommen und es mit demselben Seil zu versuchen. Dann werden wir ja sehen, wieviel Wasser sie heraufholen.

Oben gab sich Malamo Mühe, jede neue Sprosse gut auszuleuchten. Auf der fünften glitt er aus. Bei der Feuchtigkeit ist hier alles mit Moos überwachsen, dachte er. Aber solange sein Kopf noch über den Brunnenrand ragte, fühlte er sich einigermaßen sicher. Selbst wenn er den Halt verlor, konnte er immer noch nach dem Rand greifen, und Malamo würde ihn hinaufziehen. Der eigentliche Abstieg begann erst, als er ganz und gar im Schacht untertauchen mußte. Das Wesentliche ist der Kopf, sagte er sich, der Körper ist immer nur von zweitrangiger Bedeutung. Der Hirte zählt die Herde nach Köpfen, und der Strauß versteckt bei Gefahr seinen Kopf im Sand. Er beugte sich zurück und schaute nach oben. Noch sah er fast das gesamte Himmelsrund, aber die Sonne fehlte. Er hörte das Meer gegen die Felsen donnern und eine Stimme, die aus dem Radio in der Taverne Vermißte meldete. Er versuchte, die Namen zu verstehen; dies würde die letzte menschliche Stimme sein, die ihn erreichte, bevor er ins Dunkel sank.

Maria Kratanzoglou, geborene Deflotoglou, aus Prussa, Kleinasien. Verschwunden 1922. Meldungen an ihre Schwester Eleni Sotiriadou.

Alkibiades Giokas aus Vilia in Attika. 1948 nach

Amerika abgereist, seither keine Nachricht. Meldungen an seine Nichte Venetia Giokas.

Joannis Karakostanoglou aus Proktion, Provinz Kommotini, vermißt seit 1947. Meldungen bitte ...

Kostoula Sarantavga, geborene Balouktsi, vermißt ...

Ferner ist das Schicksal folgender Personen unbekannt ...

Er tastete nach der nächsten Stufe. Ruhig und sicher jetzt, fast furchtlos. Seit er sich entschlossen hatte, zu handeln, eine wesentliche Handlung durchzuführen, glaubte er an den Erfolg. Im Grunde war daran nichts Schreckliches. Noch drei Sprossen, dann würde er das Seil befestigen und den Eimer hinunterlassen. Sobald er das Wasser erreichte, würde er ihn gefüllt heraufziehen, und sie würden nach Hause gehen. Kam er nicht ans Wasser, dann würden sie eben ohne Wasser zurückkehren. Letzten Endes wäre das nicht seine Schuld. Die Luft wurde feuchter und schwerer, die Sprossen schlüpfriger. Er hielt sich mit beiden Händen an den Stufen fest und tastete umständlich mit dem Fuß jede neue Sprosse ab, bevor er ihr sein volles Gewicht anvertraute.

Auf der letzten Sprosse, der neunten, setzte er sich hin und ließ die Beine über dem Abgrund baumeln. Mit der einen Hand klammerte er sich ans Geländer, mit der anderen vertäute er das Seil und ließ den Eimer vorsichtig hinab. Sehr schnell pendelte der Eimer im Leeren; das Seil war abgerollt, ohne daß er Wasser berührt hatte. Thanos beugte sich hinab, so weit er konnte, hielt jetzt den Endknoten des Seiles in der Hand. Umsonst.

Malamo, die immer weiter leuchtete, hatte begriffen, wie die Sache stand, und rief: «Komm zurück, Herr Thanos!» Ihre Stimme brach sich an den Brunnenwänden, hüpfte die Sprossen auf und ab, füllte seine Ohren mit Echogetöse und löste sich dann auf wie Brotkrumen im Wasser. Letzten Endes ist sie schuld, dachte er; nur weil ich vor ihr angeben will, riskiere ich hier mein Leben. Während er dort auf der neunten Sprosse hockte, weit vorgebeugt, unfähig, sich zu rühren, gelangte er zu einem großen Entschluß. Vielleicht aus reiner Verrücktheit, vielleicht aus Dummheit oder aus krampfhafter Egozentrik, vielleicht war es auch verwundeter Stolz – er hatte keine Zeit, genauer darüber nachzudenken, sich zu analysieren, um herauszufinden, was ihn zwang, noch weiter hinabzusteigen. Jedenfalls würde er nicht hinaufsteigen, wie Malamo es wollte. Er würde versuchen, sich zur zweiten Eisenleiter hinüberzuschwingen, die auf der gegenüberliegenden Seite weiter abwärtsführte. Und zwar sofort, solange der Entschluß vorhielt, solange das Licht von oben half. Einmal sah er noch zum Himmel hinauf, der jetzt ein fernes, abgezirkeltes Rechteck war. Um zur zweiten Leiter zu gelangen, die durch den Tunnel des Gärtners vom Pumpenhaus herunterkam, mußte er an einem dicken Rohr entlang hangeln. Der Abstand war nicht groß, aber der Eimer würde hinderlich sein. Zuerst versuchte er, ihn sich an der Hüfte festzubinden; dann beschloß er, sich das zusammengerollte Seil über die Schulter zu werfen und den Eimer wie einen Rucksack auf dem Rücken zu tragen, so daß er nirgends anstoßen konnte. Das Rohr, früher die Hauptwasserleitung, war jedenfalls stark genug, um ihn zu tragen. Er wog nicht mehr als hundertzwanzig Pfund. Schwierig wird nur der Start, sagte er sich, als er sich bereitmachte.

Malamo sorgte dafür, daß er den Lichtkegel immer vor sich hatte, der ein Pumprad, einen Schwungriemen, ver-

schiedene Schöpfgreifer und zwei Bremsen beleuchtete, die mit zusammengebissenen Zähnen schliefen.
Fest umfaßte er das Rohr mit beiden Händen und ließ die Sprosse los. Hand um Hand hangelte er über die Tiefe, warf mit jedem neuen Griff seinen Körper vorwärts. Das Rohr war rostig. Seine Hände schmerzten. Wenn ich nun Tetanus kriege, dachte er. Unter ihm wartete der Abgrund auf seinen Fall. Sehen konnte er nichts unter sich. Die Finsternis war dicht, er fühlte sich wie ein Schwimmer in schwarzem Meer. Der Gärtner wird sich wundern, wenn ich aus seinem Loch auftauche, dachte er. Denn wenn ich den vollen Eimer zu tragen habe, kann ich nicht über das Rohr zurück, sondern muß durch den Tunnel ins Pumpenhaus hinaufklettern.
Er hatte etwa die Hälfte seiner Raumfahrt hinter sich, als das aufgerollte Seil von seiner Schulter glitt und zusammen mit dem Eimer lose an seinem rechten Arm baumelte. Mit dem Arm war jetzt nichts mehr anzufangen. Natürlich konnte er nicht mit einem Arm allein weiterhangeln. Er versuchte, den Eimer über seine Schulter nach hinten zu befördern, ohne Erfolg. Da fing er an, Gott und alle Teufel zu verfluchen. Zur Strafe für seine Flucherei schlug ihm der Eimer ins Gesicht. Er fühlte etwas Warmes aus seinen Nasenlöchern fließen. Blut. Es lief über sein Kinn und den Hals hinunter. Er leckte danach und schmeckte den süßsalzigen Blutgeschmack. Nasenbluten, sagte er laut, ohne es zu wollen, und hörte das Echo ringsum: Nasenbluten - Nasenbluten - Nasenbluten. Das Blut rann ihm über die Brust. Rede nicht laut, sagte er sich. Oder muß man hier laut reden, um sich Mut zu machen? Vielleicht besser. Er schrie laut: «Ich habe keine Angst!» Zuerst kam das Echo sauber zurück,

aber dann wurde das «ich habe keine» von allen Seiten geheimnisvoll aufgeschluckt, und wie tausend Stimmen drang «Angst - Angst - Angst» auf ihn ein. Der Trick taugt also nichts, sagte er sich.

Schließlich glückte es ihm, den Eimer über die Schulter zu werfen, und er hangelte weiter. Das Blutrinnsal lief jetzt über seinen Bauch und endete in seinem Nabel. Ich bin von der Sorte, die Angst vor dem Krieg hat und im Feuer zum Helden wird. Der Kampf war hart, aber er erreichte die andere Leiter. Eine kühle Welle der Erleichterung ging durch seinen Körper, als er auf der Sprosse stand. Mit einem Hemdzipfel wischte er sich übers Gesicht und legte den Kopf in den Nacken, damit das Bluten aufhörte. Morgen wird mir jeder Knochen weh tun, ich bin entsetzlich untrainiert, vollkommen untrainiert, habe mich überhaupt nicht um meinen Körper gekümmert. Mit zurückgebeugtem Kopf betrachtete er den Himmelsausschnitt und war sicher, daß er eine Sternschnuppe vorbeiflitzen sah. Mein Wunsch: Wasser. Dann zweifelte er. Wahrscheinlich war es nur ein Glühwürmchen oder eine Rakete, die zum Mond fliegen sollte. Draußen war ja noch beinahe Tag.

«Natürlich war es eine Sternschnuppe, selbstverständlich», sagte er laut. Das Bluten hörte auf, das Rinnsal auf seinem Körper fühlte sich kühl an und trocknete. Er blickte sich um und stellte fest, wie weit der Weg über das Rohr gewesen war, unwahrscheinlich weit. Jetzt war er sozusagen im Herzen des Brunnens, auf halbem Wege zum Grund. Jedenfalls sah es so aus. Das Licht der Taschenlampe erreichte seine Füße und brach sich dann an der Wand. Er konnte sich nicht erinnern, jemals die Leiter hinabgestiegen zu sein, die ihn jetzt erwartete, wußte auch nicht, wie viele Sprossen sie hatte. Hoffentlich erreicht der Eimer von dort unten aus Wasser, wenn nicht, wird diese Unternehmung zum reinen Wahnsinn. Mit dem Eimer in der Hand stieg er achtsam die Sprossen hinunter.

Die neue Leiter führte ihn in neue Finsternisse. Je tiefer er kam, um so schwerer wurde die Luft; schließlich hatte er Mühe zu atmen. Die Luft, die er hier in die Lungen bekam, war ganz anders als die oben auf der Erde, eine zähe, schwärzliche Flüssigkeit, wie von Mollusken verdickt. Seine Kleider sogen sich voll Feuchtigkeit und wurden schwer. Zum Glück bewege ich mich, dachte er, sonst würde ich hier unten erfrieren. Es zeigte sich, daß die zweite Leiter noch schlüpfriger war als die erste. Einige Sprossen fehlten, so daß er sich manchmal strecken mußte, bis ihm alles weh tat. Jedesmal, wenn er so ins Leere tastete, dachte er, er habe nun den Grund erreicht. Aber immer, wenn er meinte, er könne sich nicht noch mehr ausrenken, berührte sein Fuß eine neue Sprosse. Solange Sprossen da sind, gehe ich weiter. Der Lichtkegel der Taschenlampe wurde schwächer, unsicher wie ein Suchlicht im Nebel. Er sah hinauf. Malamo war sehr weit fort und das Himmelsrechteck winzig.

Er glaubte etwas zu hören, blieb stehen, lauschte angestrengt: Ein Flüstern, etwas wie eine Stimme. Er versuchte, aus Finsternis und Schweigen den Laut herauszuschälen. «Komm . . . komm . . .» Das süßeste Geflüster, das er jemals gehört hatte, liebkoste sein Ohr. «Komm . . .» Wer ist das? Verrückt bin ich Gott sei Dank noch nicht. «Komm . . .» Wenn ich dem Geschwafel des Gärtners glaubte, müßte ich jetzt denken, die Panagiota riefe. «Komm . . .» «Ach so», sagte er laut, erleichtert. Das ist, was von Malamos Stimme übrigbleibt. Sie ruft mich von oben. Ihr Ruf steigt mir nach in den Brunnen hinunter, erreicht das Wasser und kommt nun schwach und zittrig zurück. Er hustete kräftig, und der Laut bohrte Löcher in die Finsternis um ihn. Dann lauschte er wieder. Nichts mehr. Mit meinem Husten habe ich die Stimme ausgelöscht, frohlockte er. Und stieg weiter hinab. Über ihm schichtete sich die Finsternis, der Deckel über seiner Falle. Fern jetzt die Erde, die Welt, die Menschheit. Was gäbe ich für ein Hundebellen, für ein Grillenzirpen. Diesen Gedanken verbot er sich rasch. Niemand zwingt mich, hier hinunterzusteigen. Was ich tue, das tue ich aus freiem Willen. Also kein Gejammer über Verlassenheit. Er streckte das Bein aus, gespannt wie eine Saite, und faßte die nächste Stufe. Einmal muß der Grund kommen. Versuchen wir, ob das Seil jetzt zum Wasserspiegel reicht.

Das hatte ihm noch gefehlt – das Seil blieb irgendwo hängen. Er riß daran, schüttelte es. Den Eimer hielt er sicher in der Hand, aber das Seil hatte sich in seiner vollen Länge entrollt und tief unten verhakt. Sehen konnte er nichts. Ein abgerolltes Seil ist schlimmer als eine Schlange. Ein loses Seil, an dem ein anderer Eimer hing, hat sich der Gärtnersfrau um die Füße geschlungen. Blödsinn. Wozu sich aufregen? Er hatte es mit dem Brunnen zu tun, und er kannte ihn genau. Nur wurde es jetzt schwierig, sich mit Malamo zu verständigen. Seine Stimme wurde zu Watte, lange bevor sie Malamo erreichte. Auch ihre Stimme drang nicht mehr zu ihm. Angstvoll bewegte sie die Taschenlampe hin und her, ließ sie dann kreisen. Er versuchte, ihr zu bedeuten, sie solle ruhig bleiben, und ließ dann das Seil durch seine

Hand gleiten, um herauszufinden, wo es sich festgehakt hatte.

Warum hatte er nicht besser aufgepaßt? Immer verwikkelte er sich in Schwierigkeiten, der reine Glücksspieler. Verfluchter Brunnen. Wozu diese ganze Technik, wenn sie nicht funktionierte? Man sollte die Anlage vereinfachen, alles herausreißen, was zu nichts mehr nütze war, nur die Leitern stehen lassen. Morgen sage ich es Vater – vorausgesetzt, daß ich morgen noch lebe. Plötzlich fand er, es wäre besser, alles aufzugeben und zum freundlichen Angesicht der Welt zurückzukehren. Aber wie würde er Malamo gegenübertreten? Mit aller Kraft zerrte er am Seil, so daß er beinahe das Gleichgewicht verloren hätte und gefallen wäre. Es hat nachgegeben, also kann es nicht an etwas Eisernem hängen. Er zerrte noch einmal und stellte fest, daß das Ding, woran er zog, gerade so viel Gewicht hatte, daß man es noch bewegen konnte. Er beugte sich hinunter, so weit er konnte, und entdeckte in Reichweite der letzten Eisensprossen etwas wie ein Fallreep. Daran mußte das Seil festhängen. Ich ziehe also an einer Strickleiter. Muß weiter hinunter, um das Seil frei zu machen. So kann ich es nicht hängen lassen, nur zwei Meter unter mir.

Die Nase juckte ihn. Jemand muß an mich denken. Wer wohl? Er versuchte, sich die Gesichter seiner Freunde vorzustellen. Mädchen und Jungen, sah er sie vor sich aufgereiht, trübselige Porträts in einem Provinzmuseum. Alle weit auseinander, in Rahmen eingesperrt, mit leeren Blicken und Händen, die nicht helfen konnten. Lakis, Loukas, Jannis, Marietta, Pavlos, Pantazis, Popi, Aliki. Und wer dachte an ihn? Das Jucken hörte auf. Um so besser, ich habe an anderes zu denken.

Er schwang sich auf die Strickleiter, dachte dabei an seine Angelschnur. Wenn sie hängenblieb, tauchte er und ließ sie dabei durch die Finger gleiten; so fand er schließlich den Felsen, wo sich der Haken festgesetzt hatte. Genauso gehe ich jetzt vor. Aber die Strickleiter war nicht halb so sicher wie die Eisenleiter. Er pendelte im Schacht wie ein Matrose bei Sturm. Seine Füße verhedderten sich in den Stricken, sein Körper bog sich nach allen Seiten. So hatte er sich einmal als kleiner Junge gefühlt, als er sehr tief gestürzt war. Einmal glaubte er, vollkommen waagerecht zu schweben. Etwas fiel aus seiner Tasche und landete mit einem trockenen Geräusch in der Tiefe. Der Schlüssel, dachte er, oder das Wechselgeld, das mir gestern der Mann herausgegeben hat, der uns an Land ruderte. Er sah hinauf. Malamo schien eine Weide. Trauerweide, dachte er, die Taschenlampe ein tanzender Mond. Nur wechselte er ständig die Farbe. Sie spielt damit, sie langweilt sich, hat keine Lust mehr, auf mich zu warten ... Und er fing an, vor sich hin zu sagen: «Gelb wie Haß, grün wie die Hoffnung, rot wie Gefahr. Und weiß ... Weiß ist die Farbe der Verzweiflung.» Oben entschied sich das Licht für Weiß.

Vom Schwingen der Strickleiter wurde ihm übel. Die Dunkelheit quälte ihn jetzt wie Kohlenstaub, wie damals, als er tausend Meter unter der Erde in einer belgischen Grube herumgewandert war. Ein verlassener Stollen nach dem anderen und die Luft dick wie Pech, und er mußte sich die ganze Zeit bücken, um nicht mit dem Kopf an die Verstrebungen zu stoßen. Er konnte sich noch an die winzigen Wurzeln erinnern, die aus den Wänden wuchsen. Er war gelaufen, bis er die Arbeiter erreichte; die meisten waren Italiener, nackt bis zum

Gürtel, schwarz vom Kohlenstaub, nur ihre Zähne und das Weiße ihrer Augen leuchteten. Mit Bohrern, Hämmern und Schaufeln lösten sie Kohle aus den Eingeweiden der Erde und schütteten sie auf das Fließband, das wie ein schwarzer Strom unter ihren Füßen dahinrann. Alle arbeiteten in der Hocke, denn dort war nicht einmal Platz, um gebückt zu stehen, und einer hatte ihn aus riesigen blauen Augen angestarrt, so daß er sich gewundert hatte, was solche Bergseen in den Tiefen der Erde zu suchen hatten, inmitten von Giftgasen und Lärm. Gottes eigene Hölle konnte nicht schlimmer sein – er erinnerte sich jetzt an diesen Gedanken, oder er kam ihm, während er sich erinnerte ... Das verwirrte ihn. Er glaubte wirklich, im Bergschacht zu sein; jetzt arbeitete er mit den Männern zusammen, führte den Bohrer gerade in dem Augenblick, als sich der Kurzschluß ereignete, der sie alle im Jahr darauf umgebracht hatte. Wie Mäuse waren sie ertrunken, hundertsechzig Männer, gestorben, weil sie nicht mehr atmen konnten, die Lungen voll Blut, stehend, weil kein Platz zum Liegen da war. Tausend Meter unter der Erdoberfläche, im Stollen neben dem schwarzen fließenden Strom. Er fing an, seine eigene Grabrede zu komponieren: «Unvergeßlicher Freund, allzu früh hast du uns verlassen. Aber du hast den Mut gehabt, der jenseits allen Wagemuts ist. Du warst stark, von unschätzbarem Wert, von dem Geist beseelt, der der Jugend heute fehlt. Du hast eine Lücke hinterlassen, die niemand ausfüllen kann. Wir werden dein Andenken in Ehren halten, Thanos. Möge die Erde, die dich deckt, dir leicht sein – möge sie leicht sein ...»
Nein, das dürfen sie nicht sagen, dachte er, tausend Meter Erde können nicht leicht sein. Sie lügen. Den Satz müssen

sie sofort aus meiner Grabrede streichen. Wo bin ich denn überhaupt? Bald klettere ich wieder hinauf, und wenn ich draußen bin, esse ich Ziegenjoghurt, und morgen gehe ich nach Theologos hinüber und suche mir ein nettes Mädchen, das dort Ferien macht, und erlebe einen wunderbaren Sommer ...

Aber die Strickleiter hörte nicht auf zu schwingen. Er mußte sich jetzt an etwas Zuverlässigem festhalten, sonst würde er fallen. Er streckte die Hand aus, ergriff irgendein Rad und klammerte sich mit aller Kraft daran fest. Aber das Rad begann sich zu drehen. Es drehte sich und kreischte dabei. Der Brunnen füllte sich mit Geräuschen, denn das Rad setzte andere Räder in Bewegung, und alle kreischten. Wie erwachende Ungeheuer schüttelten die Zahnräder ihren Rost ab. Räder knarrten und stöhnten, der ganze Brunnen füllte sich mit ihren Schreien und Seufzern und gab den Widerhall zurück. Schöpfräder, Behälter, Antriebsfedern, Regulatoren – ein ganzes Universum rührte sich nach langem Schlaf. Und er hatte gedacht, hier funktioniere nichts mehr, dummer Menschengedanke. Plötzlich fühlte er mitten in diesem Aufruhr etwas über sein Gesicht streichen, einen Vogel vielleicht oder eine Spinne, eher den Flügel eines Vogels, denn es berührte ihn in regelmäßigem Kreisen immer wieder. Von dem Lärm mußte die Schwalbe aufgescheucht worden sein. Sie berührte seinen Hals, sein Ohr, seine Stirn. Er bäumte sich auf und schrie, schrie nun endlich mit ganzer Kraft. Schrie wie ein Vogel, den man am Flügel hält, wie ein Hase in der Falle, heulte wie ein Hund, den eine Schlange gebissen hat, wie eine Frau in den Wehen – ein wilder, verzweifelter, endloser Schrei.

Malamo hörte ihn oben und fürchtete, ihrem Herrn sei etwas zugestoßen, irgend etwas Furchtbares, das sie von ihrem Standort aus nicht sehen konnte. So schnell sie konnte, rannte sie auf das Haus zu, um Hilfe zu holen. Aber auf halbem Wege dachte sie, die Hilfe könnte zu spät kommen, blieb stehen, überlegte einen Augenblick und beschloß, selbst in den Brunnen hinunterzusteigen. Sie war leicht und gewohnt, auf Bäume zu klettern. Sie würde das ohne weiteres schaffen. Außerdem hatte sie jetzt, wo schon jemand unten war, kaum mehr Angst. Sie leuchtete ihren Weg mit der Taschenlampe aus und begann den Abstieg über die erste Leiter, fand das viel einfacher, als sie erwartet hatte, entdeckte das Hauptrohr, an dem sie wie an einem langen Ast zur anderen Leiter hinüberturnte. Ohne weitere Überlegungen stieg sie die zweite Leiter hinab.

Thanos sah den Mond auf sich zukommen; weiß, verzweiflungsvoll schwebte er ihm entgegen und blendete ihn.

«Was hast du? Warum hast du so geschrien?» rief Malamo ihm zu, als sie auf der letzten Sprosse der Leiter angelangt war.

«Du bist das, Malamo? Du?»

«Hast du dich gestoßen, Herr Thanos?»

«Nein, alles in Ordnung, aber hast du denn keine Angst gehabt, Mädchen?»

«Wovor denn? Um dich hatte ich Angst.»

Sie stand über ihm, während er auf der Strickleiter hin und her schwang.

«Gib mir die Hand, Malamo. Mir ist schwindlig. Ich brauche deine Hand, brauche etwas Warmes, Menschliches . . .»

«Ich kann dir keine Hand geben. Ich muß mich doch festhalten. Aber nimm meinen Fuß, wenn du willst.»
Thanos mühte sich verzweifelt. Schließlich faßte er ihren ausgestreckten Fuß, umklammerte ihn fest, zog ihn an seine Lippen und küßte ihn leidenschaftlich und dankbar.
«Daß du da bist, Malamo! Ich schwöre dir, das vergesse ich dir nie im Leben.»
«Warum hast du geschrien, Thanos?» fragte Malamo, die zum erstenmal den «Herrn» vergaß.
«Später, Malamo, später sage ich es dir, alles werde ich dir sagen. Zuerst muß ich mich ein bißchen beruhigen, nur einen Augenblick stillstehen. Wie gut das tut. Wie gut, daß du bei mir bist.»
Glücklich hielt er den kleinen Fuß in der Hand.
Malamo suchte die Dunkelheit unter ihnen mit ihrer Lampe ab. Der Kegel fiel auf die hölzerne Plattform, die das Pumpwerk trug, gerade unter der Strickleiter.
«Komm da hinunter», sagte sie, «dort kannst du dich ausruhen.»
«Wo hinunter?»
«Auf die Plattform.»
Er half ihr auf die Strickleiter. Mit ihrer beider Gewicht hatten sie keine Mühe mehr beim Abstieg. Mit einem Fuß tastete er über die Bohlen und fand sie weniger aufgeweicht, als er befürchtet hatte. Er ließ sich hinab und saß auf der Kante, seine Beine hingen über die Tiefe. Dann streckte er die Hand nach Malamo aus. Vorsichtig ließ sie sich neben ihn gleiten. Sie richtete die Lampe auf sein Gesicht und schrie auf:
«Blut! Du hast geblutet, Thanos.»
«Der verdammte Eimer. Ich wollte ihn hinunterlassen

und merkte, daß das Seil irgendwo festsaß. Ich riß und zerrte, und als es nicht freikam, stieg ich ihm über diese Strickleiter nach, um es loszumachen. Und während ich hin und her schwang, kam ein Vogel und fuhr mir mit seinen Flügeln ins Gesicht, hackte mit dem Schnabel nach mir. Die Schwalbe, du weißt.»
«Was?» Malamo glaubte ihm nicht. «Als Schwalbenfisch? Das war eine Fledermaus.»
«Vielleicht. Jedenfalls erschrak ich, vor Fledermäusen habe ich schon immer Angst gehabt. Weiß soll sie anziehen. Vielleicht mein weißes Hemd . . .»
Er gab sich keine Mühe mehr, Eindruck zu machen, überließ sich Malamos Schutz, ihrer Umarmung, die ihn wärmte, und erkannte, daß er sich dies im Grunde seit dem frühen Morgen gewünscht hatte. Ihre Wärme wollte er. Danach tastete er jetzt mit eiskalten Händen. Und wußte nicht genau, wo er hinlangte.
«Was ist das?» fragte er.
«Mein Bein.»
«Und jetzt?»
«Mein Hals.»
«Und hier?»
«Mein Kleid.»
«Und das?»
«Mein Haar.»
Erlöst lehnte er sich an ihren Körper wie an einen Kachelofen. Malamo spürte, daß er kalt war wie eine Leiche, und versuchte nicht, seine Hände wegzuschieben. Aber gern blieb sie nicht noch länger im Brunnen.
«Komm», sagte sie schließlich.
«Wohin?»
«Nach oben.»

«Warte. Ich kann noch nicht auf meinen Füßen stehen.»
Er tat ihr leid wie die Krüppel, Lahmen und Blinden, die sie in der Stadt gesehen hatte. Für sie gehörte er zu denen, die von der Natur schlecht behandelt worden sind. Thanos fühlte wieder Blut in seinen Adern, gelangte zu dem Punkt, wo eine Schlange aus dem Winterschlaf aufwacht, ein Eiszapfen schmilzt; er war vollkommen zufrieden beim Atem ihres Leibes unter seinem Kopf, beim Erwachen seiner Lebenskräfte am warmen Leib neben sich. Er war nahe am Einschlafen, als sie aufschrie:
«Schau, Thanos, schau dort oben ...»
Mühsam hob er den Kopf und sah einen Schatten sich um den Brunnenrand bewegen.
«Er kommt jede Nacht und sucht nach seiner Frau. Vor ihm brauchst du dich nicht zu fürchten.»
«Baboulas. Er wird uns ersäufen, wie er seine Frau ersäuft hat ...»
Eng umklammert folgten sie den Bewegungen seines Schattens, wie zwei Schiffe in Seenot, die einander gerufen haben und endlich Seite an Seite liegen. Plötzlich füllte sich der Brunnen mit einer Stimme. Der alte Sotiris rief seine Frau beim Namen. Malamo erstarrte. In ihrer Angst bohrte sie ihre Nägel in seinen Rücken.
«Er hat gesagt, ich sehe aus wie seine Panagiota.»
«Laß ihn, er tut dir nichts.»
Sie wollte das Gespenst nicht sehen, preßte sich an ihn. Er lag auf ihr, ohne zu wissen, was geschah, fühlte ihren Körper, ihren Atem auf seiner Haut, ihre Finger an seinem Hals. Ihre ängstliche Stimme war Öl auf sein Feuer. Und die Stimme des alten Sotiris hüllte sie in eine Wolke. Weder sein Stöhnen noch das Ächzen der Bohlen unter ihnen noch ihr Schreien war zu hören. Ein letztes

Zucken, ein tiefes Aufseufzen, und alles war vorüber. Malamo machte die Augen auf und sah nichts mehr, weder Gespenst noch Lichtschein. Thanos lag neben ihr.
«Thanos . . .» flüsterte sie aufgelöst und kratzte sich mit ihrer freien Hand. Sie leuchtete mit der Taschenlampe um sich und sah, daß sie von Mückenschwärmen umlagert waren. Sie stachen und stachen sie, machten sie rasend. Sie kratzte sich blutig.
Thanos zog Eimer und Seil zu sich heran.
«Es hat sich selbst frei gemacht», sagte er erfreut und begann, den Eimer vorsichtig über den Rand der Plattform hinunterzulassen. Diesmal stieß er auf Grund. Aber Wasser erreichte er nicht. Thanos zog, der Eimer war schwer. Er leuchtete über den Bohlenrand hinunter und sah, daß der Eimer voller Schlamm war. Sah auch den Grund des Brunnens, schlammig. Aale glitten durch den gallertartigen Morast. Lautlos hüpften junge Frösche auf der Oberfläche herum. Neue Schwärme von Anophelesmücken wurden durch den Lichtschein aufgestört. Malamo solle auch schauen, sagte er.
«Er ist ausgetrocknet. Einfach ausgetrocknet. Verstehst du, es gibt unseren Brunnen nicht mehr.»
Malamo sah hinunter wie in ein frisch ausgehobenes Grab.
«Und jetzt?» fragte Thanos. «Was machen wir jetzt? Und morgen? Und dann?»
«Wir holen das Wasser im Baumwollfeld.» Die Antwort kostete sie keinen Augenblick.
Thanos ließ das Ende des Seiles aus den Fingern gleiten und schaute zu, wie es zum Aal wurde und sich im Schlamm wand. «Gehen wir. Hier haben wir nichts mehr zu suchen.»

Malamo stieg hinter ihm die Strickleiter hinauf. Neue Mückenschwärme fingen sich in ihrem Rock.

Es war spät, als sie nach Hause kamen; seine Eltern schliefen fest. Wie zwei Diebe trennten sie sich, und Malamo schlüpfte in ihre Kammer. Er konnte nicht schlafen. Die ganze Nacht wälzte er sich auf seinem Feldbett, rauchte eine Zigarette nach der anderen. Er vermochte nicht zu glauben, was er mit eigenen Augen gesehen hatte. Unfaßbar, daß der Brunnen ausgetrocknet war. Der Alte hatte ihm nichts gesagt. Obgleich er es natürlich wußte. Er kämpfte mit der lächerlichen Angst, die ihn wieder ankam. Nach Mitternacht begann es zu winden. Die Pinienzweige knarrten, wollten ihm etwas sagen, aber er begriff nichts. Er fühlte Schlamm auf der Zunge. Er stand auf und putzte sich die Zähne. Es half nichts.
Morgens riß der Meltemi die Wellen vom Strand hoch und peitschte sie über die Bucht. Durch sein Fenster sah er das aufgebrachte Meer, eine Mondwiese, über die weiße Lämmer hintanzten. Er hatte Fieber. Auch Malamo war zerstochen, aber sonst fehlte ihr nichts. Thanos hörte ihre Schritte im Haus. Sie arbeitete, holte auch Wasser aus dem Baumwollfeld. Ein paarmal rief er nach ihr, wollte irgend etwas gebracht haben. Vor allem wollte er sie sehen. Er blieb im Bett.
Sie kam, lächelte ihm zu: «Es ist nichts, Thanos. Wenn es dir besser geht, hole ich dich, und wir gehen zusammen ins Baumwollfeld.»
Der Wind nahm zu. Und auch sein Fieber stieg. Seine Mutter dachte, er hätte sich bei dem Regen wieder eine Lungenentzündung geholt, und rief den Arzt aus Theologos.

Der Arzt kam nachmittags, horchte ihn ab und sagte, es sei nur eine kleine Infektion.

«Ein bißchen Penicillin, und das Fieber ist weg. Kein Grund zur Sorge», sagte er zu seinen Eltern. Er ließ Penicillin da und fuhr nach Theologos zurück.

Am nächsten Morgen legte sich der Meltemi, und auch das Fieber sank. Aber abends zeigte das Thermometer im Schein der Petroleumlampe vierzig. Der Arzt kam gegen Mitternacht und sagte, es könnte Typhus sein. Sie sollten ihn lieber nach Kavalla bringen. Wieder raste der Wind, drang durch alle Ritzen ins Zimmer wie ein Einbrecher, der raffen und fliehen will. Die drei Frauen, die bei ihm wachten, hörten Thanos phantasieren.

«Und was machen wir mit dem Schlamm? Guter Schlamm? Götter machen wir daraus und blasen ihnen menschlichen Odem ein, jawohl . . .»

«Sogar im Fieber redet er unanständig», sagte seine Mutter, als sie sich neben seinem Vater zu Bett legte. Malamo, die an ihrer Stelle wachte, verstand nicht, was er sagte. Nachdem sie ihn nicht einmal verstanden hatte, als er noch bei sich war! Nur Wasser gab sie ihm zu trinken, weil sie merkte, daß er durstig war. Als dritte wachte Tante Asimenia aus Poto. Sie hörte ihn etwas von Engeln reden und meinte erschrocken: «Daß ihn nur kein Engel holt.»

Tagelang lag die Chaido in Limenaria fest, denn der Meltemi jagte in Eselssprüngen über das Meer. Thanos hatte seinen Engel zur Gesellschaft, der auf seiner Bettkante saß, weiß gekleidet, kaum vom Laken zu unterscheiden. «Wie soll ich die Erde bestellen? Gib mir ein Stückchen Himmel. Einen kleinen Acker, auf dem Sterne wachsen.»

Auf seinem Feldbett trugen sie ihn zur Chaido hinunter und brachten ihn an Deck. Er wußte nichts davon. Malamo ließ ihn nicht aus den Augen. Vom Petroleumgestank wurde ihr schlecht. Sie mußte sich übergeben. Trotzdem wich sie nicht von der Seite des Kranken.

Nur einmal kam er noch zu sich und richtete sich auf. Entsetzt sah Malamo um seinen Kopf Strahlen, die dem Regenbogen glichen.

«Hör mich an ... nein, keine Zisterne, ein Brunnen, ein echter Brunnen ... Es regnet, es regnet ... Hör auf, den Wolken nachzuglotzen ... Kein Regen, mein guter Engel, Bomben ... nein, NEIN, junger Herr ... Er ist kein Gärtner, mein kleiner Engel, Totengräber ist er ... Und das Pumpenhaus, Herr Thanos? ... Katakombe, Bunker ... weiß wie Jasmin ... Weil er sie sehr lieb hatte ... Weiß wie dein Gewand, mein Engel. Du kennst dich aus ... Komm, nimm mich bei der Hand ... Denn der Hindernisse sind drei, drei sind der Fallen, drei auch wir ... ES GIBT DREI ARTEN VON UNGLÜCKSFÄLLEN ... Nein, nein, keine Schlange, mein guter Engel, die Wurzel des Feigenbaums ... Komm ins Baumwollfeld. Noch immer nicht da ... spät ... müde ... Angst vor den Hirtenhunden, Angst vor dem Zerberus.»

Malamo dachte, er spräche mit ihr.

«Die Hirtenfrau hat sie an die Kette gelegt. Und der Brunnen dort ist gut, schmal, nicht tief. Du läßt den Eimer hinunter, und schon faßt er Wasser ... Es ist nicht zu spät, gleich sind wir da, siehst du?»

Ein leises Zucken, ein tiefes Aufseufzen, und alles war vorüber.

«Thanos», sagte Malamo, «hör doch, Thanos, warum hörst du denn nicht?» Und sie begann zu weinen.

3. TEIL

DER ENGEL

DIE ERSTEN TAGE

«Ich schwöre Glauben dem Himmel und dem Überirdischen Herrn der Engel, Gefolge dem Staat, den Gesetzen und Verordnungen im Reich der Toten, Unterordnung unter diejenigen, die heiliger sind als ich selbst. Ihre Befehle will ich prompt und ohne Widerrede ausführen.
Ich schwöre, daß ich mit meinem Glauben und meiner Gefolgstreue bis zum letzten Lichttropfen die Heiligen Schwerter verteidigen werde, daß ich sie niemals verlassen oder mich von ihnen trennen will.
Ich schwöre, den Gesetzen der Engel in jedem Wortlaut zu folgen und mich so zu verhalten, daß ich zum gläubigen und ehrenhaften Engel werde.»

Du hast mir gesagt, ich soll dir schreiben, wo immer ich auch sein werde, aus jedem Winkel der Welt. Auf der Erde bin ich nun also nicht mehr; aber ich schreibe dir trotzdem, auch wenn ich keinerlei Hoffnung habe, daß diese Briefe dich je erreichen werden. Denn Post von unserem Stern zu deiner Erde gibt es nicht. Aber Schreiben ist das einzige, was mich trösten kann, und darum bin ich froh, daß sie mir hier im Himmel dieses harmlose Vergnügen nicht nehmen, und daß in unserem Magazin jede Menge Papier zu haben ist. Die anderen denken, ich mache meine Hausaufgaben für morgen. Sollen sie denken. Schließlich haben die anderen auch, solange ich am Leben war, immer Dinge von mir gedacht, die himmelweit von der Wahrheit entfernt waren – ich meine, von meiner eigenen Wahrheit. Haben mich Mißverständnisse nicht immer verfolgt wie mein eigener Schatten? Glaub mir, Liebste, hier in der Reservistenschule für Himmlische Heerscharen gibt es viel weniger Mißverständnisse als in der engen Glaskugel unserer Stadt. Hier sind wir alle gleich unter dem einheitlichen Gesetz des Todes: Menschen und Untermenschen, Analphabeten und Gelehrte, Reiche und Arme. In der Uniform, die man uns zugewiesen hat, sehen wir alle gleich aus. Vielleicht, daß später, wenn einige Zeit vergangen ist, wenn dieser Schrecken, der uns allen noch das Herz zusammenzieht ...

Gerade kam einer aus unserer Gruppe vorbei und fragte: «Na, schon wieder an dein Mädchen?» Und ich schüttelte den Kopf. «Siehst sie sowieso nie wieder, Junge», sagte er noch, bevor er weiterging. Der hat keine Ahnung, verstehst du. Wie alle anderen glaubt er, was uns gleich am ersten Nachmittag, nachdem wir angekommen waren, hier in der Klasse gesagt wurde; daß wir mit der Erde korrespondieren könnten. Der heilige Abbakum hatte Dienst. Gegen Ende der Arbeitsstunde verkündete er: «Und jetzt könnt ihr ein Wort an eure Angehörigen schreiben. Aber nur ein Wort, verstanden? Briefe, in denen mehr steht als das Nötigste, kommen nicht aus der Schule heraus. Schreibt, daß es euch gut geht, daß alles in Ordnung ist. Keine Beschwerden. Klar? Drei Minuten Zeit. Anfangen.» So schrieb ich dir also: «Mir geht es gut. Es gefällt mir im Himmel. Mach dir keine Sorgen um mich. Mir geht es gut, verstehst du», und steckte es in einen Umschlag mit meiner neuen Adresse auf der Rückseite:

Anwärter der Engelsreserve
ANGELOS A. ANGELIDIS
42. KOMPANIE
S. E. A. O.

Gestern durften wir zehn Zeilen schreiben. Wir waren wieder im Arbeitsraum und räumten unsere Pulte auf. Der heilige Abdiu hatte Dienst. Er schien umgänglicher als Abbakum. Jedenfalls machte er uns keine Vorschriften. Er sagte lediglich: «Nicht mehr als zehn Zeilen. Wenn's nach mir ginge, ich würde euch so viel schreiben lassen, wie ihr wollt. Aber hier geht es nach Schulregel. Bis sieben Uhr habt ihr Zeit. Es ist jetzt zehn vor sieben.» Dabei sah er auf seine Uhr. Gestern schrieb ich dir also: «Vielleicht hast du es noch immer nicht begreifen können, wieso ich so plötzlich gestorben bin, dich einfach allein gelassen habe. Nein, Liebste, du hast keine Schuld, du hast mich nicht getötet. Denk um Himmels willen nicht, ich wollte dich dafür verantwortlich machen. Es ist meine Schuld, daß ich nicht früher mit dir gesprochen habe. Aber ich wollte nicht, daß du merkst, wie schwach ich bin. Ich wollte so sein, wie du mich dachtest, wie du mich haben wolltest: jung, schön und stark genug, um alles zu machen, was ich wollte. Und trotzdem . . . die Wolken, die uns trennen, werden jetzt manchmal zu Bergen, und manchmal sehen sie aus wie das Meer im Sturm. Ich bin über den Wolken und . . . wie soll ich dir das sagen . . . ich fühle mich jetzt anders. Es ist immer hell auf unserem Stern. Immer hell. Grenzenloser blauer Himmel. Ich bin mitten im Himmel, und es gefällt mir im Himmel. Nur, daß der Himmel so leer ist . . .» Dann klebte ich den Brief zu und gab ihn dem Mann aus der ersten Reihe, der die Briefe einsammeln mußte.

Heute wieder dasselbe. Nach den ersten drei Unterrichtsstunden, die mit der Verteilung von Vorschriften hingegangen waren, gaben sie uns die letzten fünfzehn Minuten frei zum Schreiben. Und ich schrieb dir: «In meinem Gestorbensein bist du die geheime Hoffnung auf Auferstehung. Denn seit meinem Tode trägt mich die Erinnerung an dich, erfüllt mich und gibt mir die Gewißheit, nicht ganz und gar tot zu sein. Nur müssen wir hier alle unseren Körper verlieren. Ich habe große Angst, daß mit meinem Körper auch du aufhören könntest zu sein, denn du bist die erste, die ihn gekannt hat, und darum wird mein Fleisch auch immer an diese Erinnerung gebunden bleiben. Aber wie könnte ich denn verloren gehen, dich verlieren? Was wäre der ganze Himmel wert ohne dein Gesicht, deine Stimme, ohne die Erinnerung an deinen warmen Körper? Meine Erde du, vielleicht werde ich dich nie mehr sehen können, werde begreifen, daß ich dich nicht wiedersehe. Aber glaub mir, ich kann nicht fassen, daß wir getrennt sind, weil ich dich in mir trage, und weil mein Leib dein Gefängnis ist . . .» Dann fand ich, daß der Brief aus Versehen zu sentimental geworden war. Ich weiß, daß ein solcher Brief dir weh tun würde, darum zerriß ich ihn, als der Mann kam, der ihn einsammeln wollte, und versteckte die Fetzen im «Handbuch für Schwertträger».

Etwas später am gleichen Nachmittag, in der Stunde zwischen Hausarbeit und Abendessen, einer kostbaren Stunde, die wir alle benutzen, um unsere Sachen in den Spinden vorschriftsgemäß aufzuräumen und unsere Schwerter zu putzen – denn alles geschieht hier nach Plan, und alle müssen immer dasselbe zur gleichen Zeit tun –, erschien ein Engel aus der obersten Klasse in unserer Baracke und fragte nach mir. Ich sprang sofort in Achtung-Stellung, und die anderen taten dasselbe. Das gehört zu den Regeln, verstehst du. Wenn einer von den «Alten» hereinkommt, müssen wir alle strammstehen. Den anderen rief er das übliche «Munter, munter – rührt euch!» zu. Dann blieb er vor mir stehen und starrte mir ins Gesicht, im Blick ein Lächeln, das mir halb ironisch, halb sadistisch vorkam. Ich starrte zurück, versuchte rasch herauszufinden, wer er sein mochte, was er von mir wollte, ob ich hinter der undurchdringlichen Maske, die er trug, vielleicht die Züge eines früheren Bekannten von der Erde entdecken könnte. «Du bist Angelos Angelidis?» fragte er schließlich boshaft. «Ja», sagte ich mit zusammengekniffenen Lippen, immer noch in Achtung-Stellung. «Komm mit», befahl er, und wir gingen hinaus, er voran, ich hinterdrein.

Als wir allein waren und er sicher war, daß niemand uns sehen konnte, veränderte sich plötzlich sein Ausdruck, als nähme er eine Maske ab. Sein wahres Gesicht kam zum Vorschein: Jannis. Du kennst ihn. In der Universität lief er mit dem blonden Mädchen herum, das alle deinen Zwilling nannten. Mein Freund Jannis, genau wie früher, nur sehr mager, knochig, wie durchsichtig, mit einem dünnen Lichtschein um den Kopf, der sein schmales Gesicht noch kleiner machte. «Mensch, Jannis», schrie ich vor Freude und wollte ihn umarmen. «Pst», flüsterte er, «laß dir nichts anmerken. Übrigens heiße ich hier heiliger Akepsimas.» Als ein paar «Alte» vorbeikamen, setzte er sofort seine Maske wieder auf und befahl mir: «Vorwärts, im Gleichschritt, marsch.»

Von ihm erfuhr ich unter anderem, daß unsere Briefe den Himmel niemals verlassen. «Ein Trick der Verwal-

tung», erklärte er mir. «Sie kennt den Seelenzustand der Neuankömmlinge und läßt sie in den ersten Tagen immer nach Hause schreiben. Die soeben Verstorbenen, wie du, finden sich mit ihrem neuen Zustand nicht gleich ab. Um Anfangsschwierigkeiten vorzubeugen, läßt man ihnen diese Illusion noch eine Weile. Laß etwas Zeit vergehen, und du wirst selbst einsehen, daß du kein Bedürfnis mehr hast, an irgend jemanden zu schreiben. Nein, verbieten wird man euch das Schreiben nie. Ihr werdet von allein aufhören, auf Antwort zu warten, die niemals kommt, werdet euch darein ergeben, daß man euch vergessen hat. Ich hab's auch durchgemacht. Nur sag niemandem etwas davon. Sonst bin ich geliefert. Dünnschieter laufen hier überall herum, und Gott teilt nach allen Himmelsrichtungen Sonderdienste aus.»
«Ich kenne hier gar keinen, dem ich etwas sagen könnte», antwortete ich.
Wir redeten noch über vieles. Das kann ich dir jetzt nicht alles schreiben. Wichtig ist nur, daß mich das, was er mir sagte, eher beruhigte. Ich weiß nun, daß das einzige Mittel, uns an die Kette zu legen, der Briefwechsel mit der Erde, gar nicht besteht. Und ich fühle mich freier, während ich dir jetzt schreibe, weil ich weiß, daß du die Briefe nie bekommen wirst. Nun muß ich nicht mehr daran denken, wie dir zumute wäre, wenn du sie läsest. Wie ich mich auch lebendiger fühle, seit ich tot bin. Wie ich auch weiß, daß du mir jetzt, wo ich dich gar nicht mehr habe, mehr gehörst als früher, wo ich dich halb hatte und dich halb sah. Etwas Merkwürdiges ist geschehen, seit ich gestorben bin. Ich fürchtete, mein Erinnerungsvermögen zu verlieren. Jetzt merke ich, daß meine Erinnerung angefüllt ist mit dir. Anstatt schutzlos im

Dunkel dieser anderen Welt zu versinken, bin ich überflutet von deinem Licht. Anstatt dich zu verlieren, habe ich dich ganz und gar gefunden, heil und unauflösbar, lebendiger als je, wenn wir uns liebten und du sagtest: «Tiefer, Angelos, tiefer.» Ich war nie tiefer in dir als jetzt. Und ich danke den Wolken, die uns getrennt haben, und dem Himmel, der dich meinen Augen offenbart hat.

Aber all dies ist eine andere Geschichte, die du vielleicht mit der Zeit besser begreifen wirst wie auch ich, denn vorläufig kann ich sie nur als Wunder auffassen. Warum soll ich mich über Jannis' Mitteilung aufregen, da ich dir, solange ich auf der Erde war, doch auch nie schreiben konnte? Das einzige Mal, als ich dir ein paar Zeilen schickte, hattest du zu Hause sofort Scherereien. Und dabei waren wir auf demselben Planeten, stell dir vor, und atmeten dieselbe Luft. Warum also jetzt? Und als dieser Kerl aus meiner Klasse vorbeikam und «Na, schon wieder an dein Mädchen?» sagte, mußte ich innerlich lachen. Wie konnte der arme Teufel wissen, daß seine Briefe noch immer unseren Stern hier beschweren!

Unser Stern ist nackt. Unsagbar nackt. Ich würde ihn kahl nennen, aber diese Felsen rings um uns wissen nicht, was auch nur eine Wurzel ist. Rotes Gestein wird schwarz unter der Glut einer Sonne, die uns aus großer Nähe bescheint. Die Steine haben messerscharfe Kanten und schneiden in unsere bloßen, ungeübten Füße. Es heißt, gerade dieser Stern sei unter den zahllosen anderen ausgewählt worden, weil wir eines Tages fliegen sollen, weil unser Fleisch seine Substanz verlieren soll, weil unsere Knochen geschmeidig werden müssen. Deshalb werden

wir immerzu im Laufschritt umhergehetzt. Wie können wir fliegen, wenn wir nicht zuerst im Sturz unverletzlich werden? Aus diesem Grunde ist der Boden auf unserem Stern so ungastlich.
Je weiter wir in sein Inneres vorstoßen, um so mehr Felsen erblicken wir, aus denen wieder Felsen hervorwachsen. Hügelketten sehen aus wie geschliffenes Metall, ganze Berge bestehen aus Granit. Auf dieser wilden, erbarmungslosen und wasserlosen Oberfläche gibt es ab und zu eine Sandmulde, eine kleine Ebene, die zu den Bergen hinaufleckt wie Schaum um Felseninseln.
Unser Stern ist lautlos. Gekleidet in das Schweigen urzeitlicher Lavaschichten, wirft er unser Geschrei zurück, wenn wir morgens aus dem Lager ausrücken, um uns mit den Schwierigkeiten des Geländes vertraut zu machen, auf dem dann später geübt werden soll. Unsere Fußsohlen bluten wie unsere Herzen. Ach, wann werden wir aufhören, uns nach der weichen Erde zu sehnen, wann werden wir endlich so sein wie dieser Boden unter unseren Füßen, hart wie Granit?
Manche sagen, es wäre besser gewesen, man hätte uns unten auf dem Friedhof liegen lassen, einfache Soldaten in der Rangordnung des Todes. Was nützten uns schon die Dienstgrade der Himmlischen Heerscharen? In unseren Gräbern hätten wir wenigstens noch ein wenig Verbindung mit dem irdischen Leben gehabt. Nachts hätten wir die Lichter der Wagen gesehen, die oben auf der Straße fahren. Sonntags wären Verwandte und Leute, die wir gern hatten, gekommen, hätten uns Blumen aufs Grab gelegt und die ausgelöschten Kerzen wieder angezündet.
Ein Gutes hat unsere Schule, sie liegt am äußersten Hang

des Sternes, so daß wir in die Unendlichkeit hinausschauen können. Tagsüber sehen wir die Planeten kreisen, verwundert über das geheimnisvolle Gesetz, das sie im Raum an ihre Bahnen bindet. Nachts ist uns das Gewimmel der Milchstraße zum Greifen nahe. Vorläufig dürfen wir noch nicht zu dicht an den Abgrund herantreten. Nur die «Alten» haben dieses Recht. In ihrer Freizeit versammeln sie sich an einem Platz, den sie «Romantica» getauft haben. Dort warten sie darauf, daß sich die Wolken unter ihnen für einen Augenblick teilen, so daß sie Teile der verlorenen Erde entdecken können. Es muß, abgesehen vom Schwindel, seinen besonderen Reiz haben, wenn man die Höhen und die Tiefen übersehen kann, während sich unser Stern lautlos und bar jeden Gefühls um seine eigene Achse dreht.

Ich versuche, mich mit der Unterkunft, mit den neuen Gesichtern vertraut zu machen. Der Raum ist belanglos, Feldbetten in zwei Reihen, quadratische Fenster, aus denen man die gegenüberliegende Baracke sieht, wo die andere Abteilung untergebracht ist. Aus meinem Fenster sehe ich auch die Kuppel des Verwaltungsgebäudes. Unser Bau ist zweistöckig, sehr kalt. Wände. Treppen. Ich bin im Schlafsaal links von der Treppe. Zuerst verlief ich mich und landete in dem, der jenseits des Ganges liegt und dem anderen Trupp gehört. Er sieht genauso aus. Ich dachte sogar, ich stünde bei meinem Bett, und fing an, meinen Spind aufzuräumen. Alles hier ist mir noch so fremd und so gleichförmig, daß es keinen Unterschied macht, wo ich mich aufhalte und mit wem ich rede. Im Oberstock, auf dem Flur zwischen den beiden Schlafsälen, sind die Büros des Heiligen und des Oberengels.

Dieser, Anwärter in der Abschlußklasse, hält sich für vollkommen. Er trägt den Kopf hoch, glaubt an Ideale und an die Mission der Engel und will beides auf uns übertragen. Ein dritter Saal sieht aus wie eine Vorratskammer und bleibt immer abgeschlossen. Ihm gegenüber liegt der Waschraum mit einer Reihe falsch montierter Wasserhähne, die von allein pfeifen. Dann kommt unsere Unterkunft.

Wer hinein will, muß, die Hand am Lichtreifen, melden: «Habe die Ehre, dem heiligen Stubenältesten zu melden, daß ich um Eintritt bitte», und der Barackenälteste, ein Erster Unterengel in der Abschlußklasse, dessen Bett neben der Tür steht, nickt mit dem Kopf, was «Herein» bedeuten soll. Er empfing uns auch gleich mit vielen zackigen Reden und ließ uns in Zweierreihen antreten, als wir, noch benommen von der Reise auf dem Lichtnebel, in der Schule ankamen. Jetzt ist er weniger feierlich, hält uns aber mit seinem Gebrüll in Schach.

Manchmal vergessen die Jungen, um Eintritt zu bitten; dann müssen sie sich zur Strafe zehn- bis zwanzigmal hintereinander melden. Inzwischen drängen sich draußen alle anderen, die auch hinein wollen. Sie schimpfen im Chor, was ihn glücklich zu machen scheint. Wenn einer zu leise rapportiert, schreit er: «Lauter, du Fisch! Laß die Fenster klirren.» Manche haben einfach nicht die Stimme, um zu schreien, und je mehr sie sich anstrengen, um so dünner klingt ihr: «Habe die Ehre . . .»

Eines Nachmittags war unser Stubenältester, der heilige Baruch, nicht da, und der heilige Benedikt, der Rangnächste, vertrat ihn. Benedikt, ein kleiner, rundlicher Engel, schrie einen Jungen an: «Nicht ‚bitte um Eintritt', sondern ‚ersuche um Eintritt', du Trottel.»

«So hat man es uns beigebracht», wagte der zu widersprechen. Wir taten so, als ob wir arbeiteten, schielten aber mit gespitzten Ohren zur Tür hin.

«Besserwisser, was?» regte sich der Heilige auf. «Was ich sage, ist Befehl. Was hier richtig ist, weiß ich, verstanden?»

«Aber . . .»

«Zum Donnerwetter!» brüllte er und drehte sich dem Schlafsaal zu, «wenn euer Stubenältester hier ist, meldet, wie ihr wollt, aber wenn ich hier befehle, dann wehe euch, wenn ihr nicht mit ‚ersuche' meldet, ihr Schlafmützen ihr!»

«Jawohl, Heiliger», brüllte die Stube. Da stieg er, begeistert von unserem Geschrei, auf einen Stuhl, um uns alle sehen zu können, und verkündete: «Blut werdet ihr spucken, wenn ihr mir nicht gehorcht. Ich an eurer Stelle . . .» In diesem Augenblick kam der richtige Stubenälteste herein und fragte, was los sei. Den Benedikt holte er von seinem Stuhl herunter und ließ ihn strammstehen. «Nichts Besonderes, heiliger Baruch», stotterte der Rangzweite, «hab' ihnen nur gesagt, sie müßten die Decken besser falten, damit die Stube anständig aussieht.»

Ich gebe mir Mühe, meine Nachbarn kennenzulernen. Es ist schwierig, weil sie alle Angst und auch wenig Zeit zum Reden haben. Während der einzigen freien Stunde des Tages muß jeder lernen, aufräumen, seinen Kram in Ordnung halten. Mißtrauen preßt ihnen die Lippen zusammen, Furcht macht ihren Blick undurchsichtig. Zu viele neue Gesichter haben in uns allen eine Art Panik erzeugt. Und das Gebrüll, die Befehle, die Drohungen . . . meine Ohren dröhnen. Nur nach dem Lichterlöschen, wenn der verkrüppelte Engel in seine verstimmte Trompete geblasen hat und das Lager in Dunkelheit und Schlaf sinkt, bleibt mir ein wenig Zeit, an dich zu denken, dich zu mir holen, die paar Stückchen Leben, die Augenblicke, die wir zusammen hatten, aneinanderzureihen – aber meine Müdigkeit ist so groß, daß der Schlaf mich allzu rasch anfällt, und unter seiner schweren Kappe vergesse ich dich.

An jenem Morgen, als wir hier ankamen, fanden wir die Schule leer und dachten, so würde es bleiben. Aber am gleichen Nachmittag kamen die Engelsanwärter der Oberklasse von ihren Geländeübungen zurück und fielen über uns her wie hungrige Wölfe. Sie heulten und jaulten, als wollten sie uns in Stücke reißen. Nackt wurden wir von ihnen unter die Duschen gestoßen, zu zweit und zu dritt; das Wasser floß kochend, dann wieder eiskalt, und die Seife glitt weg im Augenblick, wo man sie zur Seite legte. So faßten sie uns, sperrten uns ein, nackt, hilflos, und fingen an, uns zu quälen: «Name? . . . Anschrift? . . . Name des Vaters? . . . Beruf? . . . In welcher Beziehung stehst du zu dem und dem?» Und während das Wasser abwechselnd kochte und gefror, hatte der wehrlose Nackte ihnen zu antworten. «Siehst noch zu lebendig aus, los, wasch dich», sagte dann der «Alte» und ging zum nächsten Opfer über.
Dieser erste Tag war voller Überraschungen. Wir müssen die Schule gerade vor Mittag erreicht haben. Nachdem sie uns auf dem Innenhof je nach Bildungsgrad eingereiht hatten, begannen zwei Heilige, Patapios und Onisimos, die offensichtlich Übung darin hatten, unter uns auszuwählen. Dabei stritten sie sich heftig. Wenn nicht

der Oberheilige Pausikakos dabei gewesen wäre, hätten sie sich wahrscheinlich geprügelt. «Der da gehört mir», schrie der eine; «du hast schon den Langen erwischt», der andere. – «Der war nur Abiturient. Du hast dir zwei Leute von der Universität genommen.» – «Ruhe, Ruhe», sagte der Oberheilige. «Sind doch alle gleich. Sind alle tot.»

Mich wählte schließlich Onisimos für seine Abteilung, während der einzige Junge, den ich auf der Reise ein bißchen kennengelernt hatte und mit dem ich deshalb gern zusammengeblieben wäre, von Patapios erwischt wurde. Dann zählten sie die Häupter, und da sich herausstellte, daß beide Abteilungen gleich stark waren, übergaben sie uns unseren jeweiligen Ausbildern, die uns in Trab setzten und neben uns her bellten. «Hier gibt's kein Schleichen, Jungens, Laufen, marsch-marsch, Laufschritt, eins-zwei, eins-zwei ...» Und so machten wir rennend unsere erste Runde durch die Schule, jeder seine zwei Packen hinter sich herzerrend wie Sünden. Jemand in der Reihe versuchte, etwas zu seinem Nachbarn zu sagen; aber der heilige Baruch fuhr ihn an: «Mund halten in der Reihe, ihr Totenschädel.» Nur einer von uns rannte einfach nicht, blieb hinter den anderen zurück, hinkte und schleifte seine beiden Säcke zwischen den Beinen mit wie übervolle Hoden.

Zum erstenmal hielten wir vor der Kirche an, wo wir eine Kerze zum Gedenken an unser früheres Ich anzünden mußten. Der Wind war kalt. Als wir so plötzlich stillstehen mußten, in unserem Totenhemd natürlich, das hier oben nicht gerade warmhält, waren wir verschwitzt, und es gab Gemurr, man würde sich noch den Tod holen in diesem Wind, der nach Sternen roch, die wahrschein-

lich ebenso gottverlassen und unfruchtbar waren wie dieser hier – kein einziger von uns dachte daran, daß es keinen zweiten Tod gibt.
Als uns dies schließlich zum Bewußtsein kam, änderte sich alles. Sogar die Luft wurde anders, ein fremdartiges Tier, das uns mit seinem Atem bestrich, in unsere Hosenbeine und offenen Kragen fuhr, unter unseren Achseln schnüffelte, unsere Körper abtastete, an denen noch Menschengeruch haftete, warm wie wir waren, gerade erst gestorben.
Von der Kirche gelangten wir in unser Quartier, wo uns, auf den Eingangsstufen stehend, der heilige Onisimos erwartete. Schweigend, undurchdringlich musterte er uns eine Weile; offenbar wartete er, ob jemand sich rühren würde, während wir in Achtung-Stellung zu stehen hatten. Dann sagte er mit seiner belegten Stimme: «Rührt euch. Hören mich alle, auch die Hintersten? In Ordnung.» Er lächelte, stieg eine Stufe höher, finster, unheimlich wie ein Fluch. Seine Stimme hallte an der gegenüberliegenden Hauswand wider und traf uns von dort in den Rücken.
«Von jetzt ab», begann er, «habt ihr mit mir zu tun. Vorläufig weiß ich noch nicht, zu welcher Hundesorte ihr gehört, was ihr im anderen Leben getan habt. Eure Papiere werden bald aus der erzbischöflichen Kartei hier anlangen, und ich werde sie sorgfältig durchgehen. Was ihr an Sünden hinter euch habt, interessiert mich nicht im geringsten. Wo das Leben aufhört, beginnt der Tod. Wo die Erde aufhört, da ist der Himmel. Deshalb seid ihr für mich unbeschriebene Blätter, aber ... du da!» schrie er einen im Hintergrund an. «Wovon träumst du? Wie heißt du? Ja, du, der Dünne dort, der so tut, als ver-

stünde er mich nicht. Nein, der nächste, der ohne Brille.»

«Anwärter der Himmlischen Engelsreserve Charilaos Charalampides», kam die Stimme aus dem Hintergrund.

«Zwischen uns beiden wird's nicht viel Spaß geben, Charalampides.»

«Warum, Heiliger? Was habe ich denn getan?»

«Maul halten! Ich rate euch, von Anfang an genau zu begreifen, was ich will. Wo Verstand ist, da gibt's kein Mißverständnis. Noch habt ihr den Geschmack menschlichen Atems auf der Zunge. Noch seid ihr unerfahrene Tote. Ihr hängt ausschließlich von meiner Beurteilung ab. Dabei werdet ihr nach eurem Benehmen in der Schule eingeschätzt werden, in diesen vier Wänden, durch die vor euch zahllose Jahrgänge von Engelsanwärtern gegangen sind. Darum sage ich euch, ich kenne euch, noch bevor ich euch zu Gesicht bekommen habe. Habe schon ein paar auf dem Korn, die denken, sie wüßten alles. Ihr wißt nichts. Ihr seid taub und blind. *Wir* werden euch die Augen öffnen. Ob ihr im Leben studiert habt, ist mir gleich. Hier oben seid ihr alle Hohlköpfe. Ich verlange von euch absolute Aufmerksamkeit für alles, was eure Führer euch sagen, und blinden Gehorsam. Jede Aufsässigkeit wird erbarmungslos bestraft. Haltet eure Ausrüstung in Ordnung, die euch die Schule anvertraut. Seid bei Studien und Übungen von gleichbleibendem Eifer. Denn es ist mein Wille, daß die Sechste Abteilung der Zweiundvierzigsten Kompanie als erste in der Schule rangiert.» Er zeigte zur anderen Baracke hinüber, wo in diesem Augenblick der heilige Patapios seinen Leuten vermutlich genau dasselbe sagte. «Es ist selbstverständlich, daß wir die Vierte überflügeln. Solange ich Heiliger bin, habe ich noch keine Abteilung geführt, die als zweite herausgekommen wäre. Hackfleisch mache ich aus euch, wenn ihr nicht mehr Punkte macht als die dort drüben, schlage euch zu Brei wie Polypen. Dienstfrei gibt's nur für Kranke, ich meine: *Kranke*. Keinerlei Vergünstigungen. Für Faule und Schlampige Knast. Ich bin gerecht und werde Pluspunkte entsprechend verteilen. Niemand soll Grund haben, sich schlecht behandelt zu fühlen. Eure Hintern und Muskelpakete werden verschwinden, Jungens. Kein Fetzen Fleisch soll an euch bleiben. Ihr sollt euch an mich erinnern, wenn ihr flügge Engel seid und in den Himmelsbataillonen Dienst tut – *gern* an mich erinnern. Noch Fragen?»

«Stillgestanden!» brüllte der Unterheilige, und wir alle erstarrten, während der heilige Onisimos herrscherlich die Stufen herunterschritt.

Dann mußten wir unsere Sachen vor der Baracke liegenlassen und wurden zum Arzt getrieben, der zu bestätigen hatte, daß keiner von uns lebendig war. Von dort wurden wir zum Barbier geschickt, der uns die Köpfe kahl schor. Danach gaben sie uns unsere Uniformen und Heiligenscheine, und schließlich wurden wir unter die Dusche geschickt, um unseren Friedhofsgeruch loszuwerden. Dort fanden uns dann, an diesem ersten Nachmittag, die Engelsanwärter der Oberklasse und fielen über uns her.

Hungrig, durstig, erschöpft von Gelände-Übungen waren sie, und die Steine hatten ihre Füße blutig gerissen; schwarz waren sie von dem Staub, in den sie unter der glühenden Sonne ihr Gesicht hatten pressen müssen, wenn sie während der kurzen Übungsflüge immer wieder

der Länge nach hingefallen waren. Sie sangen wie die Verrückten, während sie einmarschierten, weil das Singen ihnen offenbar half, sich aufrecht zu halten. Das Todesschweigen des Lagers scheuchten sie auf mit ihrem wütenden Gesang. Dann brachen sie plötzlich ab, die Schwerter geschultert. Voller Schrecken sahen wir sie durch die Fensterscheiben, während wir uns zum Duschen auszogen. Nach dem Befehl des Oberengels: «Löst die Riemen!» stürzten sie in unsere Baracke, warfen ihre schweren Heiligenscheine, ihre bronzefarbenen Flügel und das ganze übrige Ausrüstungsgepränge zukünftiger Engel von sich. Und fielen wie Aasgeier über uns her, unseren Menschengestank in den Nüstern.

Offenbar war es lange her, seit sie Menschengeruch in der Nase gehabt hatten. Darum konnten sie gar nicht genug davon kriegen. Wir vermochten uns nirgends zu verbergen. Sie spürten uns überall auf. Mit gierigen Augen und widerwärtiger Fragerei verfolgten sie uns, als wären wir schuld daran, daß wir hier oben gelandet sind, und als raubten wir ihnen das Vergnügen, die einzigen Bewohner dieses Sterns zu sein. Trotzdem fanden wir bald heraus, daß sie uns im Grunde durchaus nicht haßten. Im Gegenteil. Sie waren überglücklich, erst kürzlich Verstorbene anzutreffen, von denen sie Neuigkeiten über unsere Erde erfahren konnten. Sie wollten hören, was dort seit ihrem eigenen Tode geschehen war.

Alle suchten sie nach alten Klassenkameraden, Nachbarn, Leuten aus ihrer Gegend, hofften, wenigstens einen zu treffen, der wiederum einen gekannt hatte und ihnen wenigstens indirekte Nachrichten aus ihrer alten Umgebung geben könnte. Sie strengten sich an, aber es war schwierig für sie, uns zu erkennen, so, wie wir jetzt aussahen, kahlgeschoren, uniformiert, und auch für uns war es ziemlich ausgeschlossen, sie auf den ersten Blick wiederzuerkennen. Ihre knochigen Gesichter hatten bereits engelhafte Züge. Ihre Augen waren größer geworden, ihre Stimmen höher. Nicht einmal am Gang konnten wir alte Bekannte herausfinden, denn mit ihren Fußsohlen berührten sie kaum noch den Boden.

Auch in den nächsten Tagen verfolgten sie uns. Nur in der Baracke selbst war es verhältnismäßig ruhig. Und dort fand mich am dritten Nachmittag mein Freund Jannis, der heilige Akepsimas – am dritten Nachmittag, seit wir getrennt sind.

Am Abend des ersten Tages wurden wir dann in die enge, dunkle Aula der Schule getrieben, wo der Schulgott zu uns reden sollte. Der Untergott stand an der Tür und wartete aufgeregt auf Sein Erscheinen. Wieder hörten wir: «Stillgestanden!», und die Schulkapelle spielte unsere Hymne. Und dann füllte sich die Aula plötzlich mit Licht. Der Gott trat ein. Er trug alle seine Sterne. Sein Lichtschein umgab seinen Kopf so blendend hell, daß wir ihm nicht ins Gesicht schauen konnten. So lauschten wir gesenkten Kopfes seiner strengen Stimme:

«Als Oberstkommandierender der Schule und dieses Planeten begrüße ich euch wärmstens in diesem ehrwürdigen Institut, wohin ihr wie alle, die vor euch hier waren, und alle, die nach euch hierher kommen werden, für einen Teil eures posthumen Lebens abkommandiert worden seid. Leider wird eure Lehrzeit verhältnismäßig kurz sein im Vergleich zu der Fülle von Dingen, die man euch lehren wird. Aber der Nachwuchsbedarf im Himmel ist so groß, daß man uns für eure Ausbildung nicht mehr Zeit zur Verfügung stellen kann. In der Schule dient ein

Elitestab von Berufs-Cherubim, Seraphim, Oberheiligen, Heiligen und Märtyrern. Ich setze voraus, daß es keinem von euch entgangen ist: Ihr seid die Auserwählten unter den Toten, auserwählt zum Engelsdienst auf Grund eurer Qualifikationen und der Empfehlung des erzbischöflichen Amtes. Hier werdet ihr fliegen lernen. Mit den Flügeln, die wir euch nach kurzer Zeit verleihen werden, sollt ihr das Glück des unbegrenzten Raumes erleben, sobald ihr schwere- und körperlos, in voller Engelsausrüstung, im Lichte schweben könnt. Ferner werdet ihr zu geschulten Gegnern des Teufels herangebildet; auch er war einst ein Engel, der die Prinzipien des Himmels verraten hat, und der darum unsere Organisation und auch unsere Schwächen genau kennt. Aus diesem Grunde müßt ihr vollkommen werden: mutig, unverletzbar, zur Selbstaufopferung bereit, stark in Glauben und Reinheit. Der Teufel ist nicht mächtiger als wir, leider aber schlauer. Ihr habt schwere Zeiten vor euch. Heutzutage ist der Weltenraum auf allen Seiten von teuflischen Angriffen bedroht, bedrängt bis zum Luftmangel; seine Grundlagen werden von satanischen Agenten unterwühlt. Auf euch, meine Engelsreserve von morgen, ruhen unsere Hoffnungen ... Trotzdem werdet ihr nicht alle befördert werden. Eure Heiligen haben euch bereits gesagt, daß es für uns bedeutungslos ist, was ihr früher getan habt. Dagegen werde ich selbst Fälle von Ungehorsam, Auflehnung und Spielerei mit Erinnerungen an die Erde strengstens bestrafen. Ich werde euer Vater sein und euch mit meiner Liebe wärmen, denn Liebe ist Gesetz für das Leben nach dem Tode. Wenn ihr in den erbarmungslosen Kampf gegen die Höllenmächte eintreten werdet, dann sollt ihr von eurer Schule noch träumen.

Es lebe der Tod. Der Himmel – hoch! Hoch die Heiligen, die Engel, die Märtyrer! Hoch der Oberste Gott!»
Wir klatschten und schrien: «Hoch!» Aber offenbar zogen wir das o zu lang hin, denn der Untergott rügte uns und sagte, wir wären hier nicht auf einer Wahlversammlung. Wir sollten das Hoch kurz, scharf, männlich und bestimmt ausstoßen. Weiter belehrte er uns, daß Applaus im Himmel verboten sei. Wir standen wieder im Dunkel. Nach dem «Stillgestanden!» fiel uns das Atmen schwer. Entsetzlich war das Gedränge beim Hinausgehen. «Los, los, bewegt euch» hörten wir, und wir drängten uns alle zugleich gegen die schmale Tür – angepreßte Ellbogen, eingezogene Bäuche, hochgereckte Körper. Noch lasten diese Körper auf uns. Bald werden wir sie los sein.

Die Tage vergehen, und ich lerne die Gesichter in den Unterkünften unterscheiden. Man enthüllt sich. Augen schweifen umher, finden andere Blicke. Eine Hand streckt sich aus, eine Stimme fragt: «Hast du eine Bürste zum Nachpolieren?» – «Da, nimm, aber gib sie mir wieder, wenn du fertig bist.» – «Wie soll ich dreitausendmal schreiben ‚Ich werde nie wieder ohne meinen Heiligenschein grüßen'?» – «Sankt Onisimos übertreibt.» – «Leise. Ich glaube, der da drüben ist sein Bursche.» – «Hast du Post?» – «Nein. Du?» – «Noch nichts.» – «Es heißt, niemand kriegt Post.» – «Was in aller Welt ist mit den Leuten da unten los?»
Hinter den Angstmasken tauchen Gesichter auf. Schüchterne Stimmen sind zu hören. Jeder von uns sucht nach einem, zu dem er reden kann.
Assimis ist den Oberen bereits ein Dorn im Auge. Als einziger hat er sich von Anfang an geweigert zu rennen,

behauptete, er habe sich den Fuß verstaucht. In seiner Freizeit raucht er auf der Latrine. Ein Oberer hat ihn dort erwischt. Die Sache soll sich folgendermaßen zugetragen haben. Der Engelsanwärter war enttäuscht, weil er unter den Neuankömmlingen keinen einzigen aus seiner Stadt gefunden hatte. Darum jagte er bei Dunkelheit nach schutzlosen Toten und plagte sie in verborgenen Winkeln. Jetzt wird erzählt, er habe Assimis aufgelauert, der, friedlich rauchend, mit anderen zusammenhockte.

«Name?» fragte ihn der aus der Oberklasse.

«Hau ab, Junge, sei so gut», antwortete Assimis.

«Waas?» bellte der Heilige wütend. «Unverschämtes Luder, weißt du, wo du hier bist? Dir werd' ich's zeigen, du Grützkopf! Laufen, marsch-marsch . . .»

«Mein Knöchel tut weh», sagte Assimis ungerührt.

«Lauf, Rindvieh, wirst schon sehen, wo es dir weh tut . . . Wer ist dein Stubenältester?»

«Irgendeiner.»

«Wer?» Der Obere begriff jetzt, daß er sich auf Scherereien eingelassen hatte, ungewohnte Scherereien.

«Heiliger Soundso», antwortete Assimis und hielt den Oberen mit seinen großen mandelförmigen Augen fest, deren Blick etwas Teuflisches hat.

«Du weigerst dich also, mir den Namen deines heiligen Truppführers zu nennen?»

«Sie haben nach dem Stubenältesten gefragt, Chef», sagte Assimis, ohne sich auch nur einen Zentimeter zu rühren.

«Maul halten!» Der Obere wollte ihn am Arm packen. Assimis ist dünn wie ein Skelett, kein Mensch könnte vor seinen Kräften Angst haben. Aber er stieß den anderen so energisch zurück, daß der aus dem Gleichgewicht kam. «Bleib mir mit deinen verdammten Fingern vom Leibe», sagte Assimis und spuckte auf den Boden.

Die Geschichte wurde uns von einem anderen erzählt, der zur gleichen Zeit auf der Latrine gewesen war. Offenbar ist dann ein zweiter Heiliger aus der Oberklasse vorbeigekommen, und unser Freund, der Sadist, rief ihn, zitternd vor Verwirrung, zu Hilfe: «Heiliger Bonifaz, diese Kröte hier, dieses Fischgesicht, verweigert mir den Gehorsam.»

«Was ist los?» Der andere kam näher, sichtlich erfreut, ein Opfer zu finden, eine Delikatesse in der Langeweile. «Gehorsam verweigert? Überlaß ihn nur mir, heiliger Basilikos. Den bringe ich um. Name?» fragte er Assimis direkt unter dessen Nase. Assimis wischte sich über den Mund. «Name?» brüllte der Heilige jetzt wütend.

«Assimis Assimakis», sagte er gleichgültig.

«Hast du so melden gelernt, Idiot?»

«Er hat mich beleidigt», kreischte Basilikos. «Beleidigt, sag' ich dir!»

Sein Geschrei lockte andere Obere herein, die etwas erleben wollten. Assimis war nun von rasenden Engelsanwärtern umkreist, die ihn anschrien: «Beruf?» – «Stubenältester?»

Assimis stand ruhig auf, bahnte sich seinen Weg durch den schreienden Haufen, ging davon, als gäbe es keine Oberen, und kam in die Unterkunft, wo sich die letzten von uns noch fieberhaft auf die Inspektion am nächsten Morgen vorbereiteten. Er setzte sich hin und sagte kein Wort. Kurz darauf sahen wir den Oberengel hereinkommen, der Assimis befahl, seinen Spind aufzuheben und dabei zu sagen: «Ich bin Atlas.» Assimis weigerte sich, dazu sei er nicht stark genug. Dann befahl ihm der

Oberengel, wie ein Hase zu hüpfen, sein Schwert zwischen den Beinen. Assimis widersetzte sich mit der Begründung, er sei kein Hase. «Dreckskerl!» schrie der Oberengel außer sich.

«Welch heiligmäßige Molluske», sagte Assimis leise.

Der Ausspruch ging wie ein Elektroschock durch die Stube. Der Oberheilige erhob beide Hände und donnerte: «Morgen früh zur Meldung. Erstens Gehorsamsverweigerung, zweitens Beleidigung eines heiligen Offiziers durch respektlose und unanständige Ausdrucksweise, drittens – ACHTUNG!» Der Befehl brauste durch die Stube: «Ihr werdet alle büßen für diesen Mann. Hinaus und fünfzigmal um die Schule gelaufen! Los, Zweierreihe . . .» Er wandte sich zu Assimis: «Du kommst mit mir.»

Ich unterscheide die Gesichter. Hinten im Schlafsaal ist Manolis Farkos. Ein Riesenkerl, dunkelhäutig, man würde ihn für den perfekten Engel halten. Der Teufel müßte ihn nur ansehen, um entsetzt zu fliehen. Merkwürdigerweise zittert Manolis vor Angst. Er fürchtet sich vor allem und jedem. Anfangs hatte er Sorge, er würde nicht zur Engelsausbildung zugelassen werden. Als er dann ausgesucht war und in die Schule kam, wollte er in der ersten Nacht davonrennen. «Ich kann nicht, kann nicht . . .», murmelte er im Schlaf. In der zweiten Nacht hielt er es wirklich nicht mehr aus. Er stand leise auf, sagte keinem ein Wort und schlich sich an den Wachen vorbei bis zum Ende des Lagers, wo er versuchte, über den Stacheldraht zu entkommen. Sein Schrei hallte durch den Weltenraum. Und morgens brachten sie ihn zurück. Er war auf einer Wolke gelandet, und beim Morgengrauen hatte ihn eine Wache entdeckt. Eine geflügelte Patrouille flog hin und holte ihn. Als er wieder bei uns war, hatte er noch mehr Angst als vorher, nachdem er begriffen hatte, daß Flucht sinnlos war. Sein erfolgloser Versuch brachte auch uns zu der Einsicht, daß wir hier vollständig abgesondert sind.

Masken fallen. Melanides ist einer, der sich dauernd wäscht und immer in Sorge ist, weil er allmählich seinen Wanst verliert. Und Paulakis, der nie allein auf die Latrine geht und wie eine Hausmutter hinter allem her ist, was er ausgeliehen hat. Er wartet ungeduldig auf das Samstagsbad. Er hat einen großen Mund, Augen wie Wein, und abends verlangt er von denen, die neben ihm schlafen, sie sollen ihn einwickeln. Und Telis, der nie spricht und unter den verschiedenen Gruppen in der Stube herumschnüffelt, um etwas aufzuschnappen, das er dem Unterheiligen melden kann. Wir wissen Bescheid; sobald er auftaucht, verstummen alle, oder die Unterhaltung schwenkt ab. Und Planis, der zuerst kein Wort sagte und dessen Zunge jetzt derart gelöst ist, daß keiner ihn mehr zum Schweigen bringt. Karakostas schnarcht nachts und redet bei Vollmond aufgeregt im Traum. Er schläft mit offenen Augen, und das Weiße ist gespenstisch im Dunkeln wie der Blick eines Toten, dem man die Augen nicht geschlossen hat. Und Myrrodatos, der nicht aufhören kann zu onanieren, und Nacht für Nacht . . . Viele fassen jetzt den Mut, ihre geheimen Mitbringsel vorzuweisen: ein Foto von ihrem Mädchen, ihrer Braut, ihrer Mutter oder sogar von sich selbst, damit sie sich daran erinnern können, wer sie waren.

Die ersten Wolken verschwinden. Gleichzeitig wird die Unterkunft zu einer kleinen Welt – mit Feldbetten, die eng beieinanderstehen, und einem Mittelgang, zu schmal für vierzig zukünftige Engel. Wir haben keinen Platz.

Nachmittags kommt Jannis und holt mich aus der überfüllten Stube. Zusammen überqueren wir den verräterischen Boden unseres Lagers und laufen dabei manchmal Oberen in die Arme, solchen Oberen, die sich noch nicht am Herzblut der Rekruten gesättigt haben und hinter den Felsen auf der Lauer liegen. Jannis läßt nicht zu, daß sie mich anfallen. Er ist mein Schutzpatron. Wir haben auf der Westseite des Lagers ein einzigartiges Versteck gefunden, dort, wo die senkrechten und waagerechten Hindernisse errichtet sind, die Schützengräben und die Kletterseile. Wir schlüpfen in den Graben unter «Tarzan», ein langes, freihängendes Seil, das für eine bestimmte Übung benutzt wird, durch die sich unsere Schulterblätter kräftigen sollen. Wir sitzen auf Stroh und Dreck tief unten in diesem Graben, wo man uns nicht entdecken kann, und reden. Nur haben wir wenig Zeit, und Jannis hat es immer sehr eilig mit seinen Fragen über alles, was geschehen ist, seit er starb, was sich in unserer Stadt verändert hat, und — natürlich — über sein Mädchen.

«Also allein war sie, ganz allein, wirklich?» fragt er mich jedesmal.

«Ja, und sie ging mit hängendem Kopf herum.»

«Wo hast du sie gesehen?»

«Auf der Straße. Vor der Universität.»

Er fragte zum tausendsten Mal, und ich antwortete zum tausendsten Mal das gleiche, so eifrig wie beim erstenmal. Dann merkte er endlich, daß ich keine Lust hatte, alles zu wiederholen, und wir wechselten das Thema.

«Also gibt es wirklich keine Straßenbahnen mehr?»

«Als ich gehen mußte, waren die neuen Autobusse schon eingesetzt.»

«Die Straßenbahn war eigentlich nett», sagte Jannis, in Erinnerungen verloren. «Weißt du noch, wie wir als Jungen hinten auf den Kupplungshaken sprangen und frei mitfuhren, und wie der Schaffner kam und ...»

«Die alten Häuser werden alle abgerissen. Du siehst nur noch riesige Mietshäuser an ihrer Stelle. Du würdest deine eigene Stadt nicht wiedererkennen ...»

«Ich komme zurück, das weiß ich genau.»

«Wann denn? Wie?»

«Ich komme wieder hin. Aus zuverlässiger Quelle habe ich gehört – aber bitte behalte das für dich –, von einem aus der Verwaltung habe ich gehört, daß wir nach unserer offiziellen Ernennung zu Engeln, bevor wir endgültig in die Himmlischen Heerscharen eingegliedert werden, einen ganzen Tag freibekommen, an dem wir hier bleiben können, ohne zum Ausbildungslager zu gehören, ohne Meldung und ohne alles. An dem Tag, das habe ich mir vorgenommen, fliege ich los, hinunter zur Erde, lande in unserer Stadt, in *ihrer* Straße – sehe sie, auch wenn sie mich nicht sehen kann, rede zu ihr, auch wenn sie mich nicht hört, fächele ihr mit meinen Flügeln Kühle zu, auch wenn sie denkt, es sei nur ein Windhauch. Ja, das habe ich vor. Und das mache ich, ganz gleich, was geschieht. Soll kommen, was will. Ich *muß* sie berühren, ich sehne mich so unendlich danach, daß es mir sogar gleichgültig wäre, wenn meine Gegenwart ihr keine Freude brächte. In letzter Zeit bin ich sehr unruhig gewesen, Angelos. Ich meine, seit du angekommen bist. Ich dachte, ich hätte sie vollkommen vergessen; ich glaubte, es wäre mir gelungen, sie aus meinem Bewußtsein zu verdrängen. Du hast mir bewiesen, daß es nicht so ist. Seit dem Augenblick, wo du anfingst, über sie zu sprechen, bin ich wie verwandelt. Mit meinen Flügeln gehe ich jetzt so behutsam um, als wären es meine eigenen Augen. Ehrlich gesagt, es lag mir nie daran, erstklassige Dienstzeugnisse zu erhalten. Offizier wollte ich von Anfang an nicht werden. Und die Flügel, die sie uns gaben, haßte ich. Gott, fand ich sie widerlich. Mittel, uns noch weiter von der Erde zu trennen, was sonst? Die anderen, die so stolz auf ihre Flügel waren, verspottete ich. Aber jetzt – du verstehst mich, Angelos. Wir hatten unsere Mädchen – sie sahen einander sogar ähnlich, und wir liebten sie in denselben Anlagen, auf denselben Straßen. Sollen die Heiligen verächtlich erklären: ‚Eure Mädchen haben euch vergessen, sehen sich längst nach Ersatz um.' Bei den meisten hier hat sich Liebe in Haß verwandelt. Ich wehre mich dagegen. Vor meiner endgültigen Verbannung an die Grenzen des Himmels möchte ich noch einmal bei ihr sein, die Luft einatmen, die sie atmet, noch einmal wieder neben ihr gehen – und wenn es nur für einen Tag ist. Und siehst du, je mehr sich meine geheime Hoffnung festigt, um so sicherer fühle ich mich in meinem Schweigen, um so weniger ist mir nach Klagen und nach Aufregung zumute. Die Erfahrung, die ich mache, gleicht der, die uns von Träumen bleibt. Unsere Zunge ist gebunden, weil das, was wir geträumt haben, unaussprechbar ist. Aber auch wenn wir nicht darüber sprechen können, wissen wir doch, daß wir weiser, wissender geworden sind. Hier, in der Schule, ist alles verbotenes Gelände: Was wir einmal waren, was wir erfahren haben, unser Glaube, sogar unsere Qualen.

Nur eins kann uns niemand nehmen – das Recht zum Träumen. Und wenn wir auch täglich durchscheinender werden, so daß sie uns immer besser durchschauen – in unsere Träume können sie sich nicht einmischen. Jetzt, wo meine Flügel einen Sinn für mich haben, kümmere ich mich um sie, putze sie, pflege sie wie . . . Aber so sag doch etwas dazu. Du hast doch gerade erst den Weg von unserer Erde hierher gemacht. Glaubst du, ich schaffe es, hin und zurück an einem Tag, ohne Zwischenhalt, oder werde ich mich irgendwo auf halbem Wege verirren?»

«Du schaffst es, weil du es schaffen willst.»

«Gut», sagte Jannis mit brennenden Augen.

«Aber was soll das Ganze? Du wirst sie also sehen. Aber sie sieht dich nicht. Du wirst . . . außerdem wirst du bis dahin vielleicht . . . Was ich sagen will: wir sind tot, und bis zur Auferstehung ist es lange hin. Alles, was die dort unten betrifft, ist für uns vorbei. Hier, in der Kälte des Weltraums, in dieser Leere müssen wir die Lösung finden. Rückzug ist immer Schwäche. Er führt zu nichts. Ich glaube, das einzige, was du erreichen wirst, sind nutzlose Qualen, während . . .»

«Sag die Wahrheit!» schrie er plötzlich, und seine Stimme hallte in dem leeren Graben. «Hast du sie mit einem anderen gesehen und willst es nicht sagen?»

«Nein, nein . . .»

«Ich will die Wahrheit wissen. Hörst du? Die Wahrheit.» Und er packte mich an der Kehle, sein Gesicht war schrecklicher als dann, wenn er die Maske trägt.

Ich hatte Glück. Gerade in diesem Augenblick kam jemand, griff nach dem Tarzan-Seil und schwang sich von einem Grabenrand zum anderen. Wir konnten ihn sehen, wie er über der Leere schwebte, ohne daß er uns sah. Wie ein Pendel bewegte er sich über unseren unlösbaren Fragen, eine verkürzte Menschengestalt unter der Himmelskuppel, die jetzt zu dunkeln begann. Wir schwiegen, bis er verschwunden war. Danach schwang das schwere Seil noch eine Weile hin und her wie ein Glockenzug ohne das Gegengewicht der Glocke, wie unsere pendelnden Herzen, die ihren Platz im Himmel nicht finden und nicht zur Ruhe kommen konnten.

Wahrscheinlich war Jannis tief getroffen von dem, was ich ihm gesagt hatte. Ich hielt es für notwendig, es zu sagen, weil ich mir schon seit einer Weile schlüssig geworden war, daß die Rückkehr keine Lösung bot, daß niemand ewig leben kann, nur weil er seinem Schicksal nicht ins Auge sieht, was wiederum der bekannten Tatsache gleichkommt, daß nichts endet, ohne daß in diesem Ende der Anfang von etwas Neuem beschlossen wäre. Seit ich gestorben bin, habe ich diesen Neubeginn im Blick: ein Licht hinter dem Gebirge, in dessen dunklen Schluchten wir verirrt sind. Hinten, über dem Berg muß ein Licht sein, das uns befreit. Straßen und Bäume, Anlagen und ihre Bänke, Autobusse, Zimmer und Fahrstühle sind nichts als Hindernisse, an denen das Licht sich brechen muß, sich teilt und zerflattert. Dunkel habe ich immer gefühlt, daß über den Gegenständen, hinter der Welt der oberflächlichen Erscheinungen, tief unter der Decke des Sichtbaren, das Licht unteilbar sein muß. Und ich wollte zum Licht. Welchen Sinn hätte also die Rückkehr zum Stofflichen? Welchen Sinn, da alle Materie Tod in sich trägt? Wer stirbt, muß eine neue Straße finden und nicht in die engen Grenzen einer Stadt zurückkehren, die ihn erdrosselten, zu einem Baum, der ihn verriet, zu Neon-Lettern, die ihn wie Pfeile durchbohrten.

Ich wußte immer, daß ich nie unverletzlich werden könnte. Jannis' Plan einer unsichtbaren Rückkehr fand ich unmöglich. Er erschreckte mich. Nur konnte ich ihm das nicht gleich erklären, weil ich mir selbst noch nicht recht im klaren war. Deshalb mißverstand er mich wahrscheinlich und war beleidigt.

Aber es gab noch andere Gründe dafür, daß wir aufhörten, uns nachmittags zu treffen. Letzten Endes hatten wir uns nichts zu sagen. Für Jannis war der Himmel Routine. Für mich war er der Neubeginn, der meiner Befreiung von der Last des Fleisches vorausging. Außerdem waren wir in allem, was unsere Stadt oder unser Liebesleben anging, verschiedener Meinung. Seine Sehnsucht, eine Folge seines Sterbens ohne die Einsicht in die Endgültigkeit der Loslösung, machte ihn sentimental. Er wollte zurück. Für mich war die Stadt ein Ungeheuer, das in meiner Erinnerung von Tag zu Tag monströser wurde. Aus dem Hufeisen, das die Bucht umgab, wurde eine Schlinge, die sich um den Hals des Meeres zusammenzog ... Er kam also nicht mehr, und ich hatte nachmittags mehr Zeit für mich selbst und für die Suche nach einem Freund, nach jemandem in den übervollen Stuben, der vielleicht mein Freund werden könnte.

Assimis zahlt noch immer für die Unverschämtheiten, die er auf den Oberengel losgelassen hat. Die Oberen haben seinen Namen in ihre Heiligenscheine geschrieben und kommen in Gruppen, um ihn zu holen. Als erstes sagen sie zu ihm: «Du bist also das Fischgesicht, das gewagt hat, den Oberengel Molluske zu nennen?» Und aus der Art, wie sie das Wort aussprechen, kann man ersehen, wie sehr es ihnen gefehlt hat, wie gern sie es, unter dem Vorwand, daß ein anderer es benutzt hat, im Munde führen. Assimis geht, sichtlich gelangweilt, hinter ihnen hinaus. Wir wissen nicht, was sie mit ihm anstellen, solange er draußen ist. Er selbst erzählt uns nichts. Auf alles, was wir zu ihm sagen, antwortet er immer das gleiche: «Man kann's auch so ansehen.» Dieser Satz ist in den Stuben sprichwörtlich geworden.

Unter all den anderen, die immer stärker zu langweiligem Konformismus neigen, je mehr sie sich aus dem Schutzmantel ihrer Furcht schälen, die von Übungen, Punkten, vom Stern so reden, als seien sie bereits vollständig in alldem aufgegangen, als seien sie die Teilchen der Riesenmaschinerie, der wir dienen, geworden, ohne die geringste Einstellung zu ihrem Tode gefunden zu haben, ohne irgend etwas unternommen zu haben, um neues Licht auf unsere Lage zu werfen, unsere schwierige Situation im Himmel zu erklären, die jeden Befehl ohne Murren ausführen und nur bestrebt sind, den Oberen zu schmeicheln – unter all diesen beeindruckt mich Assimis als der einzige, der mir vielleicht etwas zu sagen hätte, wenn er nur nicht immer Abstand hielte, wenn er auch einmal zeigte, daß er einen Freund braucht.

Eines Abends sollten wir im Großen Saal einen lächerlichen Vortrag über Seelenführung anhören. Neben mir in der Reihe saß, vornübergebeugt, Assimis und rauchte, obgleich es verboten war. Als die Oberen hereinkamen und wir, auf Befehl, aufsprangen und stillstanden, beugte er sich zwischen den Beinen seiner Nachbarn noch tiefer hinunter und stieß seelenruhig seine Rauchwolken aus. Plötzlich, die Lichter waren gerade gelöscht worden, hörte ich ihn zu mir sagen: «Komm hinaus. Retten wir uns vor diesem albernen Geschwätz.»

«Wie denn?»

«Komm mit.»
Gebückt schlichen wir durch die Reihen, ohne bemerkt zu werden.
«Hast du Zigaretten?» fragte er, als wir draußen waren.
«Ein halbes Päckchen. Das langt», sagte ich.
Wir krochen in eine Höhle unter dem Polarstern. Von fern sahen die erleuchteten Gebäude aus wie Schlösser. Ich wollte die Gelegenheit nutzen und ihn sofort festnageln.
«Wir sind in der gleichen Kompanie, sogar im selben Zug. Ich sehe, wie du dich benimmst, draußen bei den Übungen und in der Stube. Ehrlich gesagt, ich verstehe dich nicht . . .»
«Sollte mich wundern, wenn du mich verstündest.» Er zündete am Stummel der alten eine neue Zigarette an.
«Nicht, weil mir deine Einstellung sonderbar vorkommt. Schließlich geht es uns allen hier mehr oder weniger gleich. Sondern weil ich nicht sehe, worauf du hinauswillst.»
«Aufs Ende», sagte er kurz angebunden.
«Und das wäre? Rückkehr dorthin, wo du hergekommen bist?»
«Absolut nicht», sagte er ruhig, offensichtlich an Frontalangriffe gewöhnt. «Das Ende, das ich mir vorstelle, wird beweisen, daß wir alle leben, wachsen, sterben und trotzdem immer in der Falle bleiben.»
«Falle . . . Satans Falle meinst du?»
«Nein, *die* Falle. Meine Theorie, mein Glaube, wenn du willst . . . schwer zu erklären.»
«Wenn du schon hier bist und durchzustehen hast, was wir alle durchstehen – warum willst du nicht schließlich auch Engel werden?»

«Spielst du Schach?» fragte er plötzlich.

«Früher schon.»

«Dann weißt du, daß sich alle Figuren, ob Könige oder Bauern, im abgezirkelten Feld bewegen. Keinen einzigen Schritt können sie außerhalb ihrer kleinen Vierecke machen, und wenn das Spiel vorbei ist, enden sie alle, ob schwarz oder weiß, im selben Kasten. Verstehst du?»

«Ich glaube, ja.»

«Darum habe ich das Spiel nicht mitgemacht, habe mich außerhalb des Spielfeldes gehalten. Da Gott nicht existiert, glaubte ich, der Teufel ... aber damals war ich noch fanatisch. Bis ich die Falle entdeckte und mich davonmachte.»

«Beneidenswert», sagte ich. «Ich habe im Leben keinen anderen Sinn gefunden, als den mathematisch sicheren Weg zum Tode. Jetzt, wo ich tot bin, versuche ich in entgegengesetzter Richtung zu marschieren. Warst du nie verliebt?»

«Ich? In meinem ganzen Leben habe ich niemanden und nichts geliebt.»

«Ein Mädchen wirst du unten wohl gehabt haben, also weißt du Bescheid ...»

«Natürlich hatte ich eine. Sie redete nur vom Heiraten. Ich habe sogar ein Andenken von ihr ...»

Er holte eine Brieftasche hervor. Ich dachte, er würde mir ein Foto zeigen. Was er herauszog, sah aus wie ein Fetzen vertrockneter Schlangenhaut.

«Da. Der Pariser vom letzten Mal.» Er zündete ein Streichholz an, damit ich genau sehen konnte.

«Wir sind aus verschiedenem Teig», sagte ich. «Du scheinst an nichts zu glauben. Ich ...»

«Du verstehst mich nicht, Angelos. Ich glaube an vieles.

Du brauchst keine Angst zu haben, denn du glaubst, hier oben etwas zu finden. Als ich noch nach Wahrheit suchte, fand ich menschliche Mittelmäßigkeit, sonst nichts. Also blieb mir nur die Möglichkeit, mich für meine Idee zu opfern, für die Fallen-Idee, wenn du so willst Da ich nicht selbst Gott werden kann, werde ich mich opfern. Ich weiß genau, was ich tue – Christus hat sich geopfert, weil er glaubte, die Menschen dadurch zu retten. Ich rette niemanden, nicht einmal mich selbst. Ich will nur den bestmöglichen Ausdruck meiner selbst in meiner Fallen-Idee. Denn glaub mir, *alle,* Satan und der oberste Herr des Himmels, Engel und Höllenmächte, Erde und Himmel, das Licht, von dem du sprichst, und das Dunkel, *alle* sind Teile der großen Falle. So oder so sind wir immer darin gefangen.»

«Still. Da kommt jemand . . .»

Wir sahen einen Schatten auf uns zukommen und sich zu den Latrinen entfernen. Assimis sprach leiser.

«Die Sache ist die», sagte er, «daß ich mit meiner Theorie von den Extremen, die sich berühren, hier bei der Obrigkeit Scherereien haben werde. Ich weiß genau, hier muß man sich für eine Richtung entscheiden. Aber ich kann mich nicht benehmen wie Saul, der dachte, er habe weiß Gott was zustande gebracht, als er sich in Paul verwandelte, und doch nur auf die andere Seite der Falle hinüberwechselte. Natürlich denken hier alle, ich sei gegen den Obergott, bestrafen mich, werden mich schließlich verurteilen. Na gut, das wird mich nur davon überzeugen, daß ich den Abgrund der Falle erreicht habe, mit anderen Worten: Du läßt dich verdammen und weißt, daß dein Opfer zu nichts nutze war, und daß du nach wie vor in der Falle sitzt.»

«Aber an irgend etwas muß man . . .»
«Du», sagte Assimis, noch immer in Fahrt, «du hast nie Haschisch geraucht, bist nie von Ideologien betrogen worden, du hast nie . . . mein Gott, was war ich von Satan begeistert! *Er* wollte die Welt erobern, wollte die Kirche kleinkriegen, wollte das Einkommen fetter Bischöfe unter die Armen verteilen. Na, und dann fand ich heraus, daß auch Satan seine fetten Bischöfe hat, genauso wie . . . Du siehst, wie immer du es anfaßt, zur Falle gehören beide Systeme.»
«Darauf kommt es nicht an», sagte ich, «es kommt darauf an, daß man im Leben mit mathematischer Genauigkeit auf den Tod zugeht, während man im Tode die umgekehrte Richtung auf das Leben hin finden muß.»
«Auf welches Leben hin?» fragte Assimis gleichgültig.
«Auf die absolute, bedingungslose Anerkennung des Lichts. Wozu ich erst in der Lage sein werde, wenn ich meinen Körper los bin, wenn ich mich frei im Raum bewegen kann. Darum warte ich ganz einfach geduldig auf die Flügel, die wir kriegen sollen.»
«So kann man's auch ansehen», sagte er trocken.
«Du bist sarkastisch.»
«Nein. Nur habe ich meinem Körper nie die geringste Bedeutung beigemessen. Er war nie mehr als ein Skelett, das den Befehlen meines Gehirns zu folgen hatte. Jedenfalls kann das Licht, an das du glaubst, wie du behauptest, genauso unerträglich werden wie die Dunkelheit. Es gibt keinen Weg aus der Falle, auch nicht zum Licht. Das einzige Vergnügen, das uns bleibt, ist das Festhalten an unseren Ideen, während wir bereits . . .»
Er redete weiter, aber ich sah zu den Sternen hinauf, die uns einhüllten wie ein Netz. Assimis' Stimme war voll,

tief, rätselhaft, schien aus vergessenen Tiefen zu kommen. Zuerst hatte mich sein widerspruchsvolles Wesen angezogen, jetzt fühlte ich mich sehr fern von ihm. Mit dem, was ich wollte, hatte er nichts zu tun. Meine Last war dieser schwere Körper, den ich mit mir herumzuschleppen hatte, und der ein Herz beherbergte. Seine Last dagegen war sein Gehirn, eingefangen in ein Gewirr komplizierter Kopfnerven, die ihm zur Falle geworden waren. Meine Falle wäre, wenn ich danach Ausschau hielte, mein krankes Herz, meine verräterische Erinnerung. Assimis lebte in einem Bereich, in dem Ideen die Konsistenz lebendigen Fleisches annahmen – so vollkommen wirklich waren sie für ihn –, Fleisch um das unzerstörbare Skelett seiner Knochen. Mein Fleisch wurde, im Gegenteil, immer mehr zur Idee, mein Skelett zur Abstraktion des Lichtes.

Während der nächsten Tage wechselten wir in den Rauchpausen zwischen den Übungen noch ein paar Worte, aber keiner von uns kam mehr auf das Gespräch zurück. Sogar diese flüchtigen Berührungen entgingen unserem heiligen Onisimos nicht. Eines Tages ließ er mich in sein Büro kommen, er wolle «persönlich» mit mir sprechen. In seinen vier Wänden sah er ganz anders aus als das Bild, das er uns jeden Morgen beim Appell bot, wenn er auf der obersten Stufe stand und uns Drohungen an die Köpfe schleuderte, fluchte und mit Strafen um sich warf. Unter vier Augen wurde er menschlicher, bekam geradezu ein Gesicht. Nur seine Augen blieben einfach zwei leere Höhlen.

Ich hatte an seine Tür geklopft, seine heisere Stimme «herein» rufen hören, hatte, weich in den Knien, die Tür

geöffnet und mit meinem «Ich habe die Ehre . . .» angefangen, als er mich unterbrach: «Laß das. Rühr dich.» Und dann stand ich ihm gegenüber und starrte auf eine Kreuzigungsikone an der gegenüberliegenden Wand. Er fing an von seinem Dorf zu reden, und als ich mich gerade ein bißchen entspannt hatte, fragte er plötzlich: «Ganz unter uns, was hältst du von Assimis?»
«Sie meinen Assimis Assimakis?» Ich wollte Zeit gewinnen.
«Ja, diesen pockennarbigen Typ.» Er schaukelte in seinem Stuhl hin und her.
«Der ist in Ordnung», sagte ich.
«In puncto Schnauze, meinst du, was?»
«Warum fragen Sie *mich*?» erwiderte ich.
«Weil wir alle die Pflicht haben, die Schule in ihrer schweren Aufgabe zu unterstützen. Natürlich wird die Kommandantur dich entsprechend belohnen.»
Jetzt war mir alles klar; er hatte mich gerufen, um Einzelheiten über Assimis aus mir herauszubohren. Darum war er am Anfang so zuckersüß.
«Wie ich höre, verbreitet er, daß er nicht an den Obersten Gott glaubt», sagte der Heilige. «Ist das wahr?»
«Nein», entgegnete ich.
«Nein, er glaubt nicht, oder nein, er verbreitet nicht?» fragte er mich stirnrunzelnd.
«Beides», sagte ich.
Mein Haß gegen den Heiligen kam ins Kochen.
«Weißt du vielleicht nicht, daß er im Leben Existenzialist war?»
«Ich höre zum erstenmal davon.»
«Daß er sogar zu den Anhängern eines gewissen Simon, des Existenzialisten, gehörte?»

«Keine Ahnung.»
«Glaubst du, er ist der Richtige für den Engelsdienst?»
«Das müßten Sie wissen», antwortete ich.
«Ich frage dich nach deiner Meinung», sagte er ärgerlich.
«Was ich denke, wirst du bald genug erfahren. Jetzt will ich deine Meinung hören.»
«Wenn es nach mir geht, dann ist er richtig.»
«Also bist du einer Ansicht mit ihm. Glaubst du auch an seine Raumtheorien?»
«Was für Theorien?» fragte ich.
«Hör zu, Angelidis, du bist sein bester Freund. Hast du Angst, mir die Wahrheit zu sagen? Wir wollen ihn ja nicht aufhängen. Ich frage dich zu seinem Besten. Gerade hat er mir selbst gesagt – er war vor dir bei mir –, daß du der einzige im Trupp bist, von dem er etwas hält. Darum habe ich dich rufen lassen. Um zu sehen, was *du* von *ihm* hältst.»
«Was ich von ihm halte, Heiliger, hat nichts mit meinem Dienst zu tun.»
«Also gut», donnerte er und knallte irgend etwas vor sich auf den Tisch. «Du findest ihn in Ordnung. Du findest, er soll Engel werden. Hier, unterschreib!» Und er schob mir ein Papier hin.
«Was ist das?» fragte ich und griff nach dem Bleistift.
«Du unterschreibst, daß du beim Verhör als Zeuge auftreten wirst.»
«Beim Verhör?»
«Wir schicken ihn vor das Himmlische Kriegsgericht. Dort kannst du deine Ansichten in allen Einzelheiten darlegen.»
Ich unterschrieb.
«Aber weit kommst du damit nicht», sagte er verächtlich.

«Hier ist das Beweismaterial gegen ihn.» Er warf eine dicke Akte auf den Tisch. «Seine Unterlagen», sagte er.
«Vom Erzbischof?»
«Nein, direkt von hier. Wir fanden sie in seinem Pult. Anstatt zu lernen, hat er diesen Unsinn verfaßt.»
Nervös blätterte er darin und las mir ein paar Sätze vor: «Meine Freude hat jetzt Flügel ... Himmel oder eine Runde Skat, alles dasselbe ... Fanatisch gleich feige, nicht fanatisch gleich mutig. Wenn ich auf unseren Stern scheiße und kacke ... Und so weiter», sagte der Heilige, «alles in dieser unverständlichen Ausdrucksweise ...»
Ich war entsetzt von diesen Neuigkeiten. Dasselbe konnte eines Tages auch mit meinen Aufzeichnungen geschehen ...
«Ich habe keinerlei Interesse an Teufeln in meiner Kompanie», sagte der Heilige und erhob sich. «Meine Kompanie soll an erster Stelle stehen, und ich werde es nicht dulden, daß Assimakis sie entehrt.»
«Und wann ist die Verhandlung?» fragte ich.
«Das wirst du früh genug erfahren. Entlassen.»
Als ich die Tür öffnen wollte, bellte er: «Und vier Tage verschärfter Dienst wegen Verlassen des Raumes ohne Gruß.» Es klang wie ein Fluch.

Die Neuigkeit, daß Assimis vor das Himmlische Kriegsgericht kommen würde, verbreitete sich schnell. Die meisten mieden jetzt seine Nähe, als hätten sie Angst vor Ansteckung. Unser gemütlicher Unterheiliger blieb bei der Inspektion nicht mehr vor ihm stehen. Nicht einmal die Oberen Engelsanwärter waren mehr hinter ihm her. Im Gegenteil, einige versuchten sogar, ihm Ratschläge zu geben. «Sei doch nicht blöde», hörte ich einen zu

Assimis sagen. «Versuch einzurenken, unterschreib ein Schuldbekenntnis. Sonst zerquetschen sie dich wie einen Wurm.» Es heißt, seine Verhandlung wird am Fest der Drei Sonnen stattfinden. Derweil ist Assimis der ruhende Punkt in einem Wirbelsturm.

Ausbildungsfächer für die Unterstufe:

1. Technik des Vergessens
2. Hierarchie von Heiligen und Mächten
3. Aufbau der Himmlischen Heerscharen
4. Angriffsstrategie gegen Satan
5. Über die Hölle
6. Pflege der heiligen Ausrüstung
7. Raumkunde

Der Weltraum, der uns umgibt, fesselt mich immer mehr. Raumkunde gehört nicht zu unseren Hauptfächern. Trotzdem beschäftige ich mich jetzt, seit ich die meiste Zeit mit Lernen verbringe, ausschließlich damit. Und immer wieder finde ich neue Einzelheiten heraus, die mir etwas über dich sagen. Weißt du, daß Tag für Tag ein feiner Staub aus mikroskopischen Meteorenteilchen auf deine Erde hinunterregnet, und daß die Luft, die du atmest, unter anderem auch diesen Silberstaub der Unendlichkeit enthält?

Ich verließ deine Erde, brach das unerschütterliche Gesetz der Schwere, überwand die Anziehungskraft ihres feurigen Kerns, der auf ewig unerforscht bleiben wird, entkam der Mattigkeit, die jeder Umarmung mit dir folgte, nur um auf diesem Stern zu landen, der seine eigene Atmosphäre und seine eigene Schwerkraft hat – mit anderen Worten, nur um wieder in eine Umgebung zu geraten, aus der ich hinaus will. Darum treibe ich

Raumstudien – nicht aus Begeisterung für die Zusammensetzung der Atmosphäre oder die gefährlichen Beziehungen von Planeten und Kometen zu den Myriaden von Fixsternen. Ich arbeite, weil ich die Lösung finden will, die Endlösung, ein für allemal. Die, die nichts mehr mit Trennung zu tun hat oder mit dem ersten Sterben oder mit dir und mir, sondern das «ganz andere» ist, jenseits von uns und unseren Schwächen. Du weißt über das Licht, was auch ich weiß. Aber es muß doch noch anders sein, wenn du es durch deine Adern pulsen fühlst, wenn es dich durchflutet, und du bist allein unter seinen Schauern, ein Staub in seinem Strahl, der aus dem Unendlichen kommt und ins Unendliche geht.

Ich bin verschwunden, sagte ich, entkommen. Und nun beginnt das Dasein hier wieder kompliziert zu werden. Bindungen bahnen sich an, das, was ich am meisten fürchte. Und ich zittere um jeden Augenblick, den ich ohne dich bin. Deshalb sehe ich Assimis nicht oft, obgleich er immer hinter mir her ist. Deshalb habe ich mich von den anderen ganz abgeschlossen. Was wäre das neue Leben wert ohne die Erkenntnis, daß Erfahrungen nutzlos sind? So habe ich mich eingeigelt und hoffe, daß die Stacheln, die ich aufstelle, eines Tages zu Strahlen werden und aus meinem Lichtkern leuchten. Durch die Verschmelzung mit dem Licht und mit den Flügeln, die sie uns jetzt bald geben werden, hoffe ich, die Schwere dieses Sterns zu überwinden und dein eigentliches, reineres Selbst zu finden – dich im Licht wiederzufinden, mit all deinen Haaren, die du dir eines Tages abgeschnitten hast, deine Stimme zu finden in der vollkommenen Stille . . .

Wie soll ich den anderen hier erklären, daß ich die Wolken hinter mich gebracht habe, daß ich jenseits von Blitzen und Regen bin, daß alle meine Schlachten bereits gewonnen und verloren sind, daß ich nicht die ruhige Sonne, sondern das makellose Licht erreichen will, das ohne Anfang und Ende ist, unteilbar, nicht geschaffen, alles schaffend, allumfassend. Daß ich Teil des Lichts werden will ...

Wir lernen hier, der Raum sei das Schlachtfeld gegen Satan, was mich nicht interessiert. Wenn mir die Raumstudien Freude machen, dann deshalb, weil ich unserem Dasein darin nachgehe, deinem und meinem, wenn auch in seiner letzten, endgültigen Erscheinungsform, der einzigen, die ich erobern will, diese oder nichts.

Ich weiß, du wirst sagen, ich verlange zuviel, mehr, als selbst dieser dritte Himmel geben kann, und daß ich meinen Körper, Wurzel meiner Zwiespältigkeit, diesen Körper, der mich störte wie Schuld und Reue, nie loswerden kann. Vielleicht hast du recht. Ich kann noch hoffen. Ohne diese Hoffnung wäre übrigens selbst der Tod unmöglich.

DIE ERSTE NACHTWACHE

Unser Stern hat keine Jahreszeiten. Nur die Konstellation der anderen Gestirne verändert sich mit der Zeit, was die wenigen Bewohner hier vor der Monotonie der Unveränderlichkeit bewahrt. Wir bleiben nur für ein kurzes Stückchen seines elliptischen Umlaufs hier, gehen wieder, längst bevor der Stern seinen Rundweg beendet, der Jahre dauert. Tag und Nacht wechseln rasch. Der Mond scheint von hier aus nicht größer als die Planeten, er ist auch nicht der einzige, der unsere Nächte erleuchtet. Seine Form wechselt. Manchmal sehen wir ihn als Dreieck, dann als Sechseck. Vollmond bedeutet, daß wir dreizehn Ecken sehen.

Die Ausbildung der Klassen ist zu Ende, wenn die Oberen den Unteren die Wache übergeben. Entsprechend dem Brauch der Schule gibt es vorher jedesmal ein lustiges Begräbnis für den «ollen Demos», der «vierzig Jahre Räuber war und niemals schlief», wie es in dem Lied heißt, und in der folgenden Nacht beziehen die Unteren die Wachtposten.

Ich schlief fest, träumte grade von Tito, als ich plötzlich hörte: «Aufstehen – aufstehen – Wache!» Der Stubenälteste zog mich am Bein. Zuerst vermischte sich seine Stimme mit dem Geschrei der Polizisten, die in meinem Traum die Straße frei hielten, und mit dem Donner der Panzer, die vorüberrollten, in ihren Raupen den frischen Asphalt, mit den Auspuffgeräuschen der Motorradfahrer, die für Titos sicheres Geleit durch unsere Stadt zu sorgen hatten. Und du drüben auf dem anderen Bürgersteig und zwischen uns ein Strom aus Stahl ... Die Verzweiflung, ich würde dich vielleicht heute nicht mehr sehen können, weil die Zeit verging und Tito noch immer nicht kam, war in mir, als ich aufwachte. Zitternd stand ich auf, zog meine schwere Tunika über, nahm mein Schwert und rannte hinaus. Die Wachtstube lag beim Depot, am Rande des Schulgeländes, nahe bei der Grenze zwischen unserem Stern und der Unendlichkeit. Kein schlechter Platz zum Wachestehen, dachte ich, als ich mit dem abgelösten Unterengel durch die beißende Kälte ging. Der Mann, den ich abzulösen hatte, gab mir Kennwort und Kodenummer. Die Wachtstube war warm. Die Pflichten des Wachtpostens und der Zeitplan für die Runden standen auf einem Zettel an der Wand.

Während meiner ersten Nachtwache geschah etwas Merkwürdiges mit dem Mond: Er versteckte sich in sich selbst. Zu einem Teil verkroch er sich in Dunkelheit. Was übrigblieb, begann rot zu glühen. Die Nacht war lautlos. Jeder Schatten, jede Bewegung war verdächtig, Angst kroch aus der Dunkelheit zwischen den Stacheldrähten vor dem Depot auf mich zu. Ich bemühte mich, Kodenummer und Kennwort nicht zu vergessen. Und ich sah, wie mein ganzes Leben sich vor mir ausbreitete, in riesigen Wellen auf mich zukam, mich überrollte, und ich konnte mir nichts von allem erklären; ein Teil blieb immer dunkel, wie von der Mondeklipse beschattet, ein anderer Teil war hell und neuen Horizonten geöffnet. Und in dem Fieberschauer, der mich überfallen hatte, in dem Wirbel kreiselnder Monde erkannte ich, warum der Mond blutete, ohne daß irgend jemand ihn verwundet hatte, und da verstand ich die Liebe zum erstenmal.

Gott, frage mich nicht, weshalb.

Es fing so an: Als der andere Wachthabende gegangen war, zündete ich mir eine Zigarette an und las die Instruktionen an der Wand nochmals durch: «Der Wachthabende ist für das Gelände verantwortlich, das er zu bewachen hat... Er raucht nicht, singt nicht, vermeidet jedes Geräusch... stützt sich nicht auf sein Schwert... entfernt sich nicht von seinem Posten... Wenn es brennt, schreit er FEUER, FEUER. Wenn der Wachthabende beleidigt wird, nimmt er den Beleidiger in Gewahrsam.»

Die Anweisungen behielt ich mehr oder weniger. Dagegen vergaß ich Kodenummer und Kennwort immer wieder. Von dem Mann, den ich abgelöst hatte, waren sie mir auf einem Stück Papier übergeben worden, das ich in meinen tiefen Taschen nicht wiederfinden konnte, weil meine Finger steifgefroren waren. Als ich es endlich gefunden hatte, lernte ich alles auswendig: Kennwort Ehrwürdige heilige Zoe, meine Ziffer 11, die des Patrouillenchefs 32 ... Ehrwürdige heilige Zoe, 11, 32 ... Ehr ... Ganz wach war ich noch immer nicht. Ich fror weiter und sah den anderen Sternen zu, wie sie sich durchs Weltall bewegten, ohne einander jemals zu berühren, hinter ihnen vielfarbige Schweife aus Lichtdunst, die mich einhüllten wie Nebel. Deshalb hatte ich Angst, ich könnte die Patrouille verpassen, falls sie vorüberkam. Ich versuchte, einen winzigen roten Meteor zu fangen, der ganz dicht vorbeisegelte; er schlüpfte mir zwischen den Fingern hindurch. So benommen war ich, daß wir erst aus dem Sternenhaufen ins Unendliche hinaussegeln mußten, bevor ich begriff: Das Kennwort war dein Name. Da kam, vom Bug unseres Schiffes, vor der See der Nacht, dein Bild auf mich zu, wie du früher gekommen bist, eine Tüte mit Popcorn und Sonnenblumenkernen in der Hand, und du warst lebendiger als in meinem Traum.

Du sollst mich verstehen. Bis zu diesem Augenblick, bis zu dieser erkenntnisreichen Nacht, war ich nie allein. Nein, ich hatte dich nicht vergessen, mich auch nicht zu sehr auf die Probleme der anderen eingelassen. Aber ich hatte mich nie sicher gefühlt. In der Stube riecht es immer nach den anderen, auch wenn sie leer ist. Wenn wir schlafen, gibt es immer einen, der schnarcht oder im Traum redet. Außerdem war es, als wartetest du auf den

Augenblick, wo alle Reue, alle Sorge und alle Quälerei, alle Panik und Todesangst und der bittere Geschmack unserer Trennung aus mir fortgeschwemmt sein würden, damit du, klares, frisches Wasser, in meine leere Zisterne einströmen und mich bis zum Rande füllen könntest. Du hast mich ertränkt, bist über alle Ufer gestiegen. Dein Licht flutet in mir, deine Liebe. Seit ich gestorben bin, hatte ich nie ein solches Gefühl des Erfülltseins.
Darum ziehe ich jetzt so gern auf Wache. Die anderen meutern, wenn der Oberengel ihnen Wachen zuteilt, die ihren Schlaf zerschneiden. Ich habe diese Zeiten am liebsten, die weder mit dem Sonnenuntergang beginnen noch mit Tagesanbruch enden. Ich kann es kaum abwarten, bis ich wieder an der Reihe bin.
So sah ich – sternklar meine Gedanken – mein ganzes Leben vor mir und fing an, die ersten Stückchen aufzuheben, von denen ich gedacht hatte, sie wären längst im Dunkel verloren, Dinge, die man vergißt, weil sie weh getan haben, und dann entrollt sich das Netzwerk von allein. Ich erschrak, weil so viele lose Enden da waren. Und so viele Knoten. Aber es gelang mir immer, dem richtigen Faden zu folgen, und du warst mein einziger Führer.

I

Fragmente aus der Zeit, bevor ich dich fand. Erinnerungen des unfreien Herzens. Der heimliche Schulunterricht. Angst vor den türkischen Janitscharen. Und der freundliche Ali Pascha. Bilder einer raschen Befreiung. Freunde der Revolution. Palaion Patron-Straße. Die erste Fahne:

unsere Jugend. Blut und Morde gehören nicht hierher. Eine Kerze brennt heimlich in der Nacht der Besatzung und erfreut meinen Körper. Ein dicker Stift merkt meine Schuld an, daß ich nicht in den Bergen kämpfte, sondern in der Stadt blieb und mich sklavisch vor dem Eroberer beugte, Kompromisse einging, um zu überleben. Dann die geborgten Kleider. Mein hartnäckiges Vorhandensein. Meine Streitereien mit den anderen. Wer bist du? Ich bin allein. Die Freunde der Revolution lösten sich auf. Zusammenbruch des Traums: Die Revolution kann nie von außen kommen, Freiheit läßt sich nicht erringen von all den geborenen Sklaven, wie ich einer bin. Und dann du. Du. Nach so vielen Kämpfen, so viel nutzlosem Suchen, so viel vertanen Tagen kommst du auf mich zu, stumm, und hast Lorbeer in der Hand.

«Es wurde Licht, und der Mann erkannte sich selbst.» Ich schaue mich um, schaue zurück auf diese erste Zeit, unsere erste Flucht, als wir nicht wußten, wo wir uns verstecken sollten, und das Boot am Strande der unerforschten See fanden, an dem dunklen Strand, wo der Tang nach faulen Eiern stank, gerade hinter dem letzten Strandkaffee, und dort suchten deine Hände mein Gesicht; du sagtest: «So viel Nebel, Angelos, so kalt», löstest mit deinen Fingern so zart wie möglich den Nebel von meinen Augen und befreitest mein Gesicht von dem Dunst, der, wie Verbandstoff auf einer Wunde, darüber lag, und du sagtest mir, daß ich Beine hätte zum Laufen und Arme, um die Horizonte zu umarmen, und meinen Mund, um die Morgendämmerung zu küssen, bis ein Fischer kam und verlangte, wir sollten von dem Platz unter seinem Boot verschwinden. Dann gingen wir im gleichen Schritt durch unbekannte Gegenden, und du sagtest: «Unsere zwei Körper vereint im Paradies, meine Glieder begleiten die Melodie deiner Glieder»; und du branntest, weil ich dich gekannt hatte, bevor ich dich traf, und wir beide im Gefängnis dieser Stadt eingesperrt waren. Dies war die erste Nacht, in der wir aus unseren Einzelzellen entkommen waren; darum war es ganz gleich, wohin wir gingen; denn es genügte – nicht wahr? –, daß wir zusammen über das flache Stück Land gingen, das nirgendwohin führte, aber einen Horizont hatte, der sich weit öffnete, so daß wir näher bei den Sternen waren. Dann, bei dem Bach, sagtest du: «Ich bin zu schwer, du kannst mich nicht heben», und ich sagte dir, du seist eine Feder in meinen Armen, dein Nichtdasein habe schwerer gewogen. Als wir wieder auf der Hauptstraße ankamen, fragte ich: «Bist du müde, sollen wir den Bus nehmen?» «Nein, nein», sagtest du, «aber ich habe Angst, Angelos, daß ich nur eine Episode in deinem Leben sein werde.» Und ich lachte und wollte dich küssen, aber du schobst mich freundlich weg und sagtest: «Warum findest du das so komisch?» Dann gingen wir schweigend weiter durch die Dunkelheit – die Elektrizitätswerke weigerten sich, sie besser zu erhellen –, bis du plötzlich anhieltest: «Gott, sind wir schon hier?» weil wir in deiner Gegend waren, und ich begriff, daß wir uns hier irgendwo trennen müßten, ja, jetzt, und dann die Glieder plötzlich kraftlos in einem Winkel aus zwei Mauern, plötzlich gabst du dich mir mit erhobenem Gesicht, wie hypnotisiert, und deine Lippen schmeckten nach Bittermandeln und Bananen, deine Brüste machten das Anlegen sanft an deinem Kai, und in deinem Ohr fand ich das kleine Labyrinth, das in deine Ohnmacht führte, wie lange, wie viele Stunden? Bis du schließlich sagtest: «Spät. Spät. Zu Hause werden sie schelten.» – «Noch ein bißchen, warte, ich muß dir noch etwas sagen, es ist wichtig.» – «Angelos, das geschieht nie wieder», und du gingst, böse auf dich selbst, und ließest mich stehen, benommen, hilflos in diesem Winkel voller riesiger Schatten, und ich wartete, bis du verschwunden warst, bevor ich zur Bushaltestelle hinunterging. Meine Füße schleiften, als wären sie gelähmt; deine fünf Abschiedswörter waren schwer wie Vorboten von Stürmen. Und ich mit dem bitteren Geschmack vom Ende, bevor wir noch begonnen hatten – so werden wir mit dem Todeskeim in uns geboren. Die ganze Nacht dachte ich über das nicht befahrene Meer nach, über das Boot, den Tang, der nach faulen Eiern roch, den Flachacker, der nirgendwohin führte, und von all deinen Worten blieb als einziges dein letzter Satz, geheimnisvoller als Orakel, schwerer als Vorboten von Stürmen, eingehüllt in den Duft von Bittermandeln und Bananen: «Das geschieht nie wieder.»

Ich schaue mich um, schaue zurück auf diese erste Zeit, bevor du noch dein Haar offen trugst, als dein Haus an der Kreuzung lag, dort, wo die Tramlinie sich von der Buslinie trennt, wo ich stand und darauf wartete, daß du herauskommen würdest, weil ich dich sehen mußte, verzweifelt hoffte, dich zu finden – Oktober fast zu Ende und die Drohung des Winters nahe –, und ich wartete Stunde um Stunde, umrattert von Straßenbahnen, die sich fluchend auf ihren Schienen hinschleppten, eingehüllt in die Auspuffgase der Busse, eine Pfeife vom Athos im Mund; manchmal tat ich, als läse ich eine Zeitung am Stand, manchmal, als wartete ich auf einen Bus, und ich sah dich nicht, nicht einmal an deinem Fenster, denn ich kannte dein Haus nicht gut genug, um es unter den vielen Fenstern herauszufinden, wie ich auch dich nicht sehr gut kannte – damals – bedenk doch, wieviel Zeit wir brauchten, um uns kennenzulernen, Jahrhunderte –, und mein Verlangen wuchs, bis ich dich nötiger brauchte, als der lahme Bettler an der Ecke seine Krücken; denn die Flucht eines einzigen Abends hatte mir keine Zeit gelassen, dir irgend etwas zu sagen, und ich wollte dir so viel sagen; während ich wartete, verwarf ich viele Möglichkeiten, zu dir vorzudringen, bis ich mich für den Briefträger entschloß ...

«Du hättest mir nicht schreiben sollen. Mein Vater hat deinen Brief abgefangen. Hat ihn zerrissen. Auch die Zeichnung, die darin lag. Die Schnitzel habe ich aufgehoben, ich klebe sie wieder zusammen. Meine Eltern hatten schon vorgestern Verdacht geschöpft, als ich spät nach Hause kam. An meinen schmutzigen Schuhen haben sie gemerkt, wo ich war.»

«Aber wo soll ich dich denn sehen? Du warst verschwunden. Ich sage dir doch, ich konnte nicht länger warten. Wo können wir uns treffen? Ich will dich jeden Tag sehen.»

«In der Universität. Bald fangen ja die Vorlesungen an ...»

«Aber bis sie anfangen?»

«Ich gebe dir Bescheid.»

«Wann? Sag mir jetzt ... Komm weg aus dem Regen, unter den Baum dort. Warum bist du so still? Was willst du vor mir verstecken? Und warum hast du gesagt ‚Das geschieht nie wieder', als du fortgingst? Gibt es einen anderen? Bist du ...»

«Ja. Schrecklich, Angelos. Schrecklich für uns beide.»

‚Ich trinke Büchsensaft und träum' von Früchten', fing das Gedicht an, das du mir gabst, und das dein Verschwinden erklären sollte, als ich dich, zwei Wochen später, endlich im dritten Stock der Universität fand. Du standest in der Schlange vor dem Sekretariat und wartetest darauf, die Gebühren zu zahlen, und die Strahlen deines Haares hoben dich aus allen heraus, und ich versuchte, mit harten Ellbogen und kantigen Knien zu dir durchzubrechen, wie ein Vogel, der sein Weibchen durchs Dikkicht verfolgt und dabei von scharfen Blättern verwundet wird. «Nicht drängen, warten Sie, bis Sie an der Reihe sind . . .» Aber ich mußte dich erreichen, mußte vor dein Gesicht kommen, mein Spiegel, hatte so viele Nachmittage auf diesem Flur vertan, gewartet, daß du aus einem der Hörsäle kämst, so viele verlorene Stunden, und jetzt – jetzt: «Angelos»; allein dieses Staunen in deinen Augen war es wert, daß ich die Menschenwand durchbrochen hatte, die uns trennte, und dann: «Ja, gehen wir», hast du gesagt und das Testatbuch fest an dich gepreßt, «gehen wir in den Park.» Doch der Gang nahm kein Ende, überall Studenten in Gruppen, manche bei den Fenstern, Lehrbücher auseinandernehmen, um sie zu teilen, andere belagerten den lahmen Pförtner, ein Schweif zog hinter dem Repetitor her, der wie ein Komet unsere dichte Wolke durchschoß. Eine Reihe lehnte an der Wand, wie aufgebaut für ein Exekutionskommando, sie warteten auf eine Prüfung. «Der Flur wird zusammenbrechen unter all dieser Menschheit», sagte ich.
«Ich bin so froh, so froh, daß ich dich gefunden habe, Angelos.» – «Daß ich dich gefunden habe, meinst du, Zoe.» Und du drücktest meine Hand, als bewahrtest du ein großes Geheimnis, und ich hielt sie fest, damit wir

uns in dem Menschenwirbel nicht verloren. Ein Uniformierter stürmte plötzlich das Sekretariat, und aus der Schlange stieg ein Wutschrei, Testatbücher fuchtelten in der Luft, ein Haufen bärtige Studenten, alte Semester, hockten nervös in einer Ecke und hofften, nochmals zugelassen zu werden, und plötzlich zog sich das Getümmel zusammen, um den Professor durchzulassen, der auf die Toilette ging, und nie, niemals war dieser Korridor enger, luftloser, endloser gewesen. Als wir endlich die Treppe erreichten, da machtest du deine Tasche auf und gabst mir die Verse, die so anfingen: ‚Ich trinke Büchsensaft . . .'
Aber ‚Ich erinnere mich' ist kein Satz, an den man sich erinnern kann. Vielmehr sollte man sich daran erinnern, daß eine Treppe tief in See taucht, daß Menschenherden Fische sind, die voneinander leben, sich in Felshöhlen gegenseitig verschlingen; ein Park ist der Meeresboden, auf die Bänke sind Muscheln gebettet.
Erinnerung aber ist kein Wort, das erinnert werden sollte, zumal für mich, der ich aus Erinnerung gelebt habe, aus Sehnsucht nach dem Licht, das ich gesehen hatte, bevor ich zur Welt kam, und der ich dich immer neben mir haben wollte in dem Korridor, der jeden Augenblick unter der Last der Menschheit zusammenbrechen konnte. Wir entkamen auch den Chemiedämpfen aus dem Keller und drehten diesem Krematorium von Universität den Rücken; da sahen wir vor uns den Baum, die Krone voller ruheloser Vögel, die sich für die Nacht einrichten wollten, und dahinter, gespiegelt von den Fenstern in den Häusern jenseits der Straße, das letzte Tageslicht, milde, verbraucht, als habe es alle Plagen der Menschheit durchfiltert.

«Verzeih mir, Angelos, ich konnte dich einfach nicht treffen.»
«Und mich nicht einmal anrufen?»
«Du mußt verstehen, Angelos, ich . . .»
«Und was hast du die ganze Zeit gemacht?»
«Nichts. Zwei neue Kleider. Eins ist beige, das andere dunkelbraun wie die Erde, wenn es geregnet hat, mit einem kleinen weißen Kragen. Ich ziehe es an, wenn wir uns das nächste Mal treffen.»
«In einem Monat also.»
«Nein, morgen. Ich muß nochmal zum Immatrikulieren. Und dann fangen die Vorlesungen an. Jetzt sehen wir uns jeden Tag.»
«Bist du wegen deines ‚anderen' nie gekommen?»
«Nein. Er ist verreist. Und er bleibt lange weg. Ich hatte Angst vor dir. Gib mir eine Zigarette. Weißt du, daß ich noch nie geraucht hatte? Du hast es mir beigebracht. Die ganze Zeit habe ich jetzt heimlich geraucht, weil es mich an dich erinnerte. Sag mir doch – ich habe keine Lust, immer von mir zu reden – erzähl mir von dir, was hast du gemacht?»
«Ich habe meine Hände mit Jasmin gewaschen, die Erde mit Feuer aus Rosen angeheizt, und ich sehe den Herbst an, als wäre er Frühling. Außerdem war ich vollkommen allein.»
Die Nacht deckte uns freundlich zu, und in dem Baum über uns kamen die Vögel zur Ruhe. Gegenüber, in einem Gebüsch, redete ein Paar: «Und ich sag' dir, Mädchen, das ist alles lauter Quatsch, du machst Schweinereien.» – «Du kannst bloß den Mädchen Gemeinheiten anhängen, du kotzt mich an.» – «Moment mal, wer rennt hinter jeder Hose her, die vorbeikommt?» – «Du Aas! Ich rufe

die Polizei . . .» Und wir fühlten uns nah beisammen, sehr fern ihrer Welt, ihrer Sprache, und ich küßte dich an diesem milden Abend Mitte November, und du sagtest zu mir:

«Ich denke immer an dich, wie du mit gesenktem Kopf dem Meer entlang gehst, und das Meer ist grau, und dir hängt die Pfeife aus dem Mund.»

«Und du hast mir beigebracht, wie man küßt, wie man eine Straße liebt, eine Bushaltestelle, wie man eines Nachmittags stirbt.»

Der Wächter erschreckte uns mit seiner Lampe: «Wir schließen bald, es ist gleich neun.»

«So spät? Ich muß rennen, sonst habe ich zu Hause wieder Krach. Ich will lieber . . .»

«Warte. Am ersten Laternenpfahl lasse ich dich gehen. Wann sehe ich dich?»

«Morgen.»

«Wo?»

«Hier.»

«Und wenn es regnet?»

«Dann drinnen.»

«Wann?»

«Um sechs.»

Du ranntest davon, dein Pferdeschwanz flog hinter dir her wie Rauch hinter einer Lokomotive, dein Schatten wurde größer und kleiner – bis die Menschenmenge dich wieder zu sich holte.

Damals kannte ich dich noch immer nicht, und weil ich dich nicht als das Ganze begreifen konnte, das du warst, hatte ich dich geteilt: Deinen Körper nannte ich die Erde und deinen Kopf den Mond, und ich dachte, die zwei seien weit voneinander getrennt, die einzige Brücke zwischen ihnen dein langer, zarter und empfindsamer Hals, eine Brücke, die den Übergang von der einen Welt zur anderen wenigstens möglich machte, ohne doch die Ufer einander näher zu bringen, so daß der Abgrund zwischen ihnen eigentlich unüberbrückbar blieb, genauso wie ich selbst mit der Wurzel der Zweiteilung in mir geboren war, wie Stimme und Echo; wie ich merkte, daß ich aus Zweien gemacht war, wenn ich dich traf, wie eine entzweigeschnittene Schlange, deren Hälften sich winden, kämpfen, um sich wieder zu vereinen; der Schwanz peitscht um sich, will seinen Kopf wiederhaben, aber anstatt näher zu kommen, entfernt er sich weiter, und schließlich sterben beide Hälften fern voneinander. Genau das, schien mir, hatte das Schicksal für mich auf Lager, hätte ich dich nicht gefunden, dich, die Unteilbare, vollkommen in deinen Formen, du Frau, so daß mein Versuch, dich in Erde und Mond aufzuteilen, nur eine Ausflucht war, weil wir ja immer versuchen, davonzukommen, wenn etwas uns ändern will, und vor allem versuchen, eine oberflächliche Ordnung in dem Chaos in uns aufrechtzuerhalten ... Aber du warst dazu da, die Brücke zwischen den beiden unvereinbaren Welten zu bauen, meine beiden unvereinbaren Lösungen zu vereinen, die beiden Möglichkeiten, die ewig miteinander stritten; darum sage ich, daß ich dich damals immer noch nicht kannte, sogar während unserer scheuen Wege durch die fernsten Außenviertel der Stadt noch nicht, als ich noch immer nicht über meine eigenen Probleme hinaussehen konnte. Der einzige Unterschied: Was ich früher allein getan hatte, meinen eigenen Körper als Gesellschaft, das tat ich jetzt mit dir, erlaubte meinen kämpfenden Ichs den Boden deiner Arena ... und dein blasser

Mondkopf hob mich auf zu neuen Lichtträumen, während deine goldene Erde mich zu sich hinabzog zu einer Zeit, als ich den Wert des Pflügens noch nicht kannte, nicht wußte, wie den Pflug führen, wie die Samen der Freude aussäen; und doch konnte ich nicht nur um meinen Mond kreisen, denn du warst ganz da, heil, so wirklich wie Blut, während ich so hilflos blieb, so allein, wie ich dir oft sagte, und das Sagen machte es leichter, denn vorher hatte es keinen Menschen gegeben, dem ich etwas sagen konnte, und ich hatte nie gewußt, was Einsamkeit ist, weil ich ihr Gegenteil nicht kannte. Wie ein Vogel, der es leid wird, in ständig wechselnden Winden zu treiben, konnte ich jetzt auf deinem Nackenzweig ein wenig ausruhen, während du mir langsam, ohne daß ich es merkte, das Abc der Liebe beibrachtest, mich lehrtest, Konsonanten von Vokalen zu unterscheiden, zitternd die ersten Silben zu formen, so daß ich Schritt für Schritt die schwierige Treppe hinabstieg, manchmal fiel, aber immer warst du da, um mir aufzuhelfen, und deine Geduld mit mir war unendlich, mütterlich, dachte ich; so lange mußtest du warten, bis meine Hände wie Raupen in deine geheimnisvolleren Welten eindrangen, in Verborgenes, wo andere begonnen hätten, und ich brauchte so viel kostbare Zeit, um sie zu erreichen: die Bluse, der Büstenhalter, den Gürtel, den Schlüpfer – metaphysische Stationen für einen wie mich, der das Physische fürchtete. Du schienst von nie endender Vielfältigkeit, so viele Entdeckungen, und jede anders als die vorhergehende; ein Kaleidoskop drehte sich, die Formen änderten sich vor den verwirrten Augen des Kindes, nur der Zauber der Farben blieb in allen Kombinationen gleich, während du zu mir sagtest: «Du hast das Herz eines Buben, Angelos, und den Körper eines Mannes, was für eine sonderbare Mischung du bist.» Deine Stimme war Balsam in meinen Ohren, wie deine Hände Balsam auf meinen Wunden waren, genau, wie die sanften Linien deines Körpers die Härte meines Körpers milderten; ich hatte nicht gewußt, wie hart ich war, bevor ich mich mit dir verglich. Du siehst, in der Welt, aus der ich kam, war alles nach innen gerichtet, die Beziehung zur Außenwelt das Gegenteil von unserer. Ich sah mich schwarz wie das Bild, das im Negativ aus der Dunkelkammer kommt, während du mich weiß sahst, und das machte mich glücklich, weil ich an dich glaubte und darum in meinen eigenen Augen wirklicher wurde – um nicht zu sagen: besser anzusehen. Mehr als irgend etwas auf der Welt brauchte ich die Bestätigung durch dich; nie konnte ich mich genug erfüllen lassen von deinen Worten, die in mir wiederklangen. «Heute nacht hat mich die Erinnerung an deine breite Hand, an deinen breiten Körper, gequält ...» Das hast du über mich gesagt, und es wurde zur Heilung dessen, was ich dir so oft wiederholt habe, daß wir nur in der Vorstellung des anderen existent werden ... Nach jedem Zusammensein im Park, unter dem Kriegerdenkmal, verließ ich dich freudiger, stärker, bereit, die Welt zu umfassen; bei jeder einzigen Gelegenheit hast du diesen Funken in mir entzündet, wie damals, als du das Wort SEHNSUCHT in meine Handfläche schriebst, so daß ich es immer ansehen konnte. Ich glaubte dir, weil ich dein Licht brauchte; in deinem aufgelösten Haar entdeckte ich tausend kleine Geheimnisse, und was immer wir damals getan haben, kam von selbst, ohne Zwang, wie auch du zu mir kamst, leichtfüßig, berstend aus deiner Fülle, und wenn Einsamkeit auf uns gewartet haben mag, fünf Schritte von dort, wo wir uns trennten, weigerten wir uns hartnäckig, an das Morgen zu denken, an dieses mystische, unwirkliche Morgen, weil jedes Jetzt und Hier eine Explosion von Glück bedeutete: Zusammen lernten wir alles, was zu erlernen war; alles entdeckten wir in unserer ersten Liebe mühelos zusammen; gemeinsam segelten wir zwischen den tausend Felsen hindurch, die uns bedrohten, weil unsere Zärtlichkeit stärker war als Felsen, weil wir in unserer Unkenntnis der Welt mehr wußten als die Weisen, und in der Dunkelheit, in der wir lebten, spürten wir um so stärker das Licht. Denn sonst – wie wäre sonst meine Verwandlung möglich gewesen, dieses Wunder, meine Flucht aus dem Drahtverhau des Gefängnisses? Während die anderen Gefangenen «Verräter» zu mir sagten, erleichtertest du die Last des Verbrechens, das ich nie begangen habe, befreitest mich vom Kainsmal der Reue, setztest andere Zeichen an seine Stelle, tiefere, unvergeßliche, die erst später erscheinen sollten – aber darüber will ich dir jetzt nichts sagen: Diese erste Zeit der Ahnungslosigkeit verlangt Hymnen, auch wenn die Sonnenaufgänge manchmal unerträglich waren und unser Zustand für Parkbänke nicht geeignet.

So verging der Winter mit Verhören, im Frühling verbanden sich die Kreise, dann kam der Sommer der Trennungen, und im Herbst sagtest du:
«Jetzt bin ich eine vollkommene Frau, Angelos.»

Vom Dach der Welt rufe ich dich an: Warum, sag mir, warum hast du dein Haar abgeschnitten? Warum hast du dein Licht verschachert? Warum deine Fahne eingerollt? Was soll der Wind jetzt tun, da er es nicht mehr streicheln kann? Und meine Hände? Wo, sag mir doch, wo hast du es begraben? Von deinem Kopf sehe ich Locken baumeln, blonde Locken, wie zuckendes Wasser, das von einem geköpften Wasserfall versickert. Nichts mehr strahlt dein Mond jetzt aus. Immer noch ist er schön, in seinem Weltraum beschlossen. Aber es gibt keine Strickleiter mehr für mich, ihn zu erreichen, keinen Weg mehr in deine Träume.

«Ich hatte keine Lust mehr, es durchzukämmen. Darum habe ich es abgeschnitten. Sieh mich nicht an, als kenntest du mich nicht mehr. Mein Kopf fühlt sich so leicht an . . .»

Ich sage nichts über den Sommer, der verging, ohne daß ich dich sah, über die Briefe, die ich dir schrieb, ohne daß ich es fertigbrachte, sie abzuschicken, über meine Wege rings um dein verschlossenes Haus, über meine Versuche, Leute zu treffen, die dich kannten. Will nichts sagen über meinen Freund, der dich auf der Straße sah und dann mit seiner Enttäuschung zu mir kam: «Jetzt sieht sie aus wie alle anderen.» Seine Worte verletzten mich tief, aber ich bin stark genug, mich nicht darum zu kümmern; denn ich weiß, daß du dich nicht geändert hast, daß du nicht aussiehst wie andere . . . Doch jetzt, vom Dachfirst der Welt, frage ich dich: Warum, warum hast du damals im Oktober dein Haar abgeschnitten? Und ich mache dich verantwortlich für den Regen, klage dich an wegen der Wolken, die sich zusammenzogen. Ich tadle dich, weil du die Bäume veranlaßt hast, ihre Blätter fallen zu lassen.

«Es wächst rasch nach, Angelos. Bald wird es wieder so lang sein wie früher.»

Aber weißt du denn nicht, weißt du nicht, daß ich nicht bis zum nächsten Frühling warten kann? Daß ich große Eile habe, zu gehen und die Lösung zu finden? Dieser Zustand der Unsicherheit kann nicht so weitergehen. Warum also hast du so plötzlich einfach ein Messer, ein Stück Metall, eine Schere an dein Licht angesetzt? Jetzt vom Dachfirst der Welt rufe ich dir zu: Du bist schuldig – schuldig der Zerstörung deines Haares. Meine Finger mögen morgen schon wieder mit seinem Strom spielen, aber nie werde ich ganz und gar in seiner freiströmenden Flut baden können.

«Ich habe es aufgehoben. Ich könnte es einrollen, einen Knoten machen und ihn mir aufstecken, und dann sieht es aus, als wäre es gar nicht abgeschnitten.»

Aber du weißt genau, das ist nicht dasselbe. Man kann Licht nicht mit Licht zusammenleimen. Wenn Licht zerbrochen wird – dann ist es aus.

«O mein Gott, ich bereue so bitterlich, daß ich es getan habe. Ich entschloß mich in einer Sekunde, und schon in der nächsten bereute ich. Meine einzige Hoffnung war, daß ich dir so gefallen könnte.»

Das war es.

Danach habe ich mich manchmal gefragt: Warum du und keine andere? Warum du mit diesem Gesicht, dieser Stimme, diesem Gang? Wie habe ich dich denn gefunden? Was haben wir beide denn getan, daß wir es verdienten, einander in diesem millionengesichtigen Chaos zu begegnen und gemeinsam unsere Nöte auszusäen über die Jahreszeiten? Da waren die Philippou-Straße, Tsmiski-Straße, Niki-Allee, die Nebengasse von Ätorrache. Die Gegend um den alten Bahnhof, der Gerichtsplatz, das Rathaus von Kalamaria, die Wohnviertel von Unter-

und Ober-Toumba. Warum hat mich die Jerissós-Straße angezogen, und ich habe deine Straße gebeten, den Fluch meines Lebens zu löschen?
Du hast recht, Eleni wackelte zu sehr mit dem Hintern. Thalia wollte alberne Gefühlsduselei. Katinitsa hockte sich auf ein Motorrad und verschwand, rückwärts feuernd, um die Ecke. Auch Aura liebte Dinge, die belanglos waren. Meine Kusine roch so penetrant jungfräulich. Und Margarita war mit Katechismus gefüttert. Du bliebst übrig, nur du, mit Bittermandeln und Bananen auf deinen Lippen.

II

«Komm.»
«Nein.»
«Komm, gehen wir.»
«Nein. Ich muß nach Hause.»
«Ich lasse dich nicht durch.»
«Laß mich gehen, sag' ich dir. Und fuchtle nicht so mit den Armen. Du siehst aus wie ein Polizist.»
«Komm.»
«Aber siehst du nicht ein, daß du nicht so egoistisch sein darfst?»
«Und siehst du nicht ein, daß du nicht so mit mir herumspielen darfst?»
«Es ist spät, und ich muß zurück. Warum läßt du mich nicht durch?»
«Darum. Weil ich nicht will. Wir gehen zusammen.»
«Wohin?»
«In mein Zimmer.»

«Mit Gewalt?»
«Ja.»
«Ich kann nicht, sag' ich dir.»
«Ich lasse dich nicht vorbei.»
Du senktest den Kopf, unterwarfst dich mit einer einzigen Bewegung.
«Gut, gehen wir», sagtest du, «der Mächtige hat immer recht.»
Dann hattest du deine Pumps ausgezogen und stopftest dir das Kissen in den Rücken, richtetest dich ein auf meinem Bett. Und ich legte meinen Kopf auf deinen kleinen Bauch; ich war noch naß von dem Wasserstrahl, den sie auf uns gerichtet hatten, in meinen Ohren dröhnte der Widerhall der Demonstration, ich konnte noch die Fenster des britischen Konsulates splittern hören, die Polizei war mit Gummiknüppeln hinter uns her, und dann kamst du mit deiner Freundin vorbei, drüben auf dem anderen Bürgersteig. Und ich ließ den Kampf sein und rannte dir nach, zog dich in die Allee, und du gabst mir eine Möglichkeit, meine aufgestaute Wut loszuwerden; so zwang ich dich, mit mir nach Hause zu kommen ... Jetzt, auf dem Bett, suchten wir die bequemste Lage, und du teiltest das Bett in zwei, zogst eine unsichtbare Grenze, sagtest, darüber dürfe ich nicht hinaus; aber wir gaben die Grenze schnell auf, und ich öffnete deine rote Bluse, und wieder zitterten meine Hände; ich befreite deine Brüste, die vom Rot der Bluse glühten, und du sagtest: «Leg eine Platte auf, damit uns niemand hört.» Ich stand auf, zog das alte Grammophon auf, und dieselbe alte Platte lief endlos, ohne daß ich die Nadel wechselte; ich sah dich warten, sah das Nest-Bett im Dämmerlicht, dein halbnackter Körper war schön, ich

kam zu dir zurück. «Liebst du mich?» – «Sehr. Und du?» – «Wie mein Kind, wie meinen Mann», und du rolltest dich zusammen, und deine Hände waren Sandstrände, die Ozeane beruhigen, deine Brüste Zwillingssterne, deine Schenkel entfalteten ihre doppellippige Blüte. «Was für Riesenschlüpfer du hast.» – «Von meiner Mutter», und du lachtest, und ich lachte. Ich fragte, ob ich dir zu schwer sei, und du sagtest: «Nein, ich liebe deine Schwere.» Die Nadel kratzte ihre stimmlosen Runden herunter.

Draußen war es dunkel, als du gingst. Ich weiß nicht, wieviel Zeit verstrichen war. Ich liege noch immer auf meinem Bett, benommen von der Süße, die ich zum erstenmal gefühlt habe, erschöpft, gleichgültig, leer. Die Erleichterung, die ich spürte, hatte nichts mit Glück zu tun; denn Glück ist etwas, das man zu verlieren fürchtet; dieses neuentdeckte Gefühl unendlicher Leere dagegen war ein unerklärliches Lichtwunder. Nie hatte sich eine Zigarette besser zwischen meinen Lippen angefühlt. Nie hatte ich einen so guten Hunger gehabt. Immer wieder fand ich Haarnadeln von dir auf dem Kissen, nicht diejenigen, die du am Marktstand gekauft hattest, seltsame Erscheinungen, wie Sternschnuppen aus dem Raum gefallen. Ich roch an meinen Fingern, die noch den Duft deines Chaos bewahrten, und die ganze Süße, die ich gefühlt hatte, als ich in dieses Chaos eindrang, kam zurück. Bis zu diesem Augenblick war der Akt für mich ein Akt der Reue, der Schuld, eine Agonie gewesen. Nach der Befriedigung hatte mich Ekel überfallen, ich zertrümmerte Spiegel. Erlösung wie diese war ohne Vorbild. Sicher – ich war nicht im Paradies, aber an einem freundlichen Strande, wo die Wellen nicht Fischleichen

und Tang ausspien, sondern ihren wirbelnden Schaum landeten, die Ernte der See.
Ich war das also, ich! Und was hatte ich ein ganzes Jahr lang mit dir gemacht? Wie konnte ich so viel Zeit verstreichen lassen? Ach ja, bis zum letzten Herbst warst du «keine vollkommene Frau». Während des Sommers hatte der «Jemand» ... Wenn ich an ihn denke, legt sich eine Wolke über meine Heiterkeit. Ich verjage sie. Lieber gebe ich zu, daß ich unerfahren war, daß ich, seit ich aus dem Schoße meiner Mutter gekommen bin, nie in einen Schoß zurückfand. Heute erst bin ich erwachsen geworden. Heute, nachdem ich vom Sonnenaufgang aus dem Untergang geträumt hatte, nachdem ich in eine Zypern-Demonstration geraten war, vom Wasserstrahl der Polizei getroffen wurde, mit dir in der Allee gekämpft habe – heute, wo ich die Worte gehört habe: «Es tut weh und ist wunderbar, Angelos.»
Ich werfe mich auf meinem Bett hin und her. Ich vermisse dich. Deine Abwesenheit fühle ich körperhaft, greifbar. Ich vermisse nicht das Idol, die Ikone, die ich vor dem Ikonostasion meiner Träume anbete, ich vermisse deine Hände, deine Nägel in meinem Rücken, ich vermisse deine Schenkel, dein Fieber, deinen Atem. Ich vermisse dein tiefes und wunderbares Chaos, süßer als Datteln, zarter als Wiesen mit nie betretenem Klee. Und das Zimmer voller Dinge, die unsere Liebe gesehen haben, regt mich auf. Ich will hinaus.
Jetzt gehe ich allein, peitsche Bäume, zähle Straßenlaternen, schaue abwesend in helle Schaufenster, gehe durch die lichterzuckende Dunkelheit und überlege mir, daß heute, am Tage meiner wirklichen Geburt, zwei zu einem geworden sind, der Mond sich mit der Erde ver-

bunden hat. Dein Nacken ist nun keine Brücke mehr, die Welten verbinden muß, er ist vom gleichen Stoff wie die Erde, gehört zu deinem Körper wie dein Haar, gleiches Blut fließt durch dein Adernetz, das dich fest umspannt hält. Du bist die Stadt und ich der Vardar-Wind, der durch deine breiten und schmalen Straßen fegt. Du bist der Baum und ich die Brise, die deine Äste beugt. Du die Erde, ich der Himmel, der dich umgibt. Dein Horizont steht klar in der wolkenlosen Nacht. Du bist die Frau und ich der Mann, der dich nimmt. Diese neue Trennungslinie an unseren Grenzen erfüllt mich mit unendlicher Freude. Ich bin ein Kind bei den ersten Entdekkungen in der Welt.

Ich streife durch die Stadt, die ihre Bewohner langsam aus den Straßen entläßt, meine Gedanken im Takt mit meinen Schritten. Jetzt weiß ich, ich stehe auf eigenen Füßen, brauche keine Krücken mehr. Ruhig sehe ich zu, wie der Mond aufgeht. Deine Worte kreisen in mir. Deine Stimme flattert umher wie ein Vogel in seinem Käfig. Ich lasse ihn nicht hinaus. Deine kleinen Zungentänze, aufbewahrt in meinem Ohr, bringen neues Feuer, neues Delirium. Wo bist du? Was tust du, denkst du?

Nach Stunden komme ich zurück in mein Zimmer, sehe das Bett so unordentlich, wie ich es verlassen habe, die Platte mit der Nadel in ihrer Rille, deine blonden Haare in meinem Kamm, deine schwarzen Liebesflecken auf dem feuchten Laken, und ich merke, daß mein Zimmer mit seinem säuerlich abgestandenen Geruch mich nicht mehr abstößt, daß ich zum erstenmal einen Ort habe, an dem ich leben kann. Du bist hier, Zoe. Wartest auf mich, breitest mir deine Gegenwart aus. Und ich sinke in das süße Chaos, das ich in dir gefunden habe, samtgrün, duftend wie eine volle Honigwabe, ich schmelze in deiner Süße, ich kann nicht, kann nicht mehr, meine Gedanken lösen sich, und aus tausend Schleusen bricht die Flut des Schlafes herein.

Trotzdem stehe ich um Mitternacht auf. Das Wort Chaos läßt mich nicht schlafen. Ich will diese neue Leere, die ich entdeckt habe, besser verstehen, Erklärungen finden, Bilder sehen. Wie kann das weitergehen, frage ich mich und beiße in meinen Bleistift, was kann auf unsere Erkenntnis des Todes folgen?

Ein Regenmantel aus Küssen. Eine Mauer, an die wir uns mit dem Rücken lehnen. Wir haben die feuchte Nacht als Dach über unserer Liebe, den kahlen Baum im inneren Hof. Unsere Zeugen: zwei Katzen.

«Wie lange bleibt deine Großmutter?»

In dunklen Winkeln gedieh unsere Liebe, auf unbegangenen Seitenwegen. So weit wie möglich von Hauptstraßen, so weit wie möglich von Menschen entfernt.

«Wo sind wir hier? Ich habe keine Ahnung.»

Um unsere Liebe zu verbergen, entdeckten wir die geheimsten Orte, wie Fische, die nur auf dem Meeresgrund leben und nie aus der geheimnisvollen Welt der Unterwasserhöhlen auftauchen, zwischen Felsen schwimmen, die sich furchtbar über ihnen türmen – wie über uns die neuen Mietskasernen.

«Wir wollen lieber laufen.»

Die Feuchtigkeit der Nacht ist gefährlicher als die schlimmsten Zweifel. Sie macht uns fühllos. Nur die Küsse reichen nie aus. So viele die Nacht von unseren Lippen auch erntet, verlangt sie doch immer noch mehr. Nächte sind gierig nach Küssen. Bis der Kuß der Sonne sie zerstört.

«Ich habe es gern, wenn an meinem Hals deine Bisse zu dunklen Flecken werden.»
Irgendein Licht in einem Hochhaus ging aus, irgendein Fisch wollte auftauchen. Vielleicht könnten wir in diese neue Höhle gehen, die sie da bauen. Die noch unbewohnt ist. Richtig für uns, oder? Für zwei Fische im Exil, von Strudeln umgetrieben.
«Ich habe Angst.»
Ich nahm dich bei der Hand. Wir sprangen über Farbtöpfe. Wateten durch einen Sandhaufen, aus dem sich deine Schuhe füllten, wie Diebe gingen wir die halbfertige Treppe hinauf, kamen in den zweiten Stock: Bretter, Schaufeln, Anstreicherpinsel, Ziegel, Zementsäcke. Wir stiegen weiter zum dritten, die Treppe kahl, unregelmäßig die Stufen, kein Geländer, unter uns gähnte der Abgrund, keine lebende Seele hier drinnen, nicht einmal ein Wächter. Wir turnten über ein Brett und gelangten aus dem dunklen Vorplatz in eine zukünftige Wohnung, wo gerade die Türrahmen eingesetzt worden waren; Werkzeuge lagen herum, die Arbeiter würden am nächsten Morgen weitermachen, enge Räume, niedrige Dekken, das Licht fiel in Fetzen von draußen herein, kein Laut außer unseren Schritten mit ihrem hohlen Echo.
«Hier würden wir schlafen. Wir würden nichts anderes ins Zimmer stellen außer einem riesigen, breiten Bett. Auf dem Balkon würden wir Tropenpflanzen als Gardinen halten, dann könnten wir morgens beim Aufwachen denken, wir seien in einem anderen Land.»
Ich blickte mich im nackten Raum um und sah, wie er war: unmenschlich, unfertig und kalt. Angefüllt mit Dunkelheit. Das Fenster ein verbeultes Auge, der Fußboden ein gehäuteter Rumpf.

«Komm weg von hier.»
Und wir wanderten weiter, trennten uns auf der Egnatia und kamen erst hinter dem Stadion wieder zusammen, dort, wo die Straßenlaternen aufhören. Arm in Arm gingen wir an einem Acker entlang und kamen zu einem Bauland, das für Fundamente aufgewühlt worden war. Bulldozer und Krane schliefen, Mammute aus Metall, auf der tief gezeichneten Erde. Wir gingen weiter, über Straßen, die noch nicht gepflastert waren. Auch hier reckte ein unfertiger Bau sein Skelett in die Nacht, und nichts war an seinem Platze, weder Steine noch Erde, noch Bauwerk. Wir taumelten über Erdgeschwülste, rissen unsere Beine an Dornen auf, die als letzte dem Wüten der Maschinen weichen würden, und kamen in das Wäldchen, Hafen für Paare wie wir.
«Ich habe unheimliche Orte gern.»
Und ich hatte Liebesfeste gern und die Stadt zu unseren Füßen, dieses Gefängnis . . .
«Nicht dahin küssen . . .»
Du warst entsetzt, als zwei Polizisten ganz dicht hinter den Pinien vorbeigingen, ohne uns zu sehen.
«Ich fühle mich schuldig», sagtest du, «ich bereue, was wir tun. Ich weiß ja, daß ich dich eines Tages nicht mehr wiedersehen kann, und wie soll ich dann ohne dich leben, ohne dich . . . Du hast mich rauchen gelehrt und hast mich gelehrt, mich zu schämen, und hast mir das Glück beigebracht, Gras neben mir zu fühlen.»

Es war Winter, und das Telefon klingelte.
Ich hatte mich daran gewöhnt, daß es für mich läutete, daß ich den Hörer abnahm und deine Stimme hörte; denn ich war nicht mehr jener, der verzweifelt nach dir

suchte wie nach Wasser, der deinetwegen unendliche Stunden unter Torbögen verwartete, dessen Herz wild klopfte, während er nach Regenschutz suchte, der an deinem Haus vorüberschlich, faltig vor Sehnsucht, der – ganze Nachmittage lang eingeschlossen – den Bewegungen des Fahrstuhls lauschte, seinem Halt im fünften Stock, dem leisen Anschlag der Türklingel, dann, endlich, dein Schatten hinter dem Milchglas des Eingangs – denn du hattest gelernt, ohne Vorwand zu erscheinen, ohne die tausend Hindernisse, die du vor mir aufzubauen pflegtest, du kamst jetzt in allen Ehren, entschieden, und wir breiteten die Matratze auf dem Boden aus und überließen uns dem Festmahl unserer hungrigen Sinne; dein Haar war wieder länger, und du fingst an, wieder wie meine erste Zoe auszusehen ... Aber heute schien deine Stimme im Hörer fremd und aufgeregt.

«Angelos, ich muß dich sehen. Sofort.»

«Wo bist du?»

«In einer Telefonzelle.»

«Kannst du nicht sagen, was los ist?»

«Nein. Hier stehen Leute herum ... Im Park, ja? Beim Denkmal. In fünf Minuten.»

Ich hatte nicht einmal Zeit, meinem Freund zu erklären, warum ich weg mußte. Ich rannte, sauste die Treppen hinunter, ohne auf den Lift zu warten, und kam zuerst am Treffpunkt an. Es war dunkel und eisig kalt, von den Baumkronen hingen Geheimnisse herunter, der Nebel war so dicht, daß er sich nicht weiter ausbreiten konnte, und doch hielt er innig zusammen, die Straße verlassen, der Park noch mehr, der nackte Krieger auf dem Denkmal erfroren. Und ich rannte hin und her, rieb meine Hände, sah meinen Atem in Wolken fortziehen, zündete mir schließlich eine Zigarette an, um warm zu werden, und dann sah ich dich aus dem Chaos der Bäume auftauchen, eine Fregatte, beladen mit weiblichen Kostbarkeiten, frei von billigen Düften, schwingend und tanzend auf deinen eigenen Wellen, die Hände in den Taschen deines Regenmantels.

«Angelos, ich glaube, ich kriege ein Kind.»

Wie ein Stalaktit hing deine kleine Stimme in der Nacht.

«Ich wollte es dir nicht sagen, damit du dich nicht aufregst, aber meine Regel ist seit fünf Tagen überfällig. Ich werde wahnsinnig. Was sollen wir um Gottes willen machen? Die Schande . . . ich meine, es wäre besser, wenn . . .»

«Vielleicht ist das die einzige Lösung, Zoe.»

Am nächsten Tag schneite es; ein plötzlicher Schneesturm deckte die Straßen und die Spuren aller Menschen und Räder zu. Die Stadt wurde still vor Schreck. Gegen Abend fror alles, was vorher zu Matsch geworden war, und die Leute glitten aus.

Ich traf dich, und du warst noch aufgeregter, denn ein weiterer Tag war verstrichen, ohne daß etwas geschehen war. Wir saßen in der Taverne mit den guten Buzuki-Spielern und tranken einen Ouzo nach dem anderen. Wollten uns Mut machen. Die Hure in der Ecke starrte uns erbarmungslos an, der Wirt hielt ein Auge auf uns, als wären wir Außenseiter in seinem Betrieb, wir beide, verloren in Berechnungen, dort, neben den schwangeren Weinfässern. Auf die Rückseite einer Zigarettenpackung kritzelten wir Daten, strichen sie wieder aus. Zahlen, Tage, wann, wie oft, und du irrtest dich mit dem Februar, achtundzwanzig Tage, nicht neunundzwanzig. – «Sogar die Züge haben Verspätung bei dieser Kälte.» Schließlich verließen wir die Taverne und hatten einen Tag gewonnen, was eine ganze Menge bedeutete.

Draußen war es ganz still, die Welt so weiß wie ein Auge ohne Lider, seine Pupille war die Nacht. Wir schlidderten die vereisten Straßen entlang, und ich hielt dich fest, damit du nicht fielst. Du hattest deine Kapuze auf, und dein Gesicht war kleiner als sonst, ein Licht unterm Lampenschirm. Ein Kind, was sollten wir mit einem Kind, selbst wenn wir heirateten, was würde ein Kind bedeuten? Ein Mißverständnis mehr unter so vielen anderen, Mädchen oder Knabe oder etwas zwischen beidem, den Hermaphroditen zugehörig, ein Kind, jetzt noch so gut aufgehoben in seinem Nichtsein, eine weitere Falschlösung, nein, dies konnte niemals die Lösung sein, auf die wir hinauswollten, würde nur neue Konflikte für ein neues Wesen schaffen, nein, nein, komm, gib mir die Hand, wir wollen keine Familie, wir leben im Haus der Schuld, und jeder neue Mieter vervielfacht diese Schuld, bis das Haus meines Vaters, aus einem Bethaus zu einem Handelsplatz geworden, endlich niedergerissen wird. Wir *wollen* nicht . . . komm, tanzen wir doch, einen Walzer, einen Charleston, Tango meinetwegen, wir sind das, was sie aus uns gemacht haben, mit uns ist das Ende da, unsere Vorfahren erhalten die Nachkommen nicht, die sie wollen.

Wir drehten uns, mir wurde schwindlig von Ouzo und Tanz, die Straßen wanden sich zu Kränzen, Häuser spiegelten sich wie im Teich, die Fundamente zuoberst; bald sah ich dich davongehen, deine Kapuze über dem Kopf, du verschwandest in der großen Kapuze der Nacht.

Das Telefon läutete am Sonntag nachmittag wieder, als

nur noch auf dem Kouri Schnee übrig war, wohin meine Freunde skilaufen gingen: Luxusschnee, Luxusfreunde. Ich schickte sie fort und hielt Wache beim Telefon wie auf Grenzposten, und du warst da, deine Stimme, warm und vergnügt:
«Es ist gekommen. Heute. Sei glücklich, ich bin's auch. Alle Aufregung vorbei. Ja, morgen sehen wir uns. Freu dich . . .»
Was war eigentlich gekommen, fragte ich mich, als ich den Hörer hingelegt hatte. Eine Stufe nur stieg ich unter die Augenblicksfreude hinab und wußte nicht, was gekommen war, sah keine Bilder. Blut zwischen deinen Schenkeln? Nein. Verspätete Tage? Nein. Was also? Wie konnte ich das ausdrücken, wie konnte ich mir das glaubhafte Bild vorstellen? Ein Rinnsal im Eis, erstes keimendes Gras. Das kam, *das*.
Es wurde Frühling.
Aber die Nachricht erreichte uns nicht so, wie wir es uns gedacht hatten. Ich noch eingetaucht in die Süße deiner Erfüllung, als du dich wegdrehtest und mit der Eifersucht der Frau, die als erste befriedigt ist, anfingst, mit einem unsichtbaren Stift Linien in mein Gesicht zu zeichnen, mir Haare auszupftest, Nägel in meinen Rücken grubst; und es war Frühling, der erste in meinem Leben, in dem ich keine Lust hatte, mich umzubringen. Früher hatte ich mir einen Stein anhängen und mich in die schlammige Bucht werfen wollen, wenn das Leben rings um mich überquoll, die Luft betrunken machte, die Vögel sich liebten; aber dieses Jahr tranken wir gemeinsam Blut aus einer Wunde, die wir uns im hohen Gras rissen, und später duftete dein Körper wie trockenes Stroh, auf abgeernteten Feldern aufgestellt – ich noch immer ein-

getaucht in die Süße deiner Erfüllung, in die Süße unserer letzten Umarmung, denn die letzte war immer die beste und löschte die Erinnerung an frühere von meiner Haut. Da sagtest du plötzlich:
«Angelos, wir können uns eine Zeitlang nicht sehen. Der ‚andere' ist da, auf Urlaub. Du kannst dir nicht vorstellen, wie fremd er mir ist. Trotzdem – wir müssen Geduld haben, verstehst du. Versprich mir, bitte versprich, daß du inzwischen an mich denken wirst.»
Du warst und bist die Welt für mich. Das Zimmer, in dem wir uns trafen, bildet die Wände der Welt. Die Straßen, durch die wir gingen, die Adern der Welt. Die Parks, in denen wir saßen, die Meere unserer Welt. Die Stadt, in der wir lebten, unser Welttheater. Die Leute, die wir sahen, das Auditorium unserer Welt ...
«Versprich mir, versprich, daß du an mich denken wirst.»
Man vergißt vieles, wie du weißt, aber nie den ersten Sonnenaufgang, der die Nacht vom Himmel schält und die zuckenden Sternenpickel wegwischt, der die Himmelsstirn streichelt, die müde ist von der nachtlangen Wache über dem Chaos. Wir vergessen vieles, aber nie das erstemal ...
Von diesem Tage an bedeutete Frühling Gefängnis. Endlose Stunden des Zuschauens, wenn das Feuerwerk des Tages aufstieg und verblaßte. Ich rauchte, wartete, fing an zu trinken. Wir wohnten so nahe beieinander und waren so weit entfernt. Die Welt draußen war mir fremd und verhaßt – wie der Kommiß. Wozu sollte ich mich für sie schmücken? Nur eines Abends sah ich dich plötzlich im Kino, ohne daß ich auf die Entfernung erkennen konnte, wer neben dir saß, und der große Raum schrumpfte auf die Ausmaße unseres Zimmers zusammen.

«Du bist da. Du bist DA. Wie hast du das geschafft?»
«Ich entkam den Fallen der Welt, dem Gefängnis zu Hause, den Blicken der Leute.»
«Wie lange kannst du bleiben?»
«Nicht lange. Ich habe gesagt, ich müsse zur Schneiderin.»
«Du kommst immer, um zu gehen, nie, um zu bleiben.»
«Keinen Weltschmerz bitte.»
«Genau wie im Anfang, als jedes Treffen Kampf bedeutete. Damals war das schon schlimm genug, jetzt bringt es mich um.»
«Wenn du so lächelst, bringst du *mich* um.»
«Und was hast du in dem Jahrhundert gemacht, seit ich dich zuletzt gesehen habe?»
«Unser Kätzchen ist gestorben. Wir haben es im Hof begraben. Ich habe geweint. Ich hatte es gern.»
«Jetzt, wo du hier bist, fühle ich mich noch einsamer.»
«Du liebst mich nicht mehr . . .»
«Nein, nicht deshalb. Aber wenn du so kommst wie jetzt, ist das schlimm für mich. Du weckst mich aus meinem Halbschlaf. Und nachher? Wie soll ich wieder einschlafen?»
«Wenn ich dich sehe, bin ich glücklich und denke an nichts anderes. Nun bin ich schon eine Weile hier, und du hast mich noch nicht geküßt.»
«Ich habe auch angefangen, mir einen Schnurrbart stehen zu lassen, wie dein ‚anderer'. Schließlich kommen wir soweit, daß wir den Leuten gleichen, die wir hassen. Oder wir hassen, was wir einmal geliebt haben. Aber wir müssen – hörst du mich? – wir *müssen* eine Lösung finden.»
«Wenn du mich küßt, werde ich ohnmächtig. Paß auf, keine Bisse an meinem Hals.»

«Wann geht er?»

«Er ist versetzt worden. Jetzt bleibt er endgültig hier. Ich hätte es dir sagen sollen. Ich . . . ich wußte nicht, wie . . . Es ändert nichts zwischen uns, Angelos. Außer, daß wir vorsichtiger sein müssen. Ich habe keine Angst. Ich liebe ihn ja nicht. Dich, Angelos, dich . . . Gib mir deine Hände, dann brennen wir die Grenzen der Welt ab.»

«Also für immer ist er jetzt hier?»

«Und ich sage dir, es macht nichts. Alles geht weiter wie früher. Ich habe meine Pläne. Nur rasieren mußt du dich wieder. Eine Welt ohne Bärte wäre ganz sicher eine bessere Welt.»

«Ich weiß nicht, was mit mir los ist, mir ist übel . . .»

«Bei ihm fühle ich nichts, Angelos, glaub mir doch. Du und ich, wir sind füreinander gemacht, unsere Körper sind aufs gleiche Maß geschnitten. Sind füreinander gewachsen.»

«Rede. Rede zu mir. Deine Stimme hat mir gefehlt.»

«Du bist süß, und du bist schwer. Nachts, wenn ich an dich denke, bleibe ich wach. Wunderbar ist es . . . so . . . tiefer . . . tiefer . . .»

«Ich fürchte mich vor der Nacht.»

«Deine Augen. Ich sehe die Flammen. So wunderbar war es noch nie . . .»

«Und dein Kopf auf dem Kissen, der Sonnenaufgang auf meinem weißen Gebirge.»

«So habe ich dich noch nie geliebt, Angelos. Gib mir eine Zigarette, ja?»

«Inhalieren sollst du.»

«Ich kann nicht. Mir wird schlecht.»

«So viele Tage für einen einzigen Augenblick!»

«Mir ist schlecht, und ich bin glücklich, sage ich dir.»

«Gehst du weg?»
«Wenn ich fortgehe, werde ich Lust haben, jeden zu küssen, der mir begegnet.»
«Du kommst immer nur, um zu gehen. Du kommst nie, um zu bleiben.»
«Ich muß. Es ist spät. Morgen rufe ich dich an.»
«Immer morgen, morgen. Nein, ruf mich nicht mehr an.»
«Dann treffen wir uns. Donnerstag. In der Universität. Im dritten Stock. Ich habe Mündliches im Völkerrecht. Nachmittags um sechs.»
«Und danach gehen wir hierher?»
«Ja.»
«Und wir hören eine Menge Platten? Und zertrümmern alle Uhren?»
«Ja, ja, ja.»
«Ich kann mir unser Leben nicht vorstellen.»
«Ich auch nicht.»

Das passierte mir: Ich starrte durch das Schlüsselloch auf den schmalen kosmopolitischen Kopf des Professors, jawohl, mein Herr, denn ich war genau zehn vor sechs im dritten Stock der Universität angekommen und hatte dich auf dem langen, engen Flur nicht gesehen, weil du, zusammen mit den fünf anderen, bereits im Hörsaal warst, denn die Prüfungen gingen heute schneller vonstatten, darum hatte ich dich nicht erwischt, um dir noch ein bißchen Mut zu machen, dir etwas über Dumbarton Oaks zu sagen. Nun konnte ich, einäugig am Schlüsselloch klebend, nur den Kahlkopf deines Inquisitors sehen, der einmal zustimmend, einmal ablehnend den Kopf beugte, und ich betete, der Mann möge mit deinen Antworten zufrieden sein. Seine Lippen bewegten sich tonlos, aber ich konnte mir seine Stimme vorstellen, die ich von den

Vorlesungen her kannte: eine dünne, nasale Stimme mit fremdländischem Tonfall und kehligem R, und diese Zunge, die immer in Bewegung war, um die Lippen zu befeuchten. «Was wissen Sie, Verehrte, über den fünften Artikel der Charta der Vereinten Nationen?» – Gäbe es wenigstens die Hoffnung, daß deine Schönheit ihn rühren werde, aber was konnte dieser polierte Zivilisationsfanatiker, dieser sogenannte Adlige, dieser sogenannte Gentleman von Schönheit verstehen? Dieser Kopf, der auf so vielen Empfängen geglänzt, auf so vielen frigiden internationalen Konferenzen geschwitzt hatte, der von jeder europäischen Hauptstadt irgend etwas angenommen hatte, aber schließlich eine Fackel blieb, die nicht brennen wollte, ein antlitzloses Gesicht, ein lackiertes Porträt aus irgendeiner Gemeindebibliothek, der Wunden gebraucht hätte, um nach etwas auszusehen – diese nackte, unmenschliche, kalte Maske mit eingefrorenem Lächeln und Augen aus Aluminium –, was wußte der von Schönheit? Schließlich zog er sein parfümiertes Taschentuch hervor, entfaltete es sorgsam und fuhr sich damit über die Stirn. Dabei schüttelte er ununterbrochen seine Glatze. Die fünf kamen bald darauf zum Vorschein. Du warst dabei.

«Er hat uns alle durchfallen lassen.»

«Was hat er gefragt?»

«Irgend etwas aus dem Kommentar, den er veröffentlicht hat. Den hatten wir nicht gekauft. Mich fragte er über die Konferenz von Dumbarton Oaks. Ich wußte nicht recht, was er wollte. Als ich gerade anfing, etwas zu sagen, bremste er mich: ‚Dumbarton Oaks, meine verehrte junge Dame, ist jenseits Ihres Begriffsvermögens.' Und er gab mir ein Ungenügend.»

Wir saßen auf unserer Bank im Park, unserem getreulichen Hafen bei stürmischer See, und du fingst gerade an, dich vom Völkerunrecht zu erholen, als ich zu dir sprach, zuerst mit bebender Stimme, dann allmählich sicherer:

«Ich glaube, ich habe sie gefunden, Zoe. Ich glaube, ich habe die Lösung gefunden, die wir so lange suchten, die hinter jedem Kuß, hinter jeder Umarmung, auch hinter jedem Busch auf uns wartete, ein Fragezeichen nach jeder Periode – tu nicht so erstaunt. Wenn du ebenso tief daran glaubst wie ich, wirst du auch finden, daß es die einzige ist. Du weißt. Ich weiß. Wir beide wissen. Uns bleibt nur diese Wahl. Und genau deshalb, weil niemand uns beeinflußt, weil nichts uns zwingt, weil wir allein und frei entscheiden, weil du mich liebst und ich dich liebe über das hinaus, was man sonst Liebe nennt, weil der Tod durch eine Kugel besser ist als langsame Verwesung, weil wir vom spezifischen Gewicht der Menschen nichts verstehen, nichts von ihrem spezifischen Volumen, vom Gewicht eines Schnurrbarts oder eines Glatzkopfes oder einer Magna Charta und, bei Gott, niemals verstehen werden, weil es unter Menschen nichts Absolutes gibt, und weil wir unter ihnen leben müssen, ob wir wollen oder nicht, weil ich dir noch tausend Gründe nennen könnte, angesichts welcher wir, wie man so sagt ... nein, ich habe nicht getrunken. Ich weiß genau, was ich sage. Und ich weiß, wie unerträglich es auch sein mag, dich nicht mehr zu sehen ... Ich habe die Grenze des Schmerzes überschritten wie ein zum Tode Verurteilter ... Nur: hilf mir. Der Knoten in meinem Halse wächst ... Ich weiß nicht, wie ich die Schlinge um meinen Nacken legen soll ...»

«Wann?» fragtest du, ohne mich anzusehen. «Wann willst du?» Kein einziges Licht in der Nacht um uns.

«Ich habe nicht gesagt: heute. Nicht heute nacht . . .»

«Also morgen?»

«Ja, morgen, immer morgen . . . morgen . . .»

«Also morgen. Morgen mittag wird alles vorbei sein», sagtest du und verkrochst dich in dich selbst wie eine Zeitung, die zusammengefaltet wird, wie ein Tier, dessen einzige Notwehr darin besteht, sich kleiner zu machen.

«Alles war schon geschehen, als wir uns zum erstenmal trafen, seit du zu mir gesagt hast: ‚Das geschieht nie wieder.' Seither war alles nur ein langes Hinausschieben, wie wir ja mit dem Todeskeim in uns geboren werden . . .»

III

Ich kehre zurück, kreise um diese erste Zeit, um die erste Trennung; die folgenden hatten keine Bedeutung. Als ich dich genau um zwölf auf diesem langen steinernen Korridor fand und sagte, wir wollten hinausgehen und Luft holen, sagtest du, am sichersten seien wir in dieser Menschenmenge versteckt, zwei Ausgebrochene, aus freiem Willen in ihr Gefängnis zurückgekehrt und daher zu ihren eigenen Richtern geworden, nicht weil ihr Verbrechen so unsühnbar war, sondern weil sie sich vor dem Lebenslänglichen mehr fürchteten als vor dem Zuchthaus, und du trugst deine braune Bluse, die nach Erde roch, und ich hielt meine Pfeife vom Athos, ganz wie am ersten Tage, am ersten und letzten Tage. Wir wanderten hin und her, und sogar dieser lange, enge Korridor wurde unser eigen, ein Ort, an dem es nur dich und mich gab, genau wie die Zypern-Demonstration in dem Augenblick zu existieren aufhörte, als ich dich sah, wie der Kinosaal so klein wurde wie unser Zimmer: Zusammen konnten wir alles verwandeln, die ganze Welt.

«Angelos, das einzige, was ich nicht aushalten kann, ist der Gedanke, daß wir in derselben Stadt sein werden.»

«Ich werde weggehen.»

«Wohin?»

«Mit einem Boot von Himmelsstadt.»

«Wohin?»

«Ich weiß nicht. Frag mich nicht. Siehst du nicht, daß alle uns anstarren?»

«Du sollst mir schreiben, von überallher, wo immer du bist, aus jedem Erdenwinkel.»

«Komm weg von hier.»

«Im zweiten Stock ist es leerer, komm in den zweiten.»

Die Uhr im zweiten Stock zeigte auf zwanzig vor drei.

«Die Uhren hier sind verrückt geworden, oben war es zehn nach zwölf.»

«Jeder Flur hat seine eigene Zeit, und wir haben unsere eigene Zeit, wir auch.»

«Wann sehe ich dich wieder? Ich will nicht, daß du fortgehst, bevor wir uns verabredet haben.»

«In fünf Jahren, wollen wir sagen. Wenn du willst.»

«Am Neujahrsabend.»

«Ja.»

«Und wo wollen wir uns am Neujahrsabend 1966 treffen?»

«Wo, wo denn nur?»

«Im Blauen Fuchs.»

«Nein, das ist kein sicherer Ort, vielleicht haben sie das Haus bis dahin abgerissen und ein Apartmenthaus hingebaut.»
«Dann am Hafeneck.»
«Das können sie auch zerstören, und außerdem, ist das nicht Niemandsland, dort, beim Freihafen?»
«Nicht im Niemandsland, das nicht ...»
«Also wo?»
«Im Foyer des Makedonischen Instituts.»
«Ja, das wird es immer geben.»
«Ich schreib' es auf diese Zigarettenschachtel, damit wir uns daran erinnern. Komm dort zum Fenster hinüber.»
Du gabst mir den unvermeidlichen Bleistift, den du immer zwischen den Fingern hattest, und ich schrieb: «1. Januar 1966, fünf Uhr nachmittags, Treffen im Foyer ...» Aber der lahme Pförtner kam und jagte uns fort: «Nicht vor dem Rektorat, Kinder», und wir gingen und suchten uns einen anderen Platz.
«Wollen wir in die Damentoilette gehen und uns einschließen?» sagtest du und gingst voraus, stelltest fest, daß niemand da war, gabst mir ein Zeichen, nachzukommen, und, gegen die Tür gelehnt, küßte ich dich hungrig, unersättlich, endlos, bis eine Rose auf deinen Lippen aufblühte; ich schnitt sie und behielt sie, und sie strömte einen seltsamen Duft von Bittermandeln und Bananen aus. Von draußen stieß jemand gegen die Tür. Ich trat zurück, versteckte mich hinter der Tür, zum Glück war es nur die Putzfrau mit ihrem Besen, wir entkamen aus der Damentoilette. In der einen Hand hielt ich deine Hand, in der anderen die Rose.
«Wohin gehen wir jetzt?»
«Laß uns weiter tauchen, zum ersten Stock ...»

«‚Ich trinke Büchsensaft und träum' von Früchten', erinnerst du dich?»
«Erinnern ist kein Wort zum Erinnern, erinnere dich bedeutet nur, daß eine Treppe sich wendet . . .»
Hier war nun die Halle voller Menschen; die vom ersten Semester stauten sich vor dem Auditorium maximum, ehe sie sich in schmaleren Rinnsalen verliefen, gefiltert durch das Sieb der Zeit. Wellen von Studenten fluteten über uns hin, die Uhr an der Wand stand auf sieben. «Gut, daß die Uhren außer Betrieb sind, so gewinnt die Zeit an Vernunft.» Ich glaubte nicht wirklich an das Bevorstehende. Wie sollten wir uns trennen? Wo? Hier drinnen, draußen im Park, an der Bushaltestelle, auf der Bank beim Denkmal? Wie wolltest du mich ansehen, wie ich dich, was würdest du als letztes sagen? Unsere Entscheidung schien mir plötzlich unwirklich. Rings um uns war das Leben, greifbar. Unsere nackte Tat kam mir unglaubwürdig, falsch vor. Rings um uns umarmten sich Paare, während wir uns voneinander losrissen. Ihre Schreie, ihre Worte – unsere Schreie, unsere Worte. Worin denn unterschieden wir uns von den anderen? Diese geballte Menschenwoge machte mir klar, wie unwirklich der Weg war, den wir uns ausgesucht hatten, der die Kraft verlangte, die man nur nachts hat, und die zu Staub wird, wenn es Tag ist, im Getriebe der Straßen. Trotzdem waren wir durch diese unsere Lösung enger denn je aneinander gebunden. Mit verschlungenen Händen gingen wir ihr entgegen. «Ich muß», wiederholte ich mir, «ich muß sterben.» Aber wie? Wo? Zeit verging. Wir fanden einen Torweg, in die Mauer gehöhlt; dort suchten wir Zuflucht vor der Menschenflut, in diesem hölzernen Alkoven, rund wie ein Nest, in dieser Meeres-

höhle, zwei verbannte Fische in strudelndem Wasser. Und wir sahen einander an, Gesicht gegen Gesicht, meine Hand in deiner, deine Brüste zwei Tauben unter deiner Bluse, als der schwere Schatten deines Meisters auf uns fiel und unser Torweg zum Sarg wurde.

«Ich komme Ihretwegen, Herr», sagte er. «Ja, Sie meine ich. Sie kennen mich nicht. Deshalb erlaube ich mir, mich vorzustellen. Ich bin Panagiotas Verlobter.»

«Wer ist Panagiota?»

«Die junge Dame, deren Hand sie eben noch so zärtlich hielten.»

«Sie müssen sich irren. Diese junge Dame heißt nicht Panagiota. Sie heißt Zoe.»

Er lachte; ein kleines nervöses Lächeln blieb unter seinem Schnurrbart kleben, diesem Siegel seiner Männlichkeit. Seine Haut schien nie von Zweifeln ausgeglüht zu werden. Er zupfte an seinen Fingern, beherrschte sich gerade noch.

«Was wünschen Sie?»

«So etwas wie eine Erklärung Ihrerseits.»

«Fragen Sie nicht danach.»

«Ich betrachte Ihr Interesse an meiner Verlobten als reichlich übertrieben. Jedenfalls geht das weiter als Freundschaft. Sie mißbrauchen ihre Unschuld und wollen sie offensichtlich verführen.»

«Wir sprechen gar nicht von derselben Person. Sie reden von einer Panagiota. Ich verweigere Ihnen jede Erklärung über meine Zoe.»

«Ich verlange eine Erklärung.»

«Und ich gebe keine.»

«Sie soll Ihnen selbst sagen, wie sie heißt.»

Er zog dich zu sich hinüber, preßte dich fest an sich, und

so, mit dir wie Eva vor dem Sündenfall an seiner Seite, sagte er:

«Die Dinge liegen nicht so einfach, wie Sie denken. Vielleicht wissen Sie eine Menge über antike Zivilisationen, über Azteken und Maja, über primitive Moralbegriffe der Mau-Mau; aber wir leben schließlich in einer christlichen Gesellschaft, in der der Eigentumsbegriff gilt. Darum fangen Sie gar nicht erst an, ein Auge auf das Eigentum eines anderen zu werfen. Dritte haben mich über Ihre Zusammenkünfte genauestens unterrichtet. Ich bin bereit, freundschaftliche Beziehungen unter Studienkollegen anzuerkennen, aber Sie... Sie... Darum warne ich Sie, zum ersten und letzten Male. Lassen Sie meine Giota ihr Studium in Frieden beenden, und versuchen Sie nicht, sie wiederzusehen, sonst . . . Was haben Sie zu sagen?»

«Nichts.»

«Ich warte.»

«Angelos, Angelos, ist das dein letztes Wort?»

«Dumbarton Oaks . . .»

«Also keinerlei Entschuldigung, keine Beteuerung, daß ich einem bedauerlichen Irrtum zum Opfer gefallen sei? Sie bekennen sich schuldig?»

«Dum . . .»

«Angelos, du verbrennst . . . du weinst . . .»

«Dumbarton Oaks . . .»

«Komm, Giota, mein Süßes, komm, Männer weinen nicht.»

Als ich mich allein in meiner Höhle fand, hatte ich noch immer die Rose in der Hand. Ruhig, eins nach dem anderen, aß ich ihre Blütenblätter auf. Mit der Zunge

rollte ich sie zu Klümpchen, und dann schluckte ich sie herunter – bis mir nur noch der Stiel blieb.
Ich ging hinaus, begann zu laufen und redete mir vor: «Zuerst war ich, dann kamst du, und dann kam er. Für eine Weile waren wir WIR, jetzt seid ihr beide wir, morgen werdet ihr SIE sein. Ich, du, wir, du, sie . . .»
Ein Fremder in meinen eigenen Augen, irgend jemand für mein eigenes Ich, jetzt «der andere» für dich, sehe ich den Engel, der die Schlacht auf Erden verloren hat . . .

Ich gehe die Straße entlang. Ich lehne mich an einen Baum, und der Ast bricht ab. Ich trete auf die Erde, und der Boden weicht unter mir. Ich tauche ins Meer, und das Wasser weicht zurück.
Ich gehe die Straße entlang, es ist Nacht, und mein erster Tod schmiegt sich warm an meine Wange.
Ich gehe, kann kein Wort formen, kann die Ereignisse nicht logisch aneinanderreihen, kann mich nicht sammeln. Die Qual der Trennung zieht mich hinab in trägem, fühllosem Fluß, ich wälze mich durch die Straßen, durch Schlamm, unfähig, mich an die schimmernden Sandbänke der Läden, Kaffeehäuser und Garküchen zu klammern.
Ich gehe, fließe an Felsen vorüber, falle, werde zum Wasserfall, werde zum ruhigen Tümpel inmitten von Strudeln, überschwemme Saatfelder, ertränke Hunde und Hühner, nage an Brückenpfeilern, reiße Floße los; ich bin der nutzlose Axios, der schmale Ebros, der hochgestaute Strymon, auf meinen überschäumenden Wellen trage ich Eisschollen, tote Partisanenfrauen, entwurzelte Bäume, und alles zusammen verkoche ich im blutleeren und kriegswilden eisigen Golf von Thermai. Nur die hel-

len Neonlichter dringen in mein nächtliches Fließen:

TITANIA: «RÜCKKEHR DER SCHWALBEN»

DAUERPLISSEE: SAVVA BOGIATZI

AGIP GAS

Ich gehe weiter, kann den ersten Tod nicht begreifen, die erste Trennung, aber glaube dennoch fest daran, wie wir blind an alles glauben, das nicht meßbar ist, gleite über ein Chaos hin, ohne Beziehung zum Chaos, das ich in dir erfuhr; dies hier ist bitter, dornig, voller Blut, Mißgeburten, giftiger Gase:

WASSER GAS

HEINKEL-MOTO, HEINKEL-ROLLER

DAUERWELLEN «VERA»

Und ich kann nicht so viel Nacht auf meinen Schultern schleppen, selbst wenn immer neue Neonlichter sie durchzucken:

FOTO – RADIO – OPTIK

PHILCO

Ich gehe weiter, und die Straßen sind wie Lungen ohne Luftzufuhr, die Leute Mikroben, die man nur mit Handschuhen berühren sollte, mit Handschuhen, die die Finger länger machen, wie das Warten auf dich die Sekunden verlängert – und Anfangsbuchstaben, schweigende Häuser, zerquälte Farben schmelzen das Bild meiner Liebe in den Hintergrund der immerwährenden See ein:

TANTEX

DER GRIECHISCHE NORDEN

NASCO

MELLA COLEST FARBSHAMPOO

Und die Stimmen schmerzen wie Pfeile in meiner Erinnerung, werden zu Preßlufthämmern, die uns auf den gemeinen Schiffsdecks der Straßen zerschmettern.

FOTOARBEITEN: ENTWICKELN
ABZÜGE
VERGRÖSSERUNGEN

Und ich gehe, fließe weiter im Strom.

DELIKATESSEN «SERRAIKON»
«ARISTON»
ALLES FÜR HOCHZEIT UND TAUFE
TERKENLI: KÄSEPASTETEN

Reife Früchte fielen in der Stunde der Trennung, und ich flog davon wie ein Vogel, verantwortungslos.

UNSER GELIEBTER MANN, VATER, BRUDER,
ONKEL, GROSSVATER
SOTIRIS PAPADIMITRIOU
Lederkaufmann aus Monastirion
gestern verstorben, wird heute in der Heiligen Auferstehungskirche beigesetzt. Wir bitten alle ...
UNSER GELIEBTER MANN, VATER, BRUDER
UND GROSSVATER
DIMITRIS TSOUKANIS
gestern verstorben, wird beigesetzt ...
UNSERE GELIEBTE SCHWESTER UND TANTE
SOFIA KOVALAKIDIS
starb im Alter von 76 Jahren und ...
UNSER GELIEBTER MANN, VATER, SOHN
UND ONKEL
ANDREAS ADALIS
Viehhändler
UNSER KLEINER ENGEL
GEORGES
UNSER GELIEBTER ...
UNSER ...
UN ...

Jeden Morgen ging ich an deinem Haus vorbei und sah, wie es weiter zerstört wurde. Die Abbruch-Arbeiter auf ihren Gerüsten hatten es eilig. Nachdem sie das Dach und die oberen Wände demoliert hatten, hackten sie die Stockwerke heraus, trugen die Balken ab, lösten die eisernen Geländer und die restlichen Türen. Das ganze Material stapelten sie unten vor dem Eingang. Dort wurde alles eingeordnet, Holz kam zu Holz, Metall zu Metall. Jeden Morgen ging ich daran vorbei und sah ungerührt, wie sie das Haus vernichteten. Bis ich eines Morgens die zwei Vierecke zwischen zahllosen Balken ragen sah, eins blau, eins rötlich: die Wände zweier abgerissener Räume vor der Wand des Nachbarhauses. Sie schienen recht allein, bedauerten offenbar, daß sie der Zerstörung entgangen waren; die harte Sonne bleichte ihre Farben ... Jeden Morgen kam ich vorbei; die Hacken und Schaufeln werkten unaufhörlich, und die Arbeiter kamen immer tiefer herunter, zusammen mit den schwindenden Mauern. Ich konnte diese beiden nackten Vierecke nicht ertragen, die, an das Nachbarhaus geklebt, übrigblieben. Sie störten mich ... Nein, ich fühle keinerlei Traurigkeit über etwas, das verwest. Was zu Ende geht, tut mir nicht weh. Aber die Spur deiner Küsse in meinem Gesicht, die Male deiner Zähne an meinem Hals, deine Farbe, die über mein Haus ausgegossen ist ... Jeden Morgen ging ich vorbei, sah die Lastwagen, die den Schutt wegfuhren, und las das Schild:

ABBRUCHMATERIAL ZU VERKAUFEN

Und weiter unten:

TOTALAUSVERKAUF

Und noch weiter unten:

LIQUIDATION laut Gerichtsentscheid Nr. 27365/II

Was habe ich nicht alles gemacht, seit wir uns trennten. Die große Idee fing mich wieder ein: die Grenzen unserer Vorfahren, unseres Onkels Alexander des Großen zu wiederholen, unser enges Land auszuweiten, Raum zum Atmen zu schaffen – der alte Spleen, bis die Alliierten, unsere sogenannten Freunde, uns betrogen und wir mit blutigen Flügeln nach Hause kamen. Was habe ich nicht getan – mich zu den Flüchtlingen geschlagen, um irgend etwas zu finden, das dich ersetzen könnte, ein Land an deiner Stelle, seine Umarmung als Ersatz für deine ... Aber immer blieb der entsetzliche Zwang zu vergleichen, und ich versuchte, Vergessen zu finden, was doch unter Menschen unmöglich ist. Wäre es nur um unsere Ausbreitung gegangen, ich hätte mich vielleicht erholt. Aber wir sind an Katastrophen gekettet – wir, das Land und ich. Wer kann das vergessen?
Derweil gingen die Jahreszeiten über das Antlitz unserer Stadt hin, die ihre Stirn unbeirrt weiter mit Hochhäusern schmückte. Unbekümmert um uns beide wusch der Sommer das Meer rein, verbrannte den Asphalt, füllte die Luft mit milchigen Dünsten. Herbst trat an seine Stelle, entkleidete die Bäume, dämpfte die Lichter, verkürzte den Tagesbetrieb des Daseins und holte den Himmel tiefer herunter. Winter brach mit dem Vardar-Wind ein, schwang seine Nebelschleier, fegte die Straßen leer und trieb das Leben früh in die Häuser zurück, wie während der Besatzung. Und scheu wie eine Debütantin wagte sich der Frühling vor, bedeckte die Erde mit Grün und Blumen, den Himmel mit steigenden Drachen.

«Licht schwand, und dem Jüngling schwand die Seele.» Und dann begruben sie mich, ohne Aufwand, mit Krokodilstränen.

... Auf jeden Fall bin ich wahrscheinlich in dieser ersten Nacht auf Wachtposten, während das verhedderte Fischnetz entwirrt und der verborgene Ankerhaken befreit wurde, von einem Kürbisschwimmer zum andern getrieben, ohne das geringste zu fangen, nachdem ich umsonst einige meiner Tiefen ausgelotet hatte. Ich habe, scheint mir, sozusagen nichts gewonnen. Aber ich war schon froh, daß der Faden nicht riß, und daß ich durchfand bis zum Ende, zu diesem Ende, das für mich ein neuer Anfang wurde. Sehr fern war das Licht nun nicht mehr. Die verstreuten Brocken auf dem Boden meiner Kindheit kamen heute nacht auch zusammen, wurden zu einer Geschichte, als hätte eine unsichtbare Hand die richtige Seite nach oben gedreht, um meinen Mythos vollständig werden zu lassen. Und ich fühlte mich ungeheuer erleichtert, als wäre nun endlich eine Erklärung da für das Unbekannte, ein Sinn im Unvermeidlichen.

Doch blieb eine Seite noch dunkel. Wozu dieser ganze Aufwand? Warum mußte alles so verworren sein, wo doch ein Kuß, eine Geste von dir genügt hätten, uns zu befreien, so daß wir wieder von Anbeginn hätten anfangen können ... um wieder keine Lösung zu finden? Vergiß die Abende kurz nach Neumond nicht, als ich sah, wie ein Teil des Mondes unsichtbar blieb. Warum habe ich nur in diesem dunklen Teil mehr entdeckt als im hellen, warum hatte ich den halben Mond lieber als den vollen?

Das war ein Punkt, der zu meiner tiefen Erleichterung nicht recht im Verhältnis stand, eine Frage, die ich mir stellte, ich vergaß, wo ich war und daß ich gestorben war – als ich Schritte hörte. Ich ging in Verteidigungsstellung. «Halt! Wer da?» bellte ich, mein Schwert zük-

kend. «Die Streife.» – «Der Patrouillenführer soll allein vortreten . . . Halt! Elf», flüsterte ich. «Zweiunddreißig.» – «Komm näher. Halt! Das Kennwort.» – «Heilige Zoe.» – Ich hörte deinen Namen von fremden Lippen und hatte das Gefühl, mir würde etwas gestohlen. Dann kam der Streifenführer herein und schrieb «In Ordnung» ins Wachtbuch. – «‚Halt' mußt du lauter schreien», bemerkte er, als er ging.
Bald darauf brachte der Unterengel die Wachtablösung herein. Der Rekrut war aus einer anderen Baracke, ich kannte ihn kaum. Ich gab ihm die Kodenummern. Auch ihn erstaunte das Kennwort. «Was soll das heißen?» – «Heilige Zoe, hier steht's», und ich übergab ihm den Wachtzettel. Ich sagte ihm auch, die Streife sei gerade vorüber, und er werde für eine Weile Ruhe haben. Mit geschultertem Schwert zog ich ab und hörte ihn hinter mir vor sich hin murmeln: «Elf . . . zweiunddreißig . . . heilige Zoe . . . Heilige was? . . . Auch irgend so ein Rachenputzer . . .»

ERSTE FLÜGE

Assimis' Verhandlung und seine Ausschließung aus der Himmlischen Rekrutenschule fanden zu einem Zeitpunkt statt, der nicht nur für die Schule, sondern für den gesamten Himmel kritisch war. Die strapazierten Nerven der regulären Engel, die über ihn zu Gericht saßen, fanden hier die Gelegenheit zu explodieren, obgleich Assimis selbst mit der Ursache ihrer Aufregung nicht das geringste zu tun hatte.

Wenige Tage vor der Verhandlung machten sich plötzlich seltsame Geräusche rings um unseren Stern bemerkbar, etwa wie das Ticken einer Uhr. Gleichzeitig sahen wir eine zylindrische Röhre im Licht vorübersausen, während wir draußen auf dem schwarzen Übungsplatz waren. Wir alle versteinerten vor Schreck. Ein metallisches Zirpen wie der Laut eines Nachtvogels war zu hören, bald näher, bald ferner. Mit mathematischer Genauigkeit nahm es ab und wieder zu. Schließlich brüllte unser Kursleiter, natürlich unfähig, die Erscheinung zu erklären: «Angriff des Teufels. In Deckung!» – Platt fielen wir zu Boden und hielten uns die Ohren zu. Alle drei Minuten huschte der Satellit vorbei. Sehr beunruhigend war diese Neuigkeit. Sofort verhängte die Schulleitung den Ausnahmezustand. Die Nachtwachen wurden verdoppelt. Dauernd jagten uns Probealarme aus den Betten. Beladen mit unserer vollständigen Ausrüstung, mußten wir unsere Stellungen zur Verteidigung unseres Sterns gegen einen Überraschungsangriff des Teufels beziehen.

Zwei Tage waren vergangen, seit das seltsame Geräusch aufgehört hatte, uns zu erschrecken. Trotzdem war das Lager nach wie vor in Aufruhr. Wie die Oberengel uns erklärten, mußte dieser unbekannte, von der Hölle gestartete Körper ins magnetische Feld unseres Sterns geraten sein, weshalb er uns so lange umkreist hatte, bis er entweder kraft seiner ausgezeichneten Instrumentalausrüstung mit einer Fülle nützlicher Informationen zurückgekehrt oder aber in unserer Atmosphäre geborsten war. Im letzteren Falle würden wir eines Tages die Überreste in unseren Bergen finden.

Erwiesen war nun, daß der Teufel keine Spielereien treibt. Während wir veraltete, konventionelle Taktiken gegen ihn einübten, ging er nach neuesten technischen Methoden vor, und er würde unseren Stern mit Waffen nehmen, von denen wir keine Ahnung hatten. Die Berufsoffiziere verloren die Fassung. Der Obergott der Schule, der die Angelegenheit vor den Generalstab der Toten zu bringen hatte, war ratlos, weil diejenigen, die höher im Himmel saßen, dort, wo solche Satelliten nicht hingelangten, die Ansicht vertraten, er habe bei der Entwaffnung des Feindes versagt, und Teufelsbataillone versteckten sich bereits im unzugänglichen Gebirge unseres Sterns. Sie befahlen sofortige Lehrgänge in Partisanenbekämpfung. Vergebens versuchte unser gutartiger Gott, die Sachlage klarzustellen. Man drohte ihm mit Absetzung, falls er keine Gefangenen aus Gegenangriffen vorzuweisen hätte. Woraufhin er die Schuld am Versagen mit der Gründlichkeit von Vorgesetzten auf seine Untergebenen ablud. Sie wiederum schoben sie auf uns. Die Disziplin wurde schärfer. Die Zustände in der Schule waren unerträglich.

Nach wiederholten Terminverschiebungen fand die Verhandlung im gewölbten Saal des Verwaltungsgebäudes statt. Hinter einem halbmondförmigen Tisch nahm auf einem erhöhten Thronsitz der Untergott der Schule Platz, zwei vierflüglige Cherubim zu seiner Linken, zwei sechsflüglige Seraphim zu seiner Rechten. Der Schulgott selbst befaßte sich nicht mit Disziplinarangelegenheiten. Neben den Cherubim saß der Oberheilige Pausikakos, neben den Seraphim der Chef vom Geheimdienst der Schule, ein kleiner, dicker Unterheiliger, der offenbar als Gerichtsschreiber eingesetzt war. Alle machten infolge der vorausgegangenen Ereignisse einen nervösen, übermü-

deten Eindruck. Sie spielten mit ihren Kugelschreibern und scharrten unter dem Tisch mit den Füßen.
Mitten im großen leeren Raum stand Assimis; aufmerksam, aber ohne Achtungstellung sah er die Richter, die Zeugen zu seiner Rechten und uns abwechselnd an.
Bevor die Verhandlung eröffnet wurde, fragte ihn der Untergott, der das Himmlische Kriegsgericht präsidierte, ob er ein Reuebekenntnis unterzeichnen wolle. In diesem Falle würde die Verhandlung nicht stattfinden und Assimis in Ewigkeit den Himmlischen Heerscharen angehören. Als Assimis ablehnte und sagte, er habe keinen Anlaß, seine Ideen zu bereuen, lehnte sich der Untergott in seinem Thron zurück und gab dem Unterheiligen das Zeichen, «angesichts aller versammelten Engel» die Anklageschrift zu verlesen.
Der Unterheilige erhob sich und verlas mit quäkender Stimme die Anklagepunkte: Der Anwärter der Engelsreserve Assimis Assimakis habe in Anwesenheit Dritter erklärt, er glaube an keinen obersten Gott. Er habe für die Sache des Atheismus geworben. Er habe, im Gegensatz zur bestehenden Lehre, seine eigenen Theorien über den Weltenraum entwickelt. Er führe ein in Geheimschrift verfaßtes Tagebuch, dessen wenige entzifferbare Stellen seine anarchische Seele enthüllten. In Augenblicken höchsten Alarms habe er gleichgültig seinen Wachtposten verlassen . . . Endlos wie Darmgewinde zog sich die Anklage hin, so lange, daß schließlich der Psalmodist, der sie verlas, selbst müde wurde.
Tödliches Schweigen folgte. Dann rief der Untergott in hierarchischer Ordnung die Zeugen auf. Der erste war unser fanatischer Heiliger Onisimos. Er war geblendet vom Glitzern der Milchstraßensterne und der Sonne, die

sich auf der goldenen Brust des Untergottes spiegelte. Seine Stimme zitterte, als er bezeugte, daß Assimis vom ersten Tage an deutlich anti-himmlische Tendenzen gezeigt habe. Er habe nicht vergessen wollen, daß er gestorben war, habe sich im Dienst täglich strafbare Nachlässigkeiten zuschulden kommen lassen. Alles in allem sei Assimis' Verhalten nicht nur unvereinbar mit der hohen Moral, die man von Engelsanwärtern erwarte, sondern allein seine Anwesenheit genüge, seine Kameraden zu verderben.

Es folgte unser freundlicher Abteilungschef, der aussagte, seiner Meinung nach sei Assimis durch irdische Lektüre beeinflußt. Er habe Bücher gelesen, die auf der schwarzen Liste des Erzbistums stünden. Danach unterstrich unser Stubenältester, der heilige Baruch, mit teuflischer Unordnung mache Assimis sein Bemühen um den tadellosen Zustand der Stuben zunichte. Abschließend bezeugte unser Gruppenführer, der heilige Benedikt, Assimis gehe jeder Gemeinschaftsgeist ab, er gebärde sich wie ein Fremder im Trupp. Die Last der Verteidigung schien bei uns, seinen Kameraden, zu ruhen.

Der Untergott – personifizierte Unparteilichkeit – fragte uns, ob wir Assimis während unseres Erdenlebens gekannt hätten. Als wir, einer nach dem anderen, versicherten, daß wir ihn hier zum erstenmal gesehen hätten, befahl er uns, dem Gericht unsere Einstellung zu dem Angeklagten frei und furchtlos zu schildern.

Keiner von uns wagte es, ihn offen zu verteidigen; denn der heilige Onisimos hatte uns wissen lassen, daß jede entlastende Aussage für den Zeugen künftige Scherereien bedeuten würde. Infolgedessen ergaben unsere widersprechenden Äußerungen nur das eine: daß Assimis einen Unruheherd darstellte, daß er nicht am fieberhaften Wetteifer des Schulbetriebes teilnahm, daß er zwar anwesend, aber allem und jedem gegenüber gleichgültig war, ein unerklärlicher Kadaver.

Wie aus dem Boden gestampft, stand plötzlich ein dreckbeschmierter Engelsgefreiter mitten im Raum und meldete mit zackigem Gruß, daß ganze Satellitenformationen unseren Stern umkreisten. Jeden Augenblick sei Satans Invasion zu erwarten. Sein Erscheinen führte zu großem Tumult unter den Richtern. Sie beschlossen, unter den gegebenen Umständen dürfe mit Fällen wie dem des Assimis keine Zeit verloren werden. Der Untergott beugte sich vor und überfiel den Angeklagten mit der abschließenden Frage: «Hassest du Satan, oder hassest du ihn nicht, mein Junge? Antworte uns mit Ja oder Nein.»

«Nein», sagte Assimis ruhig, «ich hasse niemand. Darf ich jetzt rauchen?»

Seine Worte schlugen wie eine Bombe unter den Herren des Himmels ein.

Die Gerüchte, die «beschwingten Nachrichten», der Teufel sei drauf und dran, unseren Stern zu besetzen, verstummten so plötzlich, wie sie aufgekommen waren; denn das tickende Geräusch, das uns damals aufgeschreckt hatte, kam nicht mehr wieder. Auch wenn sich irgend jemand, wie das Gerücht behauptete, in den Bergfalten unseres Sterns versteckt hatte, müßte er schließlich einmal zum Vorschein kommen. So wurden die Maßnahmen gelockert, und – abgesehen von Assimis, der nicht mehr bei uns war, verbannt auf irgendein Weltrauminselchen für Feinde des Regimes – kehrten alle zum täglichen Trott zurück.

Eines Tages gingen dann die Alten. An der Abschiedsfeier vor der Kirche mußten auch wir teilnehmen. Danach verabschiedete der Schulgott die Alten aufs rührendste. «Neue Engel», sagte er, «eure Lehrzeit in der Rekrutenschule ist beendet. Jeder von euch ist von jetzt ab verpflichtet, seiner Uniform, seinen Flügeln und seiner ätherischen Mission Ehre zu machen. Darüber hinaus seid ihr jetzt höhere Wesen, den anderen überlegen an Weisheit und Moral, Vermittler des göttlichen Willens zwischen Himmel und Erde. Eure Aufgabe ist es, als Schutzengel der Frommen, Rächer des Übels, unter dem Kommando des höchsten Gottes, dem ihr jetzt dienen werdet, zu führen, zu helfen, zu trösten. Schwertträger, ihr habt die Macht zu töten! Wir, die Schule, werden euch, die neuen Engel, nicht vergessen. Manchmal mögen wir allzu streng mit euch gewesen sein, dies zu eurem eigenen Besten, denn wir wollten, daß ihr unfehlbar würdet. Jetzt, wo Satan die Fundamente zu erschüttern droht, braucht euch der Himmel nötiger denn je. In technischer Hinsicht mag uns der Feind überlegen sein, aber unsere eigenen Waffen werden als unzerstörbare Werte des Mannestums, des Mutes, der Reinheit und der Selbstaufopferung bestehen bleiben. Eure Ausbilder und ich, euer Vater, werden sich eurer stets erinnern. Aber auch ihr werdet sehnsüchtig an die Schule zurückdenken, wenn ihr erst an den entferntesten Grenzen des Himmels eingesetzt seid. Vergeßt nie, was ihr bei uns gelernt habt. Vergeßt nie, daß ihr die stellvertretenden Verteidiger des Ewigen Gedankens seid. Darum seid ihr zwar nicht ewig, aber vollkommen erschaffen worden, folglich auch unsterblich in eurer Vollkommenheit. Möge das unendliche Licht der Engel euren Seelen innewohnen. Aus tiefstem Herzen wünsche ich euch einen guten Flug.»

Die Worte des Schulgottes hatten manches Auge feucht werden lassen. Nun kam der Erzengel an die Reihe, der als Sprecher der Entlassenen zu reden hatte.
«Ihr habt uns beigestanden, heilige Väter. Ihr habt uns den schweren Weg zur Heiligkeit geführt. Ihr habt uns von der Bürde des Fleisches befreit, von den Sünden der Erde, von der Tyrannei der Zeit. Nun sind wir alterslos. Ihr habt uns Flügel gegeben und uns gelehrt, im zeitlosen, ewigen Licht zu fliegen. Vor allem anderen habt ihr uns die Würde des Lichtes gelehrt. ‚Sorgen und grämen und selbsteigene Pein' sind für uns Vergangenheit. Mehr noch, ihr habt uns gelehrt, daß der Himmel keine Verbannung, sondern den Beginn eines neuen Lebens bedeutet. Darum werden wir euch nie vergessen. Ihr habt unermeßliche Geduld mit uns gehabt, ihr alle, Ober- und Untergott, Cherubim, Seraphim, Oberheilige, Heilige und Unterheilige. Wir haben die himmlische Geschlechtslosigkeit erworben. Männlich sind unser Mut, unsere Härte im Kampf, unsere Verantwortlichkeit für unsere Handlungen. Weiblich sind unsere Reinheit und Jungfräulichkeit. Ihr habt uns die seraphische Bedeutung des Wissens und die cherubische Bedeutung der Liebe eingeflößt. Jetzt aber ist der schwere Augenblick der Trennung da, ‚wie sollten da nicht warme Tränen aus den Herzen fließen?' Ich möchte euch im Namen der einundvierzigsten Kompanie danken und euch versichern, daß wir die Ideale der Schule immer heilig halten werden, weil wir durch euch, mit eurer Hilfe, nun aus unzerstörbarem Stoff geschaffen sind.»
Das Ende seiner Rede wurde durch allgemeines Flügelschlagen bekräftigt.

Wir, die Zurückbleibenden, sahen ihnen nach und waren eifersüchtig. Sie trugen die Ausgangsuniform Nummer eins, ihre Flügel glühten, ihre Gurte glänzten, ihre Säbel rasselten, ihre silbernen Heiligenscheine erwiesen dem ewigen Licht die Ehrenbezeugung. Wäre auch unser Tag erst da! Was alles sollten wir noch erleiden! Es war grausam von den Oberen, uns dieser Feier beiwohnen zu lassen. Unsere Ungeduld, unser Eifer, dieses Konzentrationslager und seine schreckliche Einförmigkeit zu verlassen, kochten über.

Die Ansprachen, Chöre und anderen Feierlichkeiten waren vorüber, und viele von den neuen Engeln kamen in unsere Quartiere, um sich von uns bewundern zu lassen – unsere früheren Beschützer, Quäler, Ratgeber. Ihre Gesichter glühten vor Freude. Sie sahen wirklich recht verändert aus. Ich mußte gerade daran denken, wie Assimis über ihr Getue, ihre Wichtigkeit, ihre geheiligte Blödheit gelacht hätte, als Jannis mich fand.

«Gratuliere», sagte ich.

Auch er leuchtete von Kopf bis Fuß. Seine Beine waren schmal wie Schwalbenschwänze geworden.

«Danke», sagte er. «Hoffentlich kommst du auch bald dran.» Er zog mich beiseite und sah sich um, ob auch niemand uns hören könnte.

«Heute nacht fliege ich in unsere Stadt», sagte er.

Ich betrachtete ihn genauer. Trotz des Geglitzers seiner Uniform stand ihm Trostlosigkeit im Gesicht.

«Das schlimme ist nur», fuhr er fort, «ich kann mich um nichts in der Welt an ihre Straße erinnern. Sieht wie Gedächtnisschwund aus.»

«Wenn du erst die Stadt siehst, erinnerst du dich sofort», tröstete ich ihn. «Dann kommt dir von ganz allein alles wieder ins Gedächnis. Du wirst die alte Straße entlanggehen, und dein Herz wird klopfen wie früher.»

«Auf alle Fälle nehme ich den Stadtplan mit, damit ich mich nicht verirre.»

«Wohin bist du abkommandiert?» fragte ich.

«Zum 602ten Schwertträger-Regiment. An die Grenze.»

«Mach's gut!» rief ich ihm nach, als ich rennen mußte, um meine Kompanie zu erreichen, die zur Übung ausmarschierte. Und ich dachte wieder an das, was er einmal gesagt hatte: «Ich sehe sie, auch wenn sie mich nicht sehen kann, rede zu ihr, auch wenn sie mich nicht hört, fächle ihr mit meinen Flügeln Kühle zu, auch wenn sie denkt . . .»

«Mach's gut!» rief ich nochmals, als ich mich einreihte.

An diesem Tag konnte im Unterricht niemand aufpassen. Einmal schrie einer plötzlich auf: «Da fliegen sie!» Und wir alle sahen zu, wie die Engel zu zweit und dritt aufstiegen, durch den lichtflutenden Raum segelten, kleiner und kleiner wurden, bis sie sich, winzige Punkte, in der Sonne verloren.

«Wenn ihr auch soweit kommen wollt», sagte ungerührt unser Lehrer, «dann folgt ihr besser dem Unterricht. Ich wiederhole also: Ein Bataillon teilt sich folgendermaßen auf . . . Eine Kompanie führt so lange Ablenkungsmanöver durch, bis die anderen . . .»

Unsere Augen waren auf ihn gerichtet, aber . . .

Ohne die Alten schien uns die Schule verödet. Größer, bequemer. In der Halle waren jetzt genug Sitzplätze für uns alle. Bei den Mahlzeiten konnte man zweimal, sogar dreimal nachfassen. Es gab Olivenöl im Überfluß. Unteroffiziere wurden ernannt je nach Punkten, die man vorzuweisen hatte. Einer aus unserer Kompanie wurde Erzengel, worüber Onisimos glücklich war. Unser neuer Unterengel war von einem anderen Trupp. Frühere Kameraden wurden Stubenälteste und Gruppenführer, folglich hatten sie bei uns Autoritäts-Schwierigkeiten. Wir alle änderten unseren Namen in den des Heiligen, den wir am liebsten hatten. Jetzt, wo der Druck der Alten nicht mehr auf uns lastete, fingen wir an, gegenseitig aufeinander herumzuhacken. Gierig warteten wir auf die Ankunft der neuen Anwärter.

«Denen werde ich's zeigen, diesen Hohlköpfen», sagte einer. – «Ich lasse sie in Frieden, das schwöre ich euch.» – «Die werden sterben, lieber Freund, genau wie wir.» – «Ich sage ihnen, daß sie vor nichts hier Angst zu haben brauchen.» – «Wann kommen sie denn endlich?» – «Ein Idiot, wer sich mit denen abgibt.» – «Mach keine Witze, lächle lieber geistlich, wie sich's gehört.» – «Wer lacht? Morgen bist du auf der Strafliste.» – «Beschütze uns durch deine heiligen Engel unter unserem Dach . . .» – «Hört auf.» – «Laß die sinkende Nacht friedvoll und frei von Sünden sein . . .» – «Planis, halt die Schnauze!» – «Ich heiße nicht Planis. Ich heiße heiliger Sofronios.» – «Heilige Muttergottes und alle Heiligen, Amen.» – «Wir wollen schlafen.» – «Hör auf, du Quaßler.» – «Ich für mein Teil sorge dafür, daß die Neuen hüpfen . . .»

So setzt sich die Überlieferung der Engel von Jahrgang zu Jahrgang fort.

Jetzt, seit hier oberflächliche Ruhe eingetreten ist und ich mit den anderen nichts mehr zu reden habe, ist jeder Tag, der vorübergeht, ein Schritt weiter fort von dir. Gestern hat es geregnet. Ein plötzliches Gewitter. Das erste,

das ich auf unserem Stern erlebt habe. Es bedeutete mir nichts, war nicht wie die, die ich kannte, denn es gab keine Erklärung für dein Fernsein ... Nein, es gibt keine Lösung. Nicht einmal im Himmel. Und wenn ich nun schrittweise meinen Körper verliere? Es ist lediglich das Gefängnis, das sich ändert. Du bleibst darin, für immer, du Mädchen aus Dunst, Mädchen mit der Liebkosung der Bäume in deinen Haaren. Der Schnee, deine Stimme, wenn du durchs Telefon zu mir sprachst ... Die Ohren fallen ab, aber deine Stimme bleibt. Das Trommelfell ist tot, aber noch lebt die letzte Resonanz im Himmel: lange, unendlich, eindringlich. Sie bleibt. Wird immer bleiben. Eines Tages wird alles sich aufklären, auch wenn diese Aufklärung vielleicht sehr spät kommt.
Du fragst, willst wissen, welche Stellung ich im Himmel habe. Und ich bin noch immer ganz und gar unsicher. Ich sehe, wie die Sonne an einer Stelle aufgeht, und sehe sie an der gleichen Stelle untergehen. Wo also ist Osten? Wo ist Westen? In der Ruhezeit, die jetzt zwischen dem Abflug der Engel und der Ankunft der Neuen herrscht, fange ich an zu befürchten, daß der Himmel keine Lösung, sondern Flucht bedeutet. Flucht vor unseren unlösbaren Fragen. Diese langsam wachsende Entfernung zwischen uns hat so schmerzlich wenig zu tun mit denen, die für meine Auferstehung sorgten!
Manchmal habe ich Angst. Angst wegen der Schulden, die ich auf der Erde zurückließ. Angst um dein Haar. Ich frage mich qualvoll: «Was hast du getan?» und sehe vor mir alle die Straßen, die wir nicht gegangen sind, alle die Frühlinge, die wir nicht zusammen entdeckt, alle die Worte, die wir nicht gesagt haben. Und ich werde ganz und gar zu Sorge um dich. Und dann wieder sage ich

mir, was ich getan habe, macht mich nicht schuldig. Unsere Schuld ist es, daß wir die Sitten unserer Vorfahren nicht einhielten, daß wir keinen Hahn opferten, als wir den Grundstein legten, daß wir den Grundstein des Hauses, das wir bauen wollten, nicht mit Blutopfern weihten ... Um all dies mache ich mir Gedanken, umsonst, überflüssigerweise. Dann wieder durchdringe ich alle Wolken und entdecke dich: ein verlassenes kleines Wesen, versteckt zwischen Tür und Wand.

«Du hast mich verlassen, du bist fortgegangen, alles ist deine Schuld», höre ich dich manchmal sagen. «Nie hast du mich wirklich als menschliches Wesen gesehen. Immer wolltest du mich gern als Lückenbüßer in deinem Leben haben, als etwas, das die Leere ausfüllte. Niemals hast du mich am Herzen festgehalten. Nach meinen Brüsten hast du gegriffen, aber nie nach meinem Herzen. Von Anfang an hatte ich dir gesagt: ‚Angelos, ich werde eine Episode in deinem Leben sein', und du hast es abgestritten. Deine Schuld. Was sollte ich denn machen? Du wußtest, wie oberflächlich meine Bindung an den ‚anderen' war. Ich hielt doch nur fest an ihm, nachdem ich dich getroffen hatte, um dich zu prüfen. Welchen Wert hätte es denn gehabt, wenn ich mich dir so leicht überlassen hätte? Deine Kraft wollte ich sehen, du solltest nach mir fassen, mich halten, mich aus den schlammigen Wassern lösen, in denen ich Wurzel geschlagen hatte, aus den Tiefen, die mich gefangen hielten. In deine Welt solltest du mich holen, damit wir zusammen unsere Welt bauen konnten. Deine Schuld. Alles deine Schuld. Jetzt wird meine Liebe zu Haß. Zerstören will ich dich in mir, dich zerfetzen. Aber es dauert doppelt so lange, eine Welt niederzureißen, als es brauchte, sie aufzubauen, weil wir gleichzeitig das Leben in uns selbst zerstören müssen. Und ich bin allein, verloren und verirrt in der Nacht, in der lautlosen Stadt. An mein Gestern kann ich nicht denken, weil es zu traurig ist. Mein Heute ist schlaflos und leer. Und morgen wird mein weißes Begräbnis gefeiert, und du bist nicht einmal da, um mir Blumen zu schicken. Ich weiß, du bist in deinen künstlichen Himmel entkommen, dorthin, wo du deinen Namen Angelos wahrmachen kannst. Aber ich weiß genau, daß du, tief in dir, dein eigenes Ich weiter herumträgst. Das weiß ich, weil ich dich kenne. Du warst immer allein, und allein wirst du auch weiterhin sein, weil du dich nie über die Wunden anderer hast beugen können, nie irgend jemand verstanden hast. Du glaubtest, du seiest allein. Sobald du das Gegenteil zugegeben hättest, wärest du verantwortlich geworden, und davor hast du dich gefürchtet. Immer hast du dich davor gefürchtet, der Wahrheit ins Gesicht zu sehen. Deine Schuld. Aber du kannst sein, was und wo du willst, trotz deiner Himmelfahrt, trotz allem, was ich in meiner Verzweiflung zu dir sage, hat es keinen einzigen Augenblick gegeben, in dem ich dich vergessen habe, keine Sekunde lang habe ich aufgehört, dich zu lieben. Und ich warte weiter, hoffe auf deine Wiederkehr.»

So höre ich dich in den Augenblicken des Zweifels zu mir sprechen. Diese Augenblicke werden häufiger, seit unsere Flügelverleihung immer wieder hinausgeschoben wird. Nur glaube ich nicht an eine Wiederkehr, und das würde ich dir gern sagen. Würde dir gern klipp und klar schreiben: Es gibt kein zweites Mal. Es gibt nur ein Kommen und ein Gehen.

Und dann wieder höre ich deine Stimme, zärtlich inmitten der Unwirtlichkeit unseres Sterns:

«Komm. Bitte komm. Ich muß dir etwas sagen. Wir wollen auf die Eisenbahnbrücke beim neuen Bahnhof gehen. Hinter uns die Stadt, ihre Lichter klettern die Hügel hinauf. Ich muß dir etwas sagen, muß mit dir sprechen. Wir sind auf der luftigen Brücke, Angelos, und betrachten, jeder für sich allein, schweigend das verworrene Muster der Schienenstränge im späten Zwielicht. Keine Züge kommen. Nur Linien, gerade, gebogene, parallele, sie teilen sich, finden zusammen, verschwinden. Weiter draußen kommen sie wieder zusammen, umarmen einander, verschwinden. Wir sehen ihnen nach. Es wird Nacht. Warum hast du die Brille auf? Du siehst trotzdem nicht besser, verstehst nicht mehr. Von der Hängebrücke sehen wir hinunter auf das tote, verflochtene Metall unter uns und haben keinen anderen Trost als den, daß wir beieinander sind, so nah, daß ich, wenn ich meine Hand ausstrecke, deine fassen kann, daß du, wenn du deine Hand hebst, meine Schulter berührst. Die Linien, Angelos, werden immer Linien sein. Nie werden wir ihr geheimnisvolles Weben verstehen. Jetzt kommen Leute über die Brücke. Leute, die von der Arbeit nach Hause gehen, mit Fahrrädern und Einkäufen, Frauen, die allein für ihre Kinder sorgen müssen, Kinder, schon schwarz von Eisenbahnerarbeit, Männer, die kein Zuhause haben. Wir sind wie sie. Nur, daß wir für alles Erklärungen wollen. Kranke Herzen, deins und meins. Denkst du, wie einförmig die Ebenen sind? Was haben zwei parallele Linien zu bieten, die zum Ende der Welt laufen? Es ist Nacht. Hier wenigstens ... Aber schau. Schau dort bei den leeren Güterwagen diesen Schatten, der mit einem Griff die Gleise stellt, der den Weg des Zuges bestimmt, der gleich einlaufen wird. Verstehst du? Manchmal ist alles so einfach, Gott, wie einfach. Wir plagen uns, Geheimnisse zu ergründen, und immer kommt irgend so ein Schatten, Laterne in der Hand, ein Griff, und wir sind auf dem richtigen Gleis. Was sollen wir hier noch weiter herumstehen? Der Bahnhof ist wirklich romantisch. Es wird kühl, ich habe keine Jacke mit. Mir ist kalt.»

Wenn ich dich so zu mir reden höre, werde ich ruhig. Ich sehe ein, daß ich mir umsonst Gedanken mache, daß es Unsinn ist, überall Probleme zu sehen. Und falls du der ferne Stern dort sein solltest, der mir zublinkt, als sei er mir zuliebe wach, schlafe ich unter deinem Blick leichter ein.

Aber am meisten Sorge mache ich mir um deine Hände. Mag sein, daß deine Füße in der gelben Toilettenschüssel ertrunken sind, daß deine Brüste sich mit Kondensmilch gefüllt haben. Deine Augen mögen zwei große Fastenbohnen sein und dein Haar aus Gras, das dich ganz bedeckt. Aber deine Hände. Wenn sie nun hart geworden sind oder aufgedunsen vom Waschen. Du hast doch nicht angefangen, dir die Nägel zu lackieren? Wenn deine Hände nun ihre Blässe verloren haben? Denn mit deinen Bewegungen, deinen Worten, deinen Händen ergründe, fühle und erkläre ich noch immer die Welt. Oh, wenn ich eines Tages nur deine Handfläche wiederfinden könnte, dein Schicksal daraus lesen, meins, das Schicksal der ruhenden Sonne.

Das alles dachte ich, als plötzlich, eines Morgens bei der Musterung, der heilige Onisimos zu uns sagte:

«Die Flügel sind angekommen. Sie sind funkelnagelneu. Laut Dienstvorschrift steht jedem von euch ein Paar zu. Nach der Übung geht zur Kammer und holt sie euch.

Morgen will ich keinen von euch ohne Flügel herumlaufen sehen. Klar?»

Die Kompanie war selig. Endlich waren unsere Flügel da, endlich. Jetzt war der Tag nicht mehr fern, an dem wir fliegen würden. Die gute Nachricht schwirrte durch die Reihen. Es war wahrhaftig das erstemal, daß unser Heiliger beim Morgenappell etwas Erfreuliches zu sagen hatte.

«Unsere Flügel. Hurrah! Unsere ersten großen Flügel.»

«Ruhää!» brüllte der Heilige von der obersten Treppenstufe. «Haaabt acht!»

Ich weiß nicht, warum ich als letzter die Kammer betrat. Draußen stand eine Schlange; ich war das Warten leid, machte mich davon und kam nur von Zeit zu Zeit zurück, um zu sehen, ob es voranging. Die Schlange schien langsamer zu schrumpfen als das Tageslicht, so daß der UvD drauf und dran war, zu schließen, als ich an die Reihe kam.

«Wo kommst du denn her?» fragte er, als er mich sah. «Wo warst du die ganze Zeit? Komm morgen wieder. Jetzt wird geschlossen.»

Ich sagte, wenn ich morgen früh ohne Flügel antreten müßte, würde der Heilige mich fressen. Ich bat und bettelte.

«Na gut», sagte er und verschwand brummig im Hintergrund des Raumes, der nach Leder und Paraffin roch. Die Luft stand vom Mief der Sachen, die seit Jahren hier gestapelt lagen. Der UvD war ein gewöhnlicher rundlicher Unterengel, der genauso aussah wie der Friedhofsgärtner. Zu mir sagte er:

«Noch einen Monat, dann gebe ich dieses verdammte

Depot hier ab. Wenn du keinen Ärger hast und suchst welchen, dann laß dir die Kammer anhängen. Immer fehlt etwas, immer sind sie hinter dir her ... Deine Größe?»

«Eins siebzig», antwortete ich.

«Brustumfang?»

«Weiß nicht.»

«Steh still, daß ich dich messen kann.» Er holte ein Bandmaß aus der Tasche. «Tief Luft holen.»

Er murmelte: «Zweiundsechzig», und dann maß er meine Rückenbreite. «Größe sechs ist richtig.» Er sah die Flügelpacken durch.

Ich schaute sie mir an. Sie schienen gerade von irgendwoher angekommen zu sein, lagen noch in Stroh verpackt neben den offenen Kisten. Ich nahm ein Paar auf. Sie waren aus einem Material gemacht, das ich nicht kannte, aus einer Art Plastik, sehr weich, bronzefarben. Ich hob sie hoch; sie waren sehr leicht, so schwerelos, als flögen sie bereits von allein. Sie trugen den Aufdruck «Made in USA» und eine lange Kennummer.

«Ich finde keine Sechs», sagte der UvD ganz hinten zwischen den Stapeln. «Junge, gestern hatten wir schon die andere Kompanie, heute euch – und du bist der letzte der letzten. Na, ein Fünfer wird auch gehen.»

«Ist der Unterschied groß?» fragte ich.

«Fast gar keiner. Vielleicht wäre ein Sechser sogar ein bißchen weit gewesen. In die Fünf schlüpfst du hinein wie in einen Handschuh.»

Er wollte mich los sein, zerrte die Flügel aus dem Packen hervor, schüttelte den Staub von ihnen und ging zur Tür. «Hier», sagte er, «unterschreib.»

Ich unterschrieb.

«Nummer 63948», sagte er. «Lern die Nummer auswendig, damit du deine Flügel nicht verwechselst. Na los, nimm sie schon. Und mach's gut.»

Ich nahm sie, sagte gute Nacht und dankte inbrünstig. Zärtlich hielt ich sie in den Armen, genau wie ich als Kind meine neuen Rollschuhe gehalten hatte, und ging zu den Baracken hinüber. Vor lauter Freude mußte ich bei den Latrinen haltmachen und stieg vorsichtig über die Urinpfützen, die sich draußen gebildet hatten.

Noch nie sah ich die Baracken in solchem Aufruhr. Nie stand ich so viel aus, um durch den Korridor zu gelangen. Ich schob, drückte, wich Püffen aus und hielt meine Flügel als Schild vor mich, um sicher mein Bett zu erreichen. Alle wollten ihre Flügel gleichzeitig anprobieren. Alle wollten sich in den Spiegelscherben im Duschraum sehen. Da aber keiner seine Flügel allein anlegen konnte, bat jeder den Nachbarn um Hilfe. Theoretisch hatten wir gelernt, sie umzuschnallen, aber praktisch sah die Sache ganz anders aus. Da gab es Bänder, die wir nicht binden konnten, weil wir nicht begriffen, wozu sie dienten. «Los, Junge, du brauchst ja die ganze Nacht.» — «Was soll dieser Haken hier?» — «Nein, zuerst unter dem Arm hindurch, dann schlingst du es zweimal.» — «Wer ist fertig, wer hilft mir?» — «Sieh dir den an, er trägt sie wie Eselsohren.» — «Chef, ich habe zwei rechte!» — «Ruhe! Wer hat zwei linke? Ruf sie aus.» — «Ich geh' zur Ausgabe zurück.» — «Morgen. Jetzt ist geschlossen.»

Zwei oder drei kamen schon von den Spiegeln zurück, flügeltragend, stolz, als am anderen Ende der Baracke eine Rauferei anfing. Offenbar hatte jemand einen anderen mit seinen neuen Flügeln angerempelt, und der andere hatte das falsch aufgefaßt. Jedenfalls gab es Streit. Ein dritter, der sie trennen wollte, stieß einen vierten, und die Keilerei verbreitete sich durch alle Räume, wobei unsere neuen Anhängsel zu ungeahnten Weiterungen führten. Flügel trafen dort, wo der Blick nicht hinreichte. Mit unseren Armen, die in die Halter eingeschnürt waren, konnten wir nicht wie gewohnt ausholen. So schlugen manche in die Luft, manche warfen andere zu Boden, obgleich sie selbst nur einem Schlag hatten ausweichen wollen. Kissen flogen durch den Raum, Schränke wurden zu Barrikaden. Einer sprang auf sein Bett, um dem Chaos zu entgehen, und zerschmetterte dabei mit seinen Flügeln die Deckenlampe. Dunkelheit sank über das Schlachtfeld. Ein anderer, der versuchte, unterirdisch zu entkommen, verfing sich mit seinen Flügeln in den Sprungfedern eines Bettes und quiekte wie eine Maus. Plötzlich eine Stimme: «Hört um Gottes willen auf! Der Heilige vom Dienst kommt!»

Das wirkte Wunder, alle standen reglos am Platz. «So», sagte dieselbe Stimme, «und jetzt geht ihr, während er die Treppe heraufsteigt, alle dorthin, wo ihr hingehört, aber einer nach dem anderen.» Sie gingen, die Aufregung ließ nach. Kein Heiliger erschien weit und breit.

Am folgenden Morgen weidete sich Onisimos auf der obersten Treppenstufe an unserem Anblick. Die Kompanie war ordnungsgemäß angetreten, nur standen wir alle leicht vornübergebeugt. Der Unterengel meldete, daß einigen die Flügel nicht tadellos säßen.

Der Heilige sagte: «Macht das unter euch aus. Seht selbst zu, wer tauschen will. Vom Depot gibt's keine Flügel mehr.»

Als einer fragte, ob wir auch mit Anwärtern aus der anderen Kompanie tauschen dürften, wurde Onisimos ärgerlich: «Die Vierte hat mit unseren Familienangelegenheiten nichts zu tun. Ich habe gesagt, macht das allein aus. Noch Zweifel?»

Anfänglich schienen meine Flügel gut zu sitzen. Während der ersten beiden Tage, als der Tauschhandel noch im Gange war, dachte ich gar nicht daran, meine zu tauschen. Natürlich saßen sie ein bißchen knapp, aber ich dachte, das sei normal, ich müsse mich nur daran gewöhnen. Wenn sie weiter wären, Nummer sechs zum Beispiel, könnten sie sich lockern, und ich wollte sie beim Fliegen unbedingt voll wie ein Segel entfalten.

Erst am dritten Tag fing der Ärger an meiner rechten Schulter an. Ich achtete nicht darauf. Nur nachts, wenn ich meine Flügel abnahm und schlafen ging, spürte ich den Schmerz an der Reibungsstelle. Übrigens war ich nicht der einzige. Viele beklagten sich, weil ihre Flügel scheuerten. Einer hatte Schmerzen im Rücken, ein anderer eine wunde Schulter, ein dritter von den Armriemen aufgeriebene Ellbogen. Immer kam die Plage durch Reibung an irgendeiner Stelle. Darum sagte ich nichts.

Aber vor Ende der ersten Woche hatte ich an der rechten Schulter eine kleine Wunde. Der Flügelrand scheuerte ständig am Schulterblatt. Nachts tat ich ein bißchen Puder darauf, aber bald stellte sich heraus, daß ich nicht mehr auf dem Rücken liegen konnte. Viele hatten sich unter dem oder jenem Vorwand krank gemeldet und lagen im Revier. Das tat ich nicht. Ich liebte meine Flügel, brauchte sie, wollte einfach nicht glauben, daß sie mir weh tun könnten. Zuinnerst lehnte ich die Tatsache ab, daß ich litt. Dabei lief ich in Wirklichkeit auf dem unebenen Boden unseres Sterns wie ein verkrüppelter Vogel herum. Solange es windstill blieb, ging es noch an. Aber wenn während unserer Übungen Wind aufkam und in meine Flügel fuhr, bohrte sich die Kante in meine Wunde, und der Schmerz wurde grausam.

Derweil rückte der Tag unserer Himmelstaufe näher. Ein Tag, an dem all meine Hoffnungen hingen. Diese Erwartung hatte mir geholfen, die Qualen des Lebens nach dem Tode zu ertragen. Um dieses Tages willen war ich eurer magnetischen Kraft, eurem Gesetz der Schwere entflohen: Um die Welt mit neuen Augen zu sehen und so das Licht, wie ich hoffte, unabhängig von seiner Verbindung mit dir zu begreifen. Unmöglich also, diesen Tag zu verpassen. Nicht dabeizusein. Aber wie sollte ich nun mit einem wunden Körper fliegen? Es blieb mir nichts anderes übrig, ich mußte Meldung machen und um Urlaub von den Übungen bitten.

Vor dem Krankenrevier stand ein ganzer Haufen von uns. Gelangweilt schrieb ein Pfleger unsere Heimatorte auf. Er hatte offensichtlich keine Lust mehr, sich um Tote zu kümmern. Die meisten von uns klagten über schlechtsitzende Schwingen. Schläfrig bedeutete er uns, es wäre immer das gleiche, wenn eine neue Klasse Flügel erhielte.

Der Arzt kam spät, derselbe, der uns bei unserer Ankunft auf dem Stern untersucht hatte. Nur schien er mir heute sehr verändert. Meine Wunde beachtete er kaum. Für ihn war sie eine von vielen. Eilig streute er eine Menge Puder darauf, und er sah erst näher hin, als er merkte, daß Blut durch die weiße Schicht drang. «Schlimm», sagte er düster. «Hätte Wundbrand geben können. Warum hast du dich nicht früher gemeldet, Junge?»

Ich wußte nicht, was ich antworten sollte. Konnte ich

ihm vielleicht sagen, daß ich die Rache meines Körpers für seine Auflösung als Strafe dafür ansah, daß meine Erinnerung an dich nachließ? Konnte ich sagen, daß der Körper, den du entdeckt hast, nicht vergehen und dich nicht verlieren wollte? Daß ich diese Flügel zwar liebte, daß aber mein Körper seinen eigenen Tod nicht anerkennen wollte? Was sollte ich ihm sagen? «Man heilt Wunden nicht, indem man sie verheimlicht», bemerkte der Arzt, während er mich mit einer Salbe und mit Verbandstoff behandelte. Es brannte fürchterlich. Ich mußte mir auf die Lippe beißen, um nicht aufzuschreien. «Sinnlose Selbstaufopferung gehört sich nicht für Engel», fuhr er, über meine Schulter gebeugt, fort. «Tapfer warst du. Das geht ja bis auf den Knochen.» Er gab mir zwei Tage Urlaub und befahl dem Pfleger, einen Einschnitt in die Flügelkante zu machen, so daß sie nicht mehr scheuern und keine neuen Entzündungen hervorrufen konnte.
«So ist das», sagte der Mann geheimnisvoll, als er sich an die Arbeit machte. «Der Doktor hat recht.»
Und er schnitt in die Flügelkante. Nun hatte ich keine Sorge mehr, daß ich mein Paar verwechseln könnte, wenn morgens der Heilige vom Dienst in den Waschraum kam und alle Flügel durcheinanderwarf, so daß wir, verschlafen und eilig, aus einem riesigen Flügelhaufen die richtigen herausfinden mußten. Meine Flügel wiesen nun ein Erkennungszeichen auf, und ich hatte das Gefühl, sie gehörten dadurch noch mehr zu mir. Die beiden dienstfreien Tage verbrachte ich im Bett im leeren Schlafraum. Und dachte zutiefst an dich. Erinnerungsfetzen – unsere Wanderungen durch den Park, am Meer, in der Oberstadt – gingen mir durch den Kopf. Ich sah dich im Menschheitsstrom, noch immer fest eingeschlossen in

deine Träume, sah dich manchmal als körperlosen Kopf kreisen, dann wieder als kopflosen Leib. Dein Haar kam mir in den Sinn, in seinen vier Jahreszeiten: als du es zu einem Knoten aufgebunden hattest, als du es offen herunterhängen ließest, dann dein Pferdeschwanz, und schließlich, als du es abgeschnitten hattest. «Träume flattern in der Wolke meines Haares umher, wie Vögel, im Netz der Sonne gefangen. Ich kann anfangen, was ich will, um es in Schach zu halten, kann es mit Haarklammern aufstecken, immer wieder kommen die Vögel und zerstören alles mit ihren ruhelosen Flügeln. Darum habe ich's abgeschnitten, um endlich Frieden zu haben.» Aber warum, warum ... warum vermisse ich plötzlich mehr als alles andere dieses Foto von uns beiden im Park, auf dem du und ich zwei getrennte Wesen sind, du mit deinem Regenmantel, ich mit meinem Halstuch, du mit diesen schmalen Beinen, die aus Schnee aufzusteigen scheinen, ich mit meinen dicken Stiefeln, die im Schnee zu versinken drohen, du mit dem Streicheln der Zweige in deinem Haar, ich mit einem Busch als Heiligenschein ... Warum sehne ich mich nach dem Bild so sehr als nach etwas Berührbarem, wo wir doch so viele Augenblicke der Nähe, des Einsseins, der Verschmelzung hatten?

Aber glaub mir, es gibt nichts Schlimmeres als eine leere Stube mit vierzig wartenden, tadellos gemachten Betten, mit vierzig schweigenden, wartenden Spinden, als einen Menschen, der die Stille bewacht und darauf wartet, daß die Stube sich wieder mit Leben, Stimmen, Bewegung füllen möchte. Ich dachte, ich würde an diesen beiden Tagen glücklich sein, ohne Ablenkungen an dich denken können, wie damals auf der ersten Nachtwache. Statt dessen wurde ich unruhig in der Stille, wünschte den

Nachmittag herbei, der die anderen vom Dienst zurückbringen und die Stube mit Dreck, Schlamm, Zank – mit Leben, Leben, Leben füllen würde. Ich sehe, ich kann jetzt nur noch unter den anderen, die meine Einsamkeit abgrenzen, an dich denken. Ihre Abwesenheit verstärkt deine Abwesenheit, die Leere ohne sie läßt die Leere ohne dich größer werden ...
In diesem seltsamen Zustand während der zwei dienstfreien und erinnerungsbelasteten Tage sagte ich mir, seit die Dinge so weit gekommen sind, seit ich angefangen habe, die Schwere zu verlieren, die du liebtest – wenn mein Gewicht dich erdrückte und du sagtest: «Du bist so süß und schwer ...» –, seit meine Zunge zu schwinden beginnt, und seit alles, was uns zu Menschen machte, hier im Himmel zum Hindernis wird, das mir Schmerzen bereitet, seit deine Augen nicht mehr auf mir sind, um mein Wachstum zu messen, und ich wie ein Narziss ohne Spiegel bin, seit Wasser aus meiner Jugend quillt und Tinte Blut ist, schwarz aus Verzweiflung, seit das Öl in meiner Lampe zur Neige geht und die Schatten größer werden, seit ich eingesehen habe, wie blöde ich bin, weil ich mich nicht vom Schmuck vergangener Glorie trennen will – «Deine Hände sind stark, deine Arme kräftig ...» –, jetzt, wo ein geflügeltes Tor sich vor mir öffnet, seit «seit» sich nicht mehr von Seide unterscheidet oder von Mutters Seite oder Großmutters Zeiten ...
Die Wunde an meiner Schulter schloß sich während der beiden Tage.

Ich höre auf, dir zu schreiben. Ich weiß nicht, wie ich dir's genau sagen soll, wie es am besten erklären. Ich bin am Rand eines Abgrundes. Am Rand chaotischer, nie erfahrener Verzweiflung. Nein, mit denen um mich herum hat es nichts zu tun. Aber ich, ich selbst, habe nicht gefunden, was ich im Licht zu finden hoffte. Das Licht war mir fremd. Es hat mich verraten.

Die Krise begann mit dem ersten Augenblick, da ich meine Schwere der Luft anvertraute, am lang ersehnten Tag unserer Himmelstaufe. Die ganze Nacht hatte ich gewacht und auf die Dämmerung gewartet. Nach dem Appell rückten wir zur Übung aus und sangen die Morgenhymne:

«Wir sind die Himmelsanwärter,
mutig und gläubig marschieren wir . . .»

Unsere Stimmen rissen die Himmel auf. Wir stiegen zum Gipfel. Bisher kannten wir das Gebirge nur von den Schatten, die es auf uns warf, und von unseren Kampfübungen, bei denen es uns als Deckung gegen eingebildete Feinde diente. Von unten sah es unerreichbar aus, ein Monstrum, versteinert im Augenblick, als es zubeißen wollte. Wir hörten zu singen auf und kletterten in Einerreihe den schmalen Weg zum Gipfel hinauf. Der Tag war voller Gelächter. Die Arme des Himmels waren weit geöffnet, uns zu empfangen.

Der Gipfel war nicht spitz, wie er uns von unten erschienen war, er bildete eine kleine Plattform. Wir warteten, bis die letzten oben waren. In die Felsen eingeritzt fanden wir die Namen von Engeln früherer Klassen, Kennnummern und Daten. Der Ort schien ideal für einen ersten Flug. Ringsum formten die anderen Berge schützende Wände, so daß die Plattform wie ein ummauerter See wirkte. Die Posaune ertönte zum Start der Kompanie. Der heilige Onisimos wünschte uns Glück. Dann erhob sich ein Zug nach dem anderen zum Fluge.

Ich war an der Reihe. Ich zögerte. Jemand hinter mir wollte mich stoßen, und der Unterheilige hielt ihn zurück. Dann tauchte ich ins Leere. Ich bewegte meine Flügel, wie ich es gelernt hatte, und wurde davongetragen, aber das Licht, das mir so herrlich erschienen war, das Licht, dessen Klarheit seine Glorie ist, wurde trüb, sobald ich es berührte, wie seichtes Wasser, das auf den Sand rollt. Es durchdrang mich ganz und gar nicht. Ich verjagte es, verdrängte es. Das Licht bäumte sich zu Wellen, und ich hätte, wenn es mir möglich gewesen wäre, das verdrängte Licht wägen und mein eigenes Gewicht ermitteln können. Es war schmerzhaft deutlich, daß ich keinerlei Beziehung zum Licht hatte. Dieses Licht, das mich bedrängt, ist fremdes Licht, sagte ich mir immer wieder.

«Und so kämpfte er, durchsuchte die Lüfte,
strich durch die Himmel und wanderte durch
Abgründe.»

Ich war nahe daran zu stürzen, an den schwarzen Felsen des Sterns zu zerschellen. Ich war sehr hoch geflogen, um sicher zu sein, daß die anderen mich nicht hinderten. Plötzliche Luftlöcher machten mich schwindlig, meine Beine wurden gefühllos. Rings um mich hörte ich Pfeifen und freudiges Rufen. Den anderen machte es Spaß. Nur mir war das zeitlose, unergründete, schlaflose, beseligende, überreiche Licht fremd.

Als fadenscheinigen Trost sagte ich mir, daß es vielleicht so sei, weil alles erst am Anfang war, daß es wie alles, was man zu lange erwartet hat, enttäuschend sein mußte, daß jede Beziehung ihre Eigenart hat, und daß ich vielleicht noch nicht herausgefunden hatte. Um nicht zu scheitern, wiederholte ich mir, daß alles, das eigene Ich, die Liebe sich entwickeln müssen, und daß es für vertraulichen Umgang mit dem Licht noch zu früh sei, daß ich warten sollte, es erwärmen müßte, mich selbst erwärmen, bevor ein Erguß zustande kommen könnte. Und dies würde beim zweiten, dritten, vielleicht beim vierten Male geschehen. Das alles sagte ich mir, bis ...

Vorgestern flogen wir eine lange Strecke. Es war eine Übungsattacke auf einen Nachbarstern, den Satan besetzt haben sollte. Wir hatten die Aufgabe, ihn aus allen Verteidigungsstellungen zu vertreiben, alle seine Stützpunkte zu erobern ... Stundenlang flogen wir in wechselnden Formationen, manchmal im Dreieck, die Spitze voraus, manchmal im Prisma. Wir machten unsere Ausfälle, verteilten uns, schrien laut «aèraaaa, aèraaaa», das Schwert gezückt, und scheuchten als einziges einen Starenschwarm auf, der, erschreckt durch unser Gebrüll, davonflog. An dem Platz, wo wir uns später zur Lagebesprechung sammelten, fanden wir zahllose Stareneier in Nestern, zwischen Felsen versteckt; aber wir rührten sie nicht an, weil es heißt, daß diese Vögel den Engeln freundlich gesinnt sind. Dann kehrten wir zurück. Im Himmel gibt es keine Straßen; darum kann ich dir nicht genau sagen, wie viele Kilometer wir hinter uns brachten. Aber wieder geschah nichts auf dem Rückflug, wieder hatte ich keinen Anteil am Licht, wieder blieb das Licht mir fremd.

Die Zeit vergeht, und diese Krise droht mich zu zerstören. Ich will fort, verschwinden, woanders hingehen. Ganz gleich, wohin. Wenn ich nur diese tägliche Qual, diese täglich wiederkehrende Enttäuschung nicht länger ertragen muß ... Ich, der ich gehofft hatte, im Licht die Wurzeln meiner eigenen Lichtexistenz zu finden, der ich

geglaubt hatte, das Licht würde in meine Adern überfließen, mich leuchtend machen, ich mußte entdecken, daß so, wie das Meerwasser deinen Augen fremd ist, der ganze Himmel nichts von deinen Haaren weiß.
Das war es. Das.
Und trotzdem nein, nein. NEIN. Ich will ja schreiben, ja, ja. JA. Es ist Tage her, seit ich dir zuletzt geschrieben habe. Ich danke dir. Danke dir.

Ich sah Kostas. Er war bei den Neuankömmlingen, die vorgestern landeten. Ich fand ihn im Waschraum, ängstlich,unfähig zu begreifen, wo er war. Er schien zu glauben, er sei noch auf der Erde. Im Duschraum die alte Geschichte: «Deine Adresse . . .? Name . . .? Wie bist du mit dem-und-dem verwandt?» Geschrei, Getobe, Gekreische. Nur waren wir jetzt die Raubvögel, die Neuen die Beutefische. Unter der Dusche, während das Wasser ihn abwechselnd vereiste und verbrannte, sagte er mir, daß er etwas von dir von der Erde mitgebracht habe. «Was?» fragte ich. «Was denn?» – «Ich weiß nicht», sagte er, «es ist in einem Umschlag. Aber es sieht nicht wie ein Brief aus.» Während er sprach, glitt ihm die Seife aus den Fingern, und er konnte sie nicht wieder fassen.
Nachmittags, sobald wir vom Flugmanöver zurück waren und ich meine schwere Rüstung abgelegt hatte, suchte ich ihn in seiner Unterkunft auf. Man hatte ihm gerade den Kopf geschoren. Er sprang sofort in Achtung-Stellung. Die anderen auch. «Also du bist Kostas Kostides?» fragte ich ihn mit einem Lächeln zwischen Ironie und Sadismus.
«Jawohl», flüsterte er mit geschlossenen Lippen und stand weiter stramm.

«Folge mir», befahl ich, und wir gingen hinaus, ich zuerst, er hinter mir her.
Ich ließ meine Maske fallen. «O Angelos», schrie er auf, «wie konntest du dich so ändern?»
«Scht, verrate dich nicht. Nebenbei, hier heiße ich heiliger Akepsimas.»
Alle, die uns belästigen wollten, schickte ich mit der üblichen Phrase weg: «Heiliger, der Fisch hier steht unter meinem Schutz.»
Ich brachte ihn zum Tarzan-Platz. Wir saßen in der Grube.
«Wo ist es?» fragte ich.
Er zog es unter seinem Hemd hervor. Ich riß es ihm weg, bevor er es mir noch geben konnte, und versteckte es unter meinem Hemd gerade über dem Herzen. Und meine Hand hielt ich darüber, als wollte ich das Klopfen verbergen.
«Also allein war sie, ja? Allein?»
«Ja, und sie ging mit gesenktem Kopf umher.»
«Wo hast du sie gesehen?»
«Auf der Straße vor der Universität.»
«Was hat sie zu dir gesagt?»
«Nichts. Als sie herausfand, daß ich kurz vor der Abreise stand, kam sie und brachte es mir. Sie sagte, sie hoffe, daß ich dich im Reich der Toten finden würde.»
«Was hatte sie an?»
«Ehrlich gesagt, ich kann mich nicht erinnern.»
«Also allein war sie, ja?»
«Das sagte ich schon. Was ist los mit dir? Du fragst mich immerzu dasselbe.» Mit seinen blauen Augen sah er mich mißtrauisch an.
«Und unsere Stadt?» fragte ich.

«Genauso, wie du sie verlassen hast.»
«Ist das Theater beim Makedonischen Institut eröffnet?»
«Nein. Es wird noch gebaut. Aber die Esplanade ist fertig. Sieht aus wie ein Grabstein. Im übrigen . . .»
«Was für Wetter haben sie dort unten?» fragte ich.
«Herbstwetter. Manchmal Regen.»
«Herbst? Hier gibt es keine Jahreszeiten.»
Ich glaube, ich erschreckte ihn ein bißchen. Meine Gier nach Neuigkeiten von der Erde war so groß, daß ich ihn stumm machte. Er rückte von mir ab und sah mich an, als dächte er, ich sei nicht bei Trost. Wie konnte ich auch – mit deinem Umschlag auf meinem Herzen?
Ich erklärte ihm dann einiges über die Schule: daß er seine Kräfte nicht mit nutzlosem Briefeschreiben vergeuden solle – «Nur ein Trick der Leitung», sagte ich ihm –, daß im Anfang alles nur darauf angelegt sei, die Neuen zu verwirren, sie moralisch kaputt zu machen, ihnen Panik einzuflößen. Daß er vor nichts Angst haben sollte, und daß ich ihn jeden Nachmittag in der Unterkunft abholen würde. Dann ertönte die Posaune, und wir tauchten aus Tarzans Grube auf. «Laufschritt marschmarsch, und wenn deine Knochen knacken», sagte ich.
Abends, als alle Lichter aus waren, stand ich auf und ging allein zur Latrine. Ich schloß die Tür ab, und dann öffnete ich vorsichtig, als zöge ich die Gaze von einer eiternden Wunde, den Umschlag. Begierig atmete ich den Duft von Bittermandeln und Bananen ein. Und dann fand ich, in den Tüll eingewickelt, in dem man zur Hochzeit Zuckermandeln verteilt, eine Locke des blonden Haars, das du damals im Oktober abgeschnitten hast.
Vom Dachfirst der Welt rufe ich: danke, danke dir.
Am folgenden Tag nahm ich die Locke auf unseren Flug

mit, als Amulett um meinen Hals gebunden. Und dann geschah das Wunder: Ich verdrängte das Licht nicht mehr, das vorher verschwenderisch um mich gewogt hatte. Sobald ich es berührte, floß das Licht ungehindert durch mich hindurch wie der Schlag aus einer Starkstromleitung.

Ich war nicht mehr allein im Himmel. Jetzt warst du bei mir. Ich trug deinen Lichtstrahl auf der Brust, und plötzlich war ich mit dem unbezähmbaren, ewigen, niemals ruhenden Licht vereint:

> «Und ich, der einst im Dunkeln war, bin
> stahlend geworden und schön in meinem neuen
> Gewand.»

Worte reichen nicht mehr aus, meine Freude jenseits aller Worte zu beschreiben. Die Verschmelzung, die ich allein nicht bewältigen konnte, ist Wirklichkeit geworden, durch deine Gnade. Und ich liebe nun alles, nehme alles auf im Licht, das mich trägt und Licht meines Herzens geworden ist. Ich bin ewig, weil du mich ewig gemacht hast. Und nun gibt es in dieser meiner inneren Ewigkeit weiten Raum für dich und mich, in dem wir uns unvergänglich bewegen können, ohne einander zu treffen, ohne uns zu trennen; denn wir sind beide vom gleichen Stoff, sind nicht mehr gegensätzlich in unserem Wesen, sind nun vom gleichen Baum, du der Zweig und ich der Saft, der dich nährt; ich bin der Zweig und du die Frucht, die er trägt; du bist die Wolke und ich der Blitz, der in deinen Leib dringt; ich bin die Wolke und du der Regen, der mich auflöst; du bist die Lampe und ich der Strom, der dich erleuchtet; ich bin das Licht, du bist das Licht, wir sind jenseits aller bekannten Grenzen, jenseits aller Trennungslinien, dort, wo wir täglich erfahren, daß das

Licht *ist,* unabhängig von uns; wir leben in seiner Hand, das Licht betrachtet uns, wir werden ausradiert wie Linien und betrachten unserseits andere Linien, weil wir immer zum Licht zurückkehren:

«Du hast mich erleuchtet mit dem Licht der Ewigkeit,
und ich bin voller Staunen, und Feuer ist in mir.»

Vermählt im Jahr der ruhenden Sonne, wissen wir nichts von den Scheidungen, die die Dinge dem Licht antun können; denn hier im Himmel gibt es keine Häuser, Straßen, Gärten, Autos; das Licht bricht sich nicht an ihnen, und darum wachen wir am Morgen auf, eingehüllt in immer den gleichen Strahl; unverwundbar reisen wir durch eisige Luftströmungen; nachts legen wir uns hinter derselben Wolke zur Ruhe und lassen auf unserem Weg Sternensplitter zurück; und du nennst mich nicht mehr Angelos, und ich nenne dich nicht mehr Zoe, weil wir eingesehen haben, daß Namen nur Verwirrung bringen; und wir reden nicht, schwatzen nicht, weil wir gelernt haben, daß Worte nur zu Mißverständnissen führen; durchscheinend reisen wir, unsere zwanzig Finger deuten zum Mond:

«Du hast mich von irdischen Sinnen befreit
und mich mit wesenlosen, allessehenden Sinnen
bekleidet.»

Wie könnte man es den anderen sagen, wie könnte man ihnen erklären, daß du, wenn du einmal mit dem Licht vereinigt bist, zu seinem magischen Wegbereiter wirst, daß du erst, während du fliegst, erfährst, du gehörst zur Atmosphäre; wie könnte man ihnen klarmachen, daß hinter allem Sichtbaren eine dritte Wesenheit ist, die nicht das Wesen der Früchte ist, sondern das Wesen des Lichtes, das sie reift, ein Wesen, das nicht eßbar ist, weil es *ist,* aber alles, was *ist,* ist unveränderlich; wie sollen wir ihnen sagen, daß sie dasselbe sind, was wir sind: unteilbare Teilchen im Flusse der Sonne:

«Daß du faulende Seelen reinigst und die Gedanken
erleuchtest und mein Wesen von irdischem Stoff
zum Dritten Himmel erhebst.»

Nur die Lichtwurzeln, die ich neben meinem Herzen eingepflanzt habe, leben neben den Adern, und die Adern sind Würmer, denn sie nähren sich vom Herzen, und das Herz ist die große Krankheit. Obgleich die Wurzeln der Sonne oft durch das Schlagen einer Arterie beunruhigt werden, sucht das Blut doch nach deiner Quelle, wie eine Schlange Kühlung sucht.

«Aus deiner Quelle strömt das Wasser klar und reichlich, und die im Glauben daraus trinken, werden ewig leben.»

Aber ich kann meine Durchsichtigkeit immer wieder finden, weil du da bist, an mich gekettet, und ich bin nicht allein im Himmel, wir fliegen zusammen, jetzt und immer, im unteilbaren, ungeschaffenen, immerwährenden Licht.

Die Flügel haben angefangen, Wurzeln in meinem Rükken zu schlagen. Der unbekannte Stoff, aus dem sie gemacht sind, ist zu Fleisch geworden, und die Riemen habe ich in mich aufgenommen. Sie versprühen sogar einen zarten blauen Dunst zu unserer Tarnung im Himmel. Meine Flügel sind angewachsen. Nach den Übungen legen wir sie nun nicht mehr ab. Nachts schlafen wir mit ihnen. Wir haben uns an sie gewöhnt. Niemand leidet mehr unter ihnen. Trotzdem kommt mir das alles noch seltsam vor, wenn ich manchmal nachts aufstehe und die verkrümmten Körper der anderen sehe, jeden in seine Decke gewickelt; die geschrumpften Beine heben sich kaum noch darunter ab, die abgemagerten Arme verschwinden in den Flügeln. Manche decken sich auf, wenn sie sich unruhig in ihren Träumen wälzen, und dann erscheint ein Flügel, aufrecht stehend, im Schlafsaal wie ein Segel auf der bekalmten See. Morgens müssen wir nun außer auf all den Staub, den wir aus der Baracke zu kehren haben, damit sie bei der Inspektion tadellos aussieht, auch auf die Daunenfedern achten, die wir im Schlaf verlieren, und die dann im Raum umherfliegen.

Vorgestern habe ich mich an einem Felsen gestoßen, und statt Blut quoll eine gelblich-blaue Flüssigkeit aus mir, die sich sofort verdickte und dunkel wie Granit wurde. Ich fühlte keinen Schmerz, war auch nicht erschrocken. Ich nahm es als einen weiteren, im Grunde schon überflüssigen Beweis meiner vollkommenen Wandlung. Wie kannst du schließlich irgend etwas gewinnen, wenn du nicht zunächst einmal viel hergibst? Ein Stück Licht wiegt mehr als ein Herz, mehr als ein paar Liter Blut und ein Tankvoll Wasser – Substanz unseres Körpers – nach den wahren Maßstäben des Rechtes. Ich weiß nicht, was jetzt durch meine Adern fließt; jedenfalls hindert es das Licht nicht mehr, hindert die Tätigkeit meines vierblättrigen Herzens nicht mehr, scheint jedenfalls auch nicht entzündbar zu sein.

Nur werde ich es jetzt leid, dir zu schreiben. Meine Finger können den Stift nicht mehr recht halten. Sie sind unglaublich lang geworden, wie die Krallen von Pelikanen. Die Nägel haben sich zu Waffen verhärtet. Ich kann sie nicht mehr abbeißen. Es sieht aus, als würde mein ganzer Arm zum Mittelknochen des Flügels. Der Oberarm schwindet. Noch eine Weile, und er wird zum Rückgrat des Flügels werden. Während ich dir dies schreibe, ist mein ganzer riesiger rechter Flügel zusammen mit meiner Hand in Bewegung, sein Schatten fällt auf das Papier.

Ich bin fast am Ende. Ich meine, was soll ich dir noch weiter sagen, selbst wenn ich weiterschreiben könnte? Ich schrieb dir, weil es hier im Himmel mein einziger Trost war. Solange ich unter dem Druck der Angst stand, solange ich unerklärlichen Geheimnissen zu begegnen hatte, boten Worte noch einen Ausweg, löschte ich Ladung wie ein sinkendes Schiff, schuf ich durch Worte Bilder und fand, daß ich die Bilder besser verstand als die Wirklichkeiten, die sie darstellten.

Jetzt warten wir auf den Tag, an dem wir unseren Stern verlassen und zum Dienst an den Himmelsgrenzen antreten werden. Nachmittags tauche ich ins Gewimmel der Unterkünfte und hole mir Kostas heraus. Wir reden. Aber ich langweile ihn genauso, wie mich Jannis gelangweilt hat. Wenigstens glaubt er nicht an die Rückkehr, an die Jannis geglaubt hat. Die Lösung, an die er glaubt, ist seine Sache, «auch eine Möglichkeit», würde Assimis sagen.

In letzter Zeit sehe ich im Traum oft einen Herrn, der dem ‚anderen' sehr ähnlich sieht. Auch er hat einen Schnurrbart, trägt eine gestreifte Krawatte, eine doppelreihige Weste und gestreifte Hosen; nur sind seine Schuhe schwarz, glänzend und sehr groß. Sie erinnern mich an Kindersärge. Er erscheint, sagt nichts, starrt nur auf seine Schuhe, als sähe er dort seine geheime Schuld. Was mich beruhigt.

Meine Finger zittern. Immer wieder entgleitet mir der Stift. Ich weiß nicht, ob du jemals lesen wirst, was ich geschrieben habe, aber ich möchte es gern ... Ich weiß nicht, wie ich zum Schluß kommen soll. «Und dein letztes Wort?» höre ich dich fragen, wie damals, als wir uns trennten. Diesmal nicht «Dumbarton Oaks», ein Wort, das ich dir beibrachte, weil es für das Unsagbare stehen sollte –, nicht für eine Erklärung, die wir nicht wissen konnten, weil wir sie schon bei unserer Geburt unterzeichnet hatten. «Aber dein letztes Wort?» fragtest du immer wieder. Willst du es wissen? Soll ich es dir sagen, weil ich im Himmel bin und du auf der Erde, weil wir durch Wolken getrennt sind, die sich wie Ozeane zwischen uns ausbreiten? Fragst du noch immer, bestehst du darauf, daß ich es dir sage? Meine Hand zittert, meine Seele auch: Mein letztes Wort wird mein erstes Wort sein, wie der erste Tod auch der letzte ist, und so noch einmal ganz von Anfang an, noch einmal ganz vom Ende her: «Mir geht es gut. Es gefällt mir im Himmel. Mach dir keine Sorgen um mich. Mir geht es gut, verstehst du.»

Vom Stern der Engel
im Dritten Himmel
am Tage des Bethlehemitischen Kindermords

P. S.

Pflanzen, Fische und Vögel sind im Grunde von gleicher Art. Solange sie am Leben sind, mögen sie sich voneinander unterscheiden. Wenn sie aber aufhören zu leben, hinterlassen sie die gleichen Spuren, eingemeißelt in das harte Gedächtnis des Steins. Der Schmetterling ist nicht die einzige Blume, der Flügel gewachsen sind, noch ist der fliegende Fisch der einzige Vogel, der unter Wasser lebt. Durch ihr Dasein zu Lande, im Meer oder in der Luft führen sie uns in die Irre. Wir glauben, sie unterscheiden sich dadurch, daß manche von ihnen lautlos aufsteigen, manche schwimmen und andere fliegen. Wenn aber ihre Leiber sich auflösen, hinterlassen Pflanzen, Fische und Vögel die gleichen Umrisse im harten Fels der Erinnerung.